甘肃政法大学工商管理学科建设丛书

终极控制权配置与再融资方式选择关系
—— 创业板上市公司经验研究

ZHONGJI KONGZHIQUAN PEIZHI
YU ZAIRONGZI FANGSHI XUANZE GUANXI
—— CHUANGYEBAN SHANGSHI GONGSI JINGYAN YANJIU

简冠群/著

中国财经出版传媒集团

经济科学出版社
Economic Science Press

图书在版编目（CIP）数据

终极控制权配置与再融资方式选择关系：创业板上
市公司经验研究／简冠群著 . —北京：经济科学出版
社，2021.2

（甘肃政法大学工商管理学科建设丛书）

ISBN 978 - 7 - 5218 - 2395 - 0

Ⅰ.①终… Ⅱ.①简… Ⅲ.①上市公司 - 控制权 -
研究②上市公司 - 企业融资 - 研究 Ⅳ.①F276.6

中国版本图书馆 CIP 数据核字（2021）第 033088 号

责任编辑：杜　鹏　常家凤
责任校对：李　建
责任印制：王世伟

终极控制权配置与再融资方式选择关系
——创业板上市公司经验研究

简冠群/著

经济科学出版社出版、发行　新华书店经销
社址：北京市海淀区阜成路甲 28 号　邮编：100142
编辑部电话：010 - 88191441　发行部电话：010 - 88191522
网址：www. esp. com. cn
电子邮箱：esp_bj@ 163. com
天猫网店：经济科学出版社旗舰店
网址：http：//jjkxcbs. tmall. com
固安华明印业有限公司印装
710 × 1000　16 开　14.25 印张　280000 字
2021 年 2 月第 1 版　2021 年 2 月第 1 次印刷
ISBN 978 - 7 - 5218 - 2395 - 0　定价：76.00 元

前　言

　　党的十九大报告指出，深化投融资体制改革，发挥投资对优化供给结构的关键性作用，要积极利用多层次资本市场拓宽投资项目融资渠道，尤其在我国经济转型、产业结构升级、"双创"活动日益高涨的特殊时期，更应增强资本市场服务实体经济的能力，提高上市公司质量，这也是2020年10月国务院印发《关于进一步提高上市公司质量的意见》的题中要义。该《意见》指出，上市公司经营和治理不规范、发展质量不高等问题较为突出，与建设现代化经济体系、推动经济高质量发展的要求还存在差距。以此为契机，本书讨论了公司治理与再融资之间的关系，以从源头提高上市公司治理水平、完善融资制度，推动上市公司做优做强。我们知道，创业经济决定一个国家未来的经济活力，因此，本书以创业板上市公司为研究对象，寄希望于透过创业板行业现状和正在来临的政策之变刻画我国转型期所特有的经济现象，以助推我国经济在实现高质量发展上不断取得新进展。伴随着股权控制链和社会资本控制链分析范式的成熟，控制权配置逐渐成为公司治理活动中最富有活力的内容，其强大的支配权和丰富的利益内涵也成为解释公司财务活动的逻辑起点。然而，如何标定与测度复杂情境下的公司控制权配置，特别是从整体上度量创业板上市公司终极控制权在三层权力机构之间的配置仍是实证研究的短板，并成为当前再融资异化成因研究相对滞后的症结所在。由此，想要在质量经济时代提升企业再融资决策效率，并在理论层面厘清两类代理的博弈问题，就需要还原再融资决策过程中的复杂利益关系并将其融入公司控制权配置的标定和测度中，实现对上述乱象的追根溯源。以此立题，本书主要围绕以下问题展开研究：其一，双重控制链下的公司控制权配置如何度量，三层权力机构的控制权配置如何有机结合？其二，不同控制权配置状况的公司对再融资方式选择是否存在差异，有何差异？其三，经理管理防御动机是如何体现在再融资方式选择中的？其四，控制权配置对再融资方式选择的影响存在何种机理，管理防御扮演什么样的角色？

　　在对上述问题的层层解构中，本书基于现有文献，从不完全契约理论出发，揭示创业板上市公司控制权配置的激励约束作用及相应的代理冲突，进而将第一类代理问题中的经理管理防御作为独立的研究要素，以变量形式纳入控制权配置对再融资方式选择影响的研究框架中，解析管理防御动机转化为再融资行为的路径，并运用逐层回归分析方法探究控制权配置对再融资方式选择的作用机理及其影响的传导机制，侧重从公司治理整体而不是单个要素探究再融资决策的前因要素，以此拓展再融资决策的研究思路，完善控制权配置与公司财务决策相关理论体系，为企业、投资者与政府提供公司治理与投融资方面的实践指导。研究结果显示：控制权配置指数越高，越倾向于选择可转债，其次为债券；控制权配置指数越低，越倾向于选择定向增发；控制权配置对管理防御具有负向影响；管理防御越高，越倾向于选择定向增发，但对于可转债和债券融资之间的选择影响不敏感；管理防御在控制权配置与再融资方式选择关系中具有部分中介效应；部分中介效应的原因是终极股东的利益侵占对再融资决策产生影响，不仅如此，政治关联和财务风险对再融资方式选择同样存在影响。本书的主要工作与创新性成果体现在以下方面。

第一，在剖析终极股东控制权配置体系的基础上，构建创业板上市公司控制权配置指数。公司治理作为一个整体，需要有机融合三层权力机构典型特征变量，以公司内部两类代理问题的来源及解决方案为主线进行综合辨识。为此，本书结合公司层层赋权的经营方式，以终极股东权力的实现路径为出发点，在阐述公司内部权力主体寻租行为及权力制衡机制的基础上，选取其在股东大会、董事会及经理层的控制度、分离度和制衡度，以综合反映公司内部治理效率，并融合股权控制链和社会资本控制链选取指标及合适的统计方法，构建创业板上市公司控制权配置指数，在弥补现有研究对控制权配置状况整体评价不足的情况下，为公司治理的深入研究奠定基础。

第二，揭示控制权配置对再融资方式选择的影响机理。控制权配置作为公司再融资行为异化成因的根源，其与再融资方式选择间并不仅仅是简单的二元关系，更不仅是公司治理单要素就可以解释的。针对这一问题，本书根据公司控制权配置整体评价的特点以及再融资决策程序，选取再融资议案的提议者经理人的行为动机作为中间传导要素，按照"结构—动机—行为"的分析范式和所构建的控制权配置指数，研究控制权配置、经理管理防御及再融资方式之间的影响机理和传导机制，这不仅是对再融资偏好研究范式的进一步完善，而且是控制权配置指数应用的重要体现。

第三，将公司内部两类代理问题融入同一分析框架，辨识不同融资方式选择公司内部的主要代理冲突。基于再融资决策程序，本书以经理管理防御为中间变量，这不同于以往研究将控制股东的控制权私利作为融资偏好成因的解释，其实质是将股东与管理者的代理冲突置于再融资偏好成因的首位，能够将掩盖在控制股东侵占行为之下的经理人自利行为更加明显地暴露出来。不仅如此，在经理管理防御发挥部分中介效应的论证中，本书根据不同融资方式的特点，进一步检验了控制股东侵占行为动机的中介效应，这不仅是对公司内部主要矛盾的揭示，而且将两类代理问题纳入同一研究框架，使得研究更加丰富和完善，并具有说服力，旨在启发公司重视与加强对经理层的监督和激励，以解决或弱化公司内部代理问题。

第四，从内外两方面寻找创业板上市公司再融资方式选择的扰动因素。诚然，公司治理结构是其决定再融资方式选择的最基本因素，然而，公司再融资方式选择是复杂情境下的决策，受外部因素和内部因素的制约和干扰。尤其是在我国，再融资资金仍属于稀缺资源，受制于公司的财务状况和审批制度，因此，本书检验了政治关联和财务风险对控制权配置和再融资方式选择关系的扰动影响，这对寻找再融资方式选择其他影响因素、规范公司融资行为以及中小投资者保护具有重要启发意义。

综上所述，复杂网络关系情境下终极控制权配置及其所引致的两类代理问题对再融资方式选择的影响有待重新认识。本书在双重控制链基础上，聚焦终极控制权配置整体评价的新测算，探究其通过经理管理防御对再融资方式选择的传导机制，不仅从根源上为再融资异化行为提供新解，而且揭示了两类代理问题之间的动态关联关系，为公司控制权配置优化设计提供靶向依据。

简冠群

2020 年 12 月

目 录

第1章

绪　论

1.1　研究背景与问题的提出

1.1.1　研究背景

1.1.1.1　创业板上市公司再融资行为异化现象凸显

成熟市场上市公司往往将股权融资作为最后选择，与融资结构相匹配的资产负债率通常保持在 50% 以上。然而，我国上市公司融资现象却与西方融资优序理论相悖，表现为强烈的股权再融资偏好。特别是 2016 年，股权再融资规模再创历史新高，高达 1.8 万亿元，同比增长 31%，是首次公开募股（initial public offering，IPO）募资的 12.15 倍，而仅定向增发市场实际融资规模就约 1.78 万亿元，成为最重要的再融资方式，尤其是创业板市场，定向增发几乎是唯一的股权再融资方式，融资规模远超债权再融资。这种异常的热情体现为上市公司具有充分利用政策实现股权再融资规模最大化的动机，同时也体现为具备股权再融资条件的上市公司积极进行再融资，不具备条件的上市公司想方设法创造条件以争取再融资机会。而仅当在由于政策发生变动，股权再融资因种种原因受阻时，企业才转而关注其他融资方式，2017 年再融资新规颁布后债权市场的快速发展以及 2018 年融资渠道的断崖式下跌、债务"爆雷"、排队违约等乱象再次印证了上述事实，然而上市公司对股权再融资偏好的强烈热情却并未因此退减，无论在规模还是数量方面均依然远超债权再融资，相关数据见表 1-1。

相较于主板中的成熟企业来说，创业板市场作为孵化科技型、成长型企业的摇篮，更加迫切需要适时、适量的再融资来保障可持续发展中的资金需求，

表 1-1　　　　　　　　　　　创业板上市公司融资行为

指标	2010 年	2011 年	2012 年	2013 年	2014 年	2015 年	2016 年	2017 年
定向增发 （万亿元）	0	1.64 (1)	19.73 (6)	40.43 (20)	221.07 (58)	614.37 (66)	1149.17 (106)	1486.63 (175)
可转债 （万亿元）	0	0	0	2.57 (1)	0	2.48 (1)	27.8 (4)	172.32 (27)
债权再融资 （万亿元）	0	53.1 (7)	75.7 (19)	102.6 (20)	126.59 (22)	235.3 (36)	763 (73)	1170.9 (108)
资本结构（%）	13.19	17.01	20.24	24.39	28.48	29.64	30.11	32.08
净资产收益率 （%）	10.56	10.04	8.33	6.89	8.21	8.43	8.93	8.57
每股收益（元）	0.77	0.60	0.47	0.35	0.38	0.37	0.41	0.46

　　注：债权再融资包括企业债、短期融资券、中期票据和其他；括号内为预案次数。
　　资料来源：作者根据万得（Wind）资讯手工整理。

然而，大量事实表明，创业板上市公司存在过度融资，募集资金使用随意性大的现象，与此同时，重股权而轻债权再融资的偏好也使得其融资行为异化。根据表 1-1 可知，创业板上市公司平均资本结构在 2017 年达到最高 32.08%，远低于最佳负债率，尚不能充分发挥税盾效应和监督效应，而随着资本结构的缓慢上升，公司净资产收益率与每股收益并未得到同步提升，相反较于 2010年再融资前的下滑幅度较高。上市公司在大量融资且注重股权融资的同时，却没有为投资者提供相应的回报，这不仅表明融资决策与资本结构权衡理论相矛盾，而且表明资本结构决策并未致力于实现公司价值最大化，不利于中小投资者的保护和资本市场服务实体经济功能的发挥。

1.1.1.2　创业板上市公司大股东控制与内部人控制并存

　　创业板上市公司 IPO 前多为家族企业，公司治理的特点是家族控股，"裙带关系"使得公司所有权与经营权难以完全剥离，监督机制与权力制衡机制存在明显缺陷。随着家族权威治理弊端的凸显，家族治理模式逐渐向"家族持股＋引入职业经理人"转型，而转型成功与否的关键在于家族控制权如何向职业经理人转移：一方面，是否可以防止控制权旁落，确保长期战略得以坚持；另一方面，是否可以确保管理层稳定，提高决策效能及执行力。据万得（wind）资讯统计，截至 2016 年 12 月 31 日，创业板中实际控制人现金流权与控制权比例均在 30% 的家族企业占比约为 49.45%，相较于 2015 年末的53.43% 已有所下降，而 2010 年同期占比则高达 64.62%；与此同时，通过股权激励向职业经理人让渡部分股权促进了高管团队的稳定，创业板上市公司"去家族化"和"实现社会化"取得了显著的成效。

然而，在分散股权降低股权集中度的过程中，通过吸收中小投资者来稀释大股东所占股权比例的方法很难对大股东的控制地位造成实质性的影响，对职业经理人控制权的过度让渡容易使其权力膨胀，助长其攫取控制权私利的风气，难以保障公司的决策效率和经营效率。图 1 - 1 数据显示，2010 ~ 2017年，我国创业板上市公司股权结构属于相对集中状态，第一大股东平均持股比例在 33% 左右，然而第二至第九大股东却不能对其进行有效制衡，制衡度较低且一度出现向下"连连跳"的局面，即大股东的控制地位并未因其现金流权的降低而受到实质影响，但却使得现金流权的激励监督效应降低，经理层得以掌握公司的部分甚至全部剩余控制权，创业板上市公司同时处于大股东和内部人双重控制的局面。与此同时，总经理的平均持股比例保持在 15% 左右，变更频繁，两职合一现象较为严重，经理管理防御水平较高，公司财务决策体现为双方基于自身利益最大化的博弈结果。因此，如何优化股权结构，实现控制权在创业家族和职业经理人之间的合理配置，降低两类代理成本，达到"激励与治理双重效应"的均衡已然成为解释融资决策、投资决策及收益分配等问题的关键。

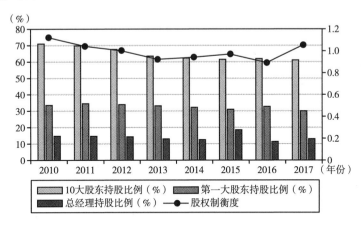

图 1 - 1　创业板上市公司股权特征

1.1.1.3　终极控制权配置整体评价研究的兴起

终极股东位于公司权力金字塔的顶端并依托股权控制链和社会资本控制链实现对上市公司的全面控制，同时，终极控制权作为公司控制权配置的逻辑起点与终点能够影响并决定公司的治理效率及公司质量，其权力配置的合理性与公司控制权配置的优劣相吻合。在实践中，终极股东权力是按照控制、治理和经营管理的目的在三层权力机构股东大会、董事会及经理层间进行配置，为此，学术界围绕各层权力机构的职能及相互联系寻找特征变量，进而检验公司治理效率及其对财务决策的影响。然而，随着单一治理机制对组织效率作用机理解释局限性的逐渐凸显，学术界转而从更为系统的角度探讨公司治理要素在维护公司整体利益问题上的联合效应或替代效应，例如监督机制和激励机制，既能够单独发挥作用，又能交互发挥作用，但监督和激励却很少被单独使用。为了最大限度降低公司内部代理成本，学术界围绕公司治理的研究始终在探索两种治理机制的最佳匹配模式，旨在创新公司治理机制组合去解决委托代理问题，并成为中国上市公司的必然选择（宋增基等，2009）。

回溯现有研究发现，大部分研究重点都集中于如何建立一种激励约束机制，以激励管理者以公司利益最大化为决策原则或约束大股东私利行为，核心都是围绕"为何要降低两类代理成本？两类代理成本由何引起？怎么降低？"进行。但面对如此庞杂的系统问题，学术界以一种抽丝剥茧的研究态度寻找突破口，将如何降低两类代理问题的研究诉求进行逐层倒推，寻找新的解释要素。其中，部分学者受"结构—行为—绩效"理论的影响，试图通过公司结构要素开展探索。相较于公司组织结构的治理研究，公司控制权研究因能够更好地还原上市公司的上层结构而备受学者青睐，研究两类代理问题的逻辑起点被设计为公司控制权配置，即公司控制权配置的目标就是设计一套有效的激励约束机制，使其既能够缓解股东与管理者之间的第一类代理问题，又能够降低股东的利益侵占行为。在这种背景下，探讨控制权配置的优化设计就成为题中之髓，而如何评价控制权配置整体状况则显得尤为迫切。

1.1.1.4 经理管理防御内涵的外延研究

股权分置改革前，控股股东与经理层的代理冲突在一定程度上被掩盖，大量研究聚焦于控股股东的侵占行为，而股权分置改革后，控股股东与经理层之间的矛盾冲突被更加明显地暴露出来（汪昌云等，2010），主要体现为经理层与股东的利益诉求不一致，表现为选择能够稳固自身职位、自身利益最大化而不是公司利益最大化的财务决策，学术界将其称为经理管理防御动机及行为，即经理人处于公司治理实践的核心地位，具有选择及执行有利自身利益的财务决策自主权，这将导致公司代理问题更加严重。可以说，经理管理防御假说和经典代理理论影响同样广泛。所不同的是，经理管理防御假说更加侧重于经理人的自主性，强调经理人在维护自身利益及控制权地位中的能动性，经理管理防御问题逐渐成为代理问题研究的新趋向。

然而，经理管理防御作为经济人与社会人属性下管理者能动性的体现，其影响受限于行为边界，并在制度边界与资源边界的共同制约下动态演化。其中，制度边界源于正式制度和社会规范两个方面，资源边界则衍生于法定权利与社会资本效力本身。通过对管理防御影响边界的层层剖析，不难发现，经理管理防御本身是制度结构与非企业行为下社会资本共同作用的动机导向与行为结果。特别是对于上市公司而言，股权结构往往成为上层建筑的基础而对微观层面的经理人产生显性与隐性影响。因此，随着股权结构研究的不断深入，其在影响公司财务状况与发展绩效的同时，对经理管理防御的影响也成为众多学者采用跨层研究范式探究二者关系及其路径延伸后效研究的重要视角。

综上分析，从再融资异化行为的追踪到控制权配置效力的探究，再到经理管理防御内生性影响的梳理，研究要素的殊途却最终体现出学术界对公司发展问题的同归，换言之，学术界对代理问题的研究最终需要在明确研究要素的同时实现落地，并最终实现发展，而如何标定研究要素实现研究问题的落地，对创业板上市公司而言，再融资决策无疑成为学术界与管理者所共同关注的焦点，作为决策主体的终极股东与经理人也因此成为再融资研究主题的支撑要素。由此，想要在质量经济时代提升企业再融资决策效率，并在理论层面厘清两类代理的博弈问题，就需要还原公司控制权配置的真实状况，以实现对再融资现状的追根溯源。

1.1.2　问题的提出

再融资新规颁布后资本市场的乱象远不止融资渠道的断崖式下跌、债务"爆雷"、排队违约等表象所示，其背后所暗藏的终极股东侵占和管理者自利作为市场"束手无策"的解释却也非制约创业板上市公司融资决策异化的原罪。学术界将此归咎于复杂网络关系情境下公司控制权配置合理性缺失所诱发的两类代理问题共同作用的结果，并以高闯和关鑫（2008）以及赵晶等（2010）等学者的观点作为理论支撑，强调基于经济层面的"股权控制"与基于社会层面的"社会资本控制"有效融合才能还原终极股东控制的完整路径。然而，上述范式却因无法准确标定网络关系所形成的超额权力配置而未能从实证层面整体衡量终极股东对上市公司的实际控制程度。因此，终极控制权的标定与测度，特别是中国上市公司终极股东控制权在三层权力机构之间配置量化研究的缺失成为当前创业板市场再融资异化成因研究相对滞后的症结所在。由此，想要在质量经济时代提升企业再融资决策效率，并在理论层面厘清两类代理的博弈问题，就需要还原再融资决策过程中的复杂股东关系并将其融入终极股东控制权的标定和测度中，实现对上述乱象的追根溯源。

　　以魏明海等（2011）为代表的研究团队所提出的股东关系及其影响力判断指标为实现上述研究诉求提供了重要的破题思路。顺承上述逻辑，程敏英等（2013）对关系股东权力超额配置现象的揭示，助推了股东关系类型及数量在理论层面对终极股东控制权配置的修正，然而正如关鑫等（2011）学者延续高闯等（2008）所提出的社会资本控制链动态分析框架一样，虽然构建了基于股东大会、董事会及经理层的终极股东实际控制度的测度模型，但上述观点对社会资本价值化及其传导机制的揭示未能寻迹深入的根源仍在于没有从关系强度视角回答"社会资本如何影响终极股东控制权？影响程度如何？"等问题。换言之，学术界在明确终极股东控制权解构和测度理论价值的同时，其对再融资行为影响路径的揭示还需要将实践领域中更具高效价的社会资本映射到现有模型中，才能更为准确地还原和评价公司控制权配置状况及其影响机理。除此之外，对上市公司的跟踪发现，虽然公司治理状况与再融资方式存在一一对应关系，但公司对再融资方式的选择却并非完全理性和一成不变，尤其是当公司新的权力金字塔形成而使得控制权配置状况发生变化时，公司内部的两类代理问题将以动态关联的平衡模式影响再融资方式的选择。因此，对再融资行为异化的解释不仅需要剖析股东与管理者之间的矛盾，而且还需关注终极股东的侵占行为。

　　基于上述分析，要想解释融资行为异象，需要先厘清融资决策的主要内容，因为这是决定融资效率的核心机制，同时还需要从两条主线去解构融资决策，第一条主线是融资决策的客体，需要厘清当前的主要融资方式以及公司可选择的融资方式，各自的融资条件和融资特征以及区别。第二条主线是融资决策的主体。需要明晰融资方式的选择主体是谁？依据什么来做决策？有哪些因素可以影响到其决策行为？决策主体自身的价值取向和行为动机是否会影响？又有什么因素会影响到其行为动机？等等。本书正是通过这种抽丝剥茧的方式将融资方式选择与公司内部治理有机结合，最终形成本书研究问题提出的逻辑框架，如图1-2所示。

　　由此，本书实践层面对上市公司再融资方式选择问题的追溯最终演化为对融资决策主体动机与行为的研判，而作为终极股东与经理人重要决策属性的控制权私利与管理者自利问题则被映射为理论层面围绕再融资方式选择及其影响因素的探究，并将研究要素标定为公司控制权配置、经理管理防御以及再融资方式，通过探究上述要素间的关系与影响路径还原复杂情境下公司再融资决策过程。作为对再融资依赖程度更高的创业板上市公司则为上述研究提供了简单而具外部效度的研究脚本。因此，本书的研究框架始于对"再融资异化"问题的关注，通过对融资决策过程的理论辨析与研究主体行为的还原，进而梳理出关键问题的研究思辨过程。

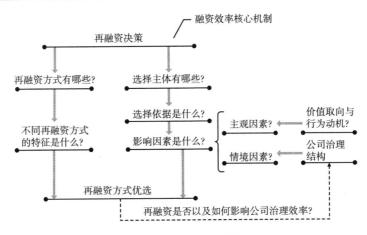

图 1 - 2 研究问题逻辑框架

为了解决上述逻辑框架中的关键问题，本书需要在理论与实证层面寻找新的研究视角和理论基础以及可操作化的变量要素，并将研究问题进一步细化和聚焦。为此，本书顺承社会资本理论对关系价值化的解释并构建权力金字塔下的控制权配置评价指数，将股东与管理层之间的第一类代理冲突以及终极股东与中小股东之间的第二类代理冲突同时纳入再融资方式选择研究框架，分析双重代理问题下二元互动关系的内在机理，试图回答以下问题：其一，不同控制权配置状况的公司对再融资方式选择存在何种差异？其二，经理管理防御动机是如何体现在再融资方式选择中的？其三，如何降低经理管理防御水平？管理防御在控制权配置对再融资方式选择的影响中扮演什么样的角色？并将上述研究凝聚为以下三个科学问题。

第一，双重控制链下控制权配置整体水平及其与再融资方式的内在关系；第二，再融资行为中的管理防御动机及其与再融资方式选择的关系；第三，双重控制链下控制权配置整体水平与经理管理防御的关系。

1.2 研究目的与研究意义

1.2.1 研究目的

再融资作为公司重大财务决策之一，是公司内涵式发展与外延式成长的动力机制与存续基础，与资本市场服务实体经济功能的发挥息息相关。更为重要的是，再融资资金形式直接决定公司的资本结构，动态影响公司的控制权配置，进而重塑各利益相关者的利益格局，正因为如此，再融资方式选择必然会受到诸如大股东、经营管理者及债权人的干预。从这个角度上来说，再融资方式选择与上市公司的股权结构和公司治理关系重大，尤其是对中小投资者权益的影响更为不可忽视。但目前创业板上市公司再融资却存在一些问题，突出表现为过度融资、融资结构不合理、募集资金使用随意性大及效益不高。根据现有研究，在影响再融资方式选择的诸多因素中，公司治理水平是关键的内在因素，而控制权配置又是决定内部治理水平的首要、核心因素。因此，如何从内部治理视角研究控制权配置对再融资方式选择的影响机理，找出再融资行为异化的症结所在并正本清源是确保企业健康成长的关键。

然而，现有再融资决策研究往往是站在大股东或管理者行为动机视角谈决策偏好，这一研究范式多是决策主体能动性等相关研究的延伸，但从单一决策主体出发讨论其融资偏好未能考虑决策主体的相互牵制，尤其是在我国金字塔股权结构下，股东关系复杂，终极控制股东隐蔽，看似明朗的委托代理关系实则微妙，权力边界模糊，这一结构特点要求我们在考虑再融资决策时必须考虑决策主体所处的复杂网络关系情境。也就是说，需要将复杂网络关系情境下相关决策主体的价值取向置于同一公司治理框架内进而探究再融资决策的影响因素。同时，为了避免"盲人摸象"式的片面性，并进一步完善再融资决策研究体系，有必要将影响并决定再融资动机的公司治理结构纳入研究框架中，以形成"结构—动机—行为"逻辑思路。

基于上述理论与实践诉求，本书立足于再融资服务实体经济效率最大化原则，从影响再融资方式选择的内部原因着手，以探寻公司再融资方式选择的决策依据，旨在为公司管理者、政策制定者、中小投资者等参与公司治理、进行财务决策等提供靶向依据。为此，本书在全面梳理研究现状的基础上，从不完全契约理论出发，揭示创业板上市公司控制权配置的激励约束作用及相应的代理冲突，进而将第一类代理问题中的经理管理防御作为独立的研究要素，以变量形式纳入控制权配置对再融资方式选择影响的研究框架中，解析管理防御动机转化为再融资行为的路径，并探究控制权配置对再融资方式选择的影响路径，在拓展再融资决策研究思路的同时，完善公司控制权配置与财务决策研究体系，侧重从公司治理整体而不是单个要素探究再融资决策的前因要素，以此为企业、投资者与政府提供公司治理与投融资方面的实践指导。

1.2.2　研究意义

与主板相比，创业板上市公司成长快，风险高以及收益不确定的特点决定了其具有更强烈的再融资需求,加之创业板上市公司成立时间短,规模小,其首次融资资金已不足以保障其扩大再融资资金需求,因此,研究创业板上市公司意义重大。基于前述关于创业板上市公司股权结构特征的分析,其大股东与内部人控制并存的状态又使其融资行为取决于双方基于自身利益最大化博弈的结果。因此,本书在厘清企业控制权配置相关理论的基础上,从双重代理问题视角出发,剖析创业板上市公司控制权配置状态及由此引发的经理管理防御,进而探究两类代理问题对再融资方式选择的影响,以揭示再融资行为异化的根源,为探寻适合我国创业板上市公司的控制权配置及再融资方式提供靶向指导,实现企业健康可持续发展。本书的研究具有重要的理论和现实意义,具体如下。

(1) 丰富和完善了我国创业板上市公司的控制权配置、管理防御动机对再融资方式选择影响的理论体系。本书依据再融资的决策机制,从内在视角剖析再融资决策主体的目标和动机及复杂网络关系情境下公司治理结构对其的激励约束作用,在此基础上,利用股权控制链和社会资本控制链构建代表公司治理效率的公司控制权配置指数,并剖析其相应的经理管理防御动机,揭示其对再融资方式选择的影响路径。上述论证不仅有助于了解公司控制权配置状态的形成原因,分析控制权配置的激励约束作用,而且有助于探索公司控制权配置对再融资方式选择影响的路径依赖,改进现有理论成果的缺陷,形成针对我国创业板市场三者关系的系统理论体系,丰富了该领域的研究成果。

(2) 优化创业板上市公司控制权配置体系,降低经理管理防御水平。与发达国家相比,我国创业板上市公司管理防御水平较高,且呈现逐年上升趋势,其影响因素不仅涉及外部资本市场、经理人市场,还与公司内部控制权配置机制高度相关。本书通过分析三层权力结构股东大会、董事会及经理层的控制度、制衡度和分离度的动态关联关系,构建终极控制权配置指数,并在理论分析控制权配置各维度对经理管理防御影响路径的基础上,实证检验其对经理管理防御的激励约束作用,以探寻创业家和经理人"互惠共赢"的制度安排,进而降低经理管理防御水平,促进利益协同目标的实现。

(3) 厘清我国创业板上市公司特定治理结构下的再融资倾向,深入分析其异化的内在根源,为促进再融资效益的提高,改善上市公司的控制权结构提供新的理论依据和实践证据。首先,优化控制权配置有助于实现公司股东大会、董事会及经理层权力机构之间相互制衡、互惠共赢,减少控制股东和经理层之间的利益分歧和矛盾冲突,防止经理层做出不利于公司利益最大化的经营决策,遏制二者之间控制权之争的发生,促进企业健康可持续发展。其次,剖析管理防御动机对再融资方式选择的影响，有助于理解管理者做出特定融资决策的目的和内在原因，便于针对性地设计管理者激励约束措施，形成良性循环，促进公司的健康成长。

1.3 研究思路与研究内容

1.3.1 研究思路

再融资方式选择作为一种融资决策，由融资主体的价值取向即目标函数决定，但是他们的目标是什么？目标是否一致？理论上，公司的融资决策与其他决策过程一致，都是根据公司价值最大化原则从若干个备选融资方案中选取最优融资方案。然而，在上述过程中，再融资方式的选择却包含了诸多噪声，其往往受到公司投资者、管理者、债权人等契约主体的干扰，例如，投资者希望再融资资金不影响其控制权，管理者希望再融资资金能够不影响其可控资源的规模、不具备财务压力，债权人希望再融资资金不对其资金安全造成威胁，等等。但是一项资金并不能满足所有利益相关者的利益诉求，权力拥有者的话语权显得格外重要，这使得公司最终融资选择体现为实际控制人的利益动机而不是公司价值最大化。根据前面对创业板上市公司股权结构的分析可知，实际控制人有终极股东和经理层。因此，融资决策目标体现为终极股东和经理层的目标，即利益最大化，由正常收入和私有收益构成。如果两者都追求正常收入，基本满足公司价值最大化原则。但多数情况下，控股股东追求共享收益和私有收益最大化，而经理层追求正常薪酬与控制权私利，二者目标的差异引起两类代理冲突，而这两类代理问题的大小恰恰是由公司控制权配置状态决定，与此同时，公司控制权配置状态又决定公司的实际控制人，决定融资决策的主体。在此，本书将上述研究问题的回溯凝练为思路图，如图 1-3 所示。

1.3.2 研究内容

本书的研究过程是按照学术论文的一般范式，在对理论基础和国内外相关研究成果进行系统梳理、扬弃吸收的基础之上，对要素进行标定，并以双重代理问题为视角，利用控制权配置的激励约束作用理论辨析和实证检验控制权配置对管理防御及再融资方式选择的影响，以及管理防御动机对再融资方式选择

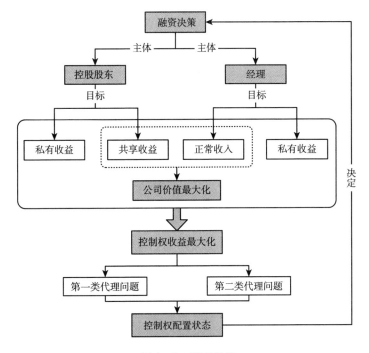

图 1-3 研究思路

的影响，最终得出本书的结论。具体来说，按照"结构决定行为"的逻辑框架设计变量要素间的关系，并将控制权配置与再融资方式选择分别细化为控制权配置指数与三种融资方式，同时将其放置于创业板上市公司这一大环境中，通过实证方法建立二者的对应关系。依据公司再融资的决策程序，再融资决策主要由经理提议，内含代理问题，因而本书选取经理管理防御作为中间变量，并通过相关理论对控制权配置、经理管理防御与再融资方式选择的影响机理进行分析，建立三者关系的概念模型。最后，利用创业板上市公司数据，对上述控制权配置对再融资方式选择的直接影响与通过经理管理防御产生的间接影响进行论证，以回答本书的研究问题，并将其细化为以下章节。

第1章 绪论。基于再融资决策与公司治理践行现状的背景回顾和逻辑框架，引出本书的研究问题。同时，明确本书的研究目的与研究意义及研究思路，并对各章节研究内容做出安排，最后阐明本书的研究技术路线和研究方法。

第2章 文献综述。在对本书研究问题确定的基础上，本章节进一步对控制权及控制权配置、再融资方式选择、经理管理防御假说相关研究现状和理论基础进行文献回顾与理论梳理，为后续章节的理论分析奠定基础。

第3章 控制权配置指数构建。本章节不仅是公司治理研究的细化和深入，更是对本研究逻辑框架关键要素的先验分析和理论支撑。立足于复杂网络关系视角，对三层权力机构的控制度、制衡度和分离度的动态关联关系进行解构和融合，构建权力金字塔下的终极控制权配置测度模型，推演其可能衍生出的代理问题，为后续经理管理防御及再融资决策理论分析与实证研究奠定基础。

第4章 创业板上市公司再融资现状及其与控制权配置的关系。本章节在明确创业板上市公司三种主要再融资方式的基础上，通过数据及理论分析说明再融资的现状及特征，并根据已有文献归纳总结再融资异化的成因。在此基础上，梳理控制权配置与再融资方式选择间的内在关系。

第5章 再融资方式选择机理分析：控制权配置视角。本章节侧重说明控制权配置与再融资方式选择间为何存在关系。在前面章节的基础上，通过构建控制权配置直接影响再融资方式选择的一般模型以及控制权配置间接影响再融资方式选择的理论框架，推演出本研究理论模型，便于后续假设的提出。

第6章 控制权配置、经理管理防御对再融资方式选择的影响及假说提出。基于第五章的机理分析，通过对现有研究归纳总结，对变量间关系进行理论分析并提出研究假说。包括：控制权配置对再融资方式选择的影响及研究假说；控制权配置对经理管理防御的影响及研究假说；经理管理防御对再融资方式选择的影响及研究假说；经理管理防御在控制权配置与再融资方式选择关系间的中介效应及研究假说，为后续实证分析提供理论支撑。

第7章 研究设计与实证结果分析。在第6章理论分析与假说提出的基础上，选取研究样本，设计主要变量，利用相关软件对主要变量进行描述性统计，在此基础上，对本书研究假说进行回归分析，并对模型整体检验结果进行总结性分析与讨论。进一步地，对未通过验证的假说进行补充分析，以此丰富和完善实证结论。

第8章 结论与展望。在对全书研究内容进行总结与提炼的基础上，归纳本书的关键创新点。同时，对本书的不足归纳分析，并以此作为未来研究的设想。

1.4　技术路线与研究方法

1.4.1　技术路线

本书研究内容是基于"提出问题—分析问题—解决问题"的思路展开，

即为什么创业板上市公司再融资方式选择重股权轻债权，为什么融资效率低下？其和公司控制权配置的关系如何，公司控制权配置为何会影响到公司的再融资方式选择，有何机理？以往的研究有何缺陷，需要采取何种方法来证实？……为解决上述研究问题，实现研究目的，本书展开分析的重要内容仍是围绕本题研究范畴中的核心变量：终极控制权配置、再融资方式选择、经理管理防御。

第一，本书在充分分析创业板上市公司再融资现状及股权结构特征的前提下，提出拟解决的三个关键问题：其一，双重控制链下控制权配置整体水平及其与再融资方式的内在关系；其二，再融资行为中的管理防御动机及其与再融资方式选择的关系；其三，双重控制链下控制权配置整体水平与经理管理防御的关系。进而针对研究问题，利用现有文献，在认真吸收与扬弃的基础上，界定本书研究所设计的三个变量：控制权配置、经理管理防御及再融资方式选择，从不完全契约理论、控制权理论入手分析企业控制权在公司三层权力机构之间的配置及由此导致的寻租行为，探寻控制权配置对再融资方式选择的影响路径，包括终极控制权、两权分离度及制衡度对再融资方式选择的影响。

第二，结合企业会计舞弊与反舞弊（Greed，Opportunity，Need，Exposure；GONE）理论和心理学场论揭示经理管理防御行为产生的原因及其激励约束机制，形成"结构（控制权配置）—动机（经理管理防御）—行为（再融资方式选择）"的逻辑思路，探究控制权配置、经理管理防御与再融资方式选择之间的关系，并据此构建上述三要素关系的理论模型，为后面的实证研究提供理论基础。

第三，根据我国创业板市场特殊的制度背景，以创业板上市公司的相关数据为样本，利用股权控制链和社会资本控制链追溯终极控制人，并以终极控制权为研究主体，分析其在三层权力机构间的权力实现路径，构建其控制权配置体系，并选取影响控制权配置的基础指标，采用结构方程模型（SEM）研究方法构建权力金字塔下终极控制权配置指数，以此作为评价公司控制权配置状况优劣的依据。在此基础上，通过数据间的对应关系寻找再融资方式选择与控制权配置的内在关系，初步说明公司再融资方式的选择依据。

第四，基于双重代理视角，利用创业板上市公司的再融资预案，实证检验公司控制权配置对再融资方式选择的直接影响以及通过经理管理防御所产生的间接影响，同时将两类代理问题纳入同一研究框架，检验终极股东的利益侵占行为在控制权配置与再融资方式选择关系中充当的角色，并从外部视角与内部视角选择政治关联和财务风险作为调节变量，寻找再融资方式选择的扰动要素。技术路线图如 1-4 所示。

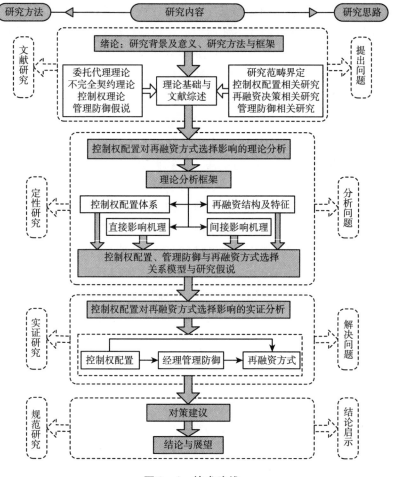

图1-4　技术路线

1.4.2　研究方法

基于研究对象和内容，本书拟结合文献研究、定性研究和实证研究等多种研究方法，探究控制权配置、管理防御与企业再融资之间的影响关系，以期寻求优化的控制权配置模式实现对管理层的激励约束最优，降低终极股东和管理层自利带来的代理成本，促进创业板上市公司持续健康发展。

（1）文献研究。通过梳理前人研究已获得对事物发展规律的认识，文献作为知识记载和传递的载体，是理论研究不可或缺的工具。文献研究法正是上述研究范式的统称，为了实现研究诉求，围绕研究目的和研究主题对现有文献资料进行检索和搜集获取所需要的资料，进而对研究问题进行全面和深入的了解和掌握。作为社会科学实践研究的重要方法之一，文献研究法的优势在于能够通过学术界不断积累的资料挖掘问题的历史、现状并梳理归纳出未来可预见的趋势。不仅如此，通过实践的检验还能够对现有文献资料进行多维度对比，利用差异化的分析结果对实践规律进行修正，并在此过程中逐步完善对研究问题与主题的凝练与深化，是学者初探事物和探讨问题全貌的基础方法，同时也是一种古老经典又饱含生命力的系统的科学研究方法。基于此，本书在大量阅读、归纳现有文献的基础上，根据控制权和管理防御特征，首先，通过层层递进的方法运用委托代理理论、信息不对称理论、不完全契约理论和控制权理论等对控制权来源、功能、控制权配置等概念等进行重新界定；其次，从再融资方式选择理论了解公司融资决策的依据；最后，运用管理防御假说对创业板上市公司管理防御动机、行为以及再融资行为等进行分析。

（2）定性研究。事物发展既是各种内在属性的外显化积累，同样也是主体属性不断升级演化的漫长历程。定性研究方法则是通过捕捉和判断事物发展过程所呈现出的属性、规律以及在运动过程中的矛盾，并从事物内在规定性描述和探究事物的一种视角和方法。其判断和描述的依据在于系统且被公认的定理或是一整套完整的推理逻辑，再或是在被大量历史事件所印证的基础上，从事物发展的属性和矛盾切入，对新事物进行演绎、推理和描述。因此，采用定性研究强调完整、系统的理论与经验基础，聚焦事物发展所呈现的关键特征，在纷杂的异质性主体中寻找和归纳同质性的规律和经验，其过程往往依赖于研究者在相关方面的理论积累和对事物发展的准确判断。基于此，本书通过规范研究来分析企业控制权在三层权力机构之间的配置及配置状态下的激励约束作用；采用推演与规范分析相结合来探寻不同控制权配置状态下，创业板上市公司管理防御动机以及对企业再融资方式选择影响的传导路径，并在规范研究成果的基础上构建创业板上市公司控制权配置、管理防御动机与企业再融资方式选择之间的概念模型。

（3）实证研究。事实需要通过更为科学的方法得以验证其内在的可普适性的规律。实证研究方法正是从大量事件与经验中利用科学方法提炼和归纳事物规律的思想，总结出具有普适性的观点、结论或规律，在此基础上利用科学的分析方法演绎或推导出结论和规律，最终通过实践检验这些理论层面归纳出的观点、结论或规律的现代化研究方法。其研究核心在于探究和挖掘事物和社会经济问题"是什么"，研究范式存在广义和狭义之分。由于本研究所关注的是市场中同类主体的经济活动，故采用狭义实证研究方法，通过对一手数据进行数量分析，利用科学计量研究技术，分析和揭示研究主题中所包含的不同要素间的数量关系与相互作用方式。由此，在本书中，主要是运用描述统计对样本数据的分布特征进行统计分析，利用 SEM 构建并验证终极控制权配置指数，通过中介效应分析方法验证经理管理防御在终极控制权配置与再融资方式选择间的中介效应，并在稳健性和内生性检验的基础上对研究结论做进一步实证分析，以此找出再融资行为异化的症结所在，为控制权配置的优化设计提供依据。

1.5　本章小结

本章节通过介绍研究背景提炼研究问题，并指出研究意义所在。同时，基于本书研究目的，提出研究思路，通过理论推演与实证设计，构建研究技术路线，并给出解决问题的研究方法。

第 2 章

文献综述

2.1 控制权配置相关理论与文献综述

2.1.1 控制权基础理论

2.1.1.1 委托代理理论

伴随着社会化进程，企业由单层经营发展为多层赋权式的契约经营并产生传统意义上的两权分离，即经营权与所有权相分离。虽然在这一契约组织中，明确规定了股东、管理者、债权人等利益主体的权责，但是各主体同时也存在自身的利益需求且与企业经营目标并不必然一致，而恰恰又由于信息不对称及契约先天的不完备性，为各利益主体追求自身利益最大化留下了可乘之机，并导致矛盾冲突，这正是基于科斯（Coase，1937）契约理论基础上委托代理理论所阐述的主要内容——三种代理关系及代理成本。第一种为股东与管理者之间形成的第一类代理问题，此时股东的利益诉求为公司利益最大化，而管理者的目标为个人利益最大化；第二种为股东异质性所导致的利益诉求差异，控制股东天然的控制权优势使得其有机会、有能力侵占中小股东的利益，我们称之为第二类代理问题，也是近些年理论与实务广泛关注的热点问题；第三种为股东与债权人的矛盾，债权人作为公司投资人之一，与公司股东的目标函数有很大的差异，尤其是面对高风险的项目时，股东与管理者往往会突破债权约束条件而将风险转嫁给债权人，导致债权人利益受损，这也是债权风险性的重要原因之一。

表面来看，三种代理关系各有千秋，然而其根源却都在于信息不对称下的控制权相对强度及控制权私利所引发的机会主义行为及道德风险。为此，学界通过研究逐渐形成两条治理路径：其一，以威廉姆森（Williamson，1964）、克莱因（Klein，1980）为代表所提出的"事后治理与措施"；其二，以詹森和麦克林（Jensen and Meckling，1976）、法玛和詹森（Fama and Jensen，1983）等为代表的学者在伯利和米恩斯（Berle and Means，1932）两权分离观点基础上提出的"契约事前激励配置"，即通过优化公司控制权配置，形成有效的激励约束机制。两者交相辉映，在降低或减缓上述代理冲突方面发挥了巨大的作用。然而，从委托代理理论发展历程来看，大量研究聚焦于第二种治理研究范式，探讨企业最优控制权结构下的资本结构，并形成资本结构控制权理论，对后续研究形成深远影响，时至今日，伯利 – 米恩斯（Berle-Means）的"所有权与经营权分离"研究范式和拉波塔、洛配滋·西拉内斯、安德烈·施莱弗及罗伯特·维什尼（LLSV）的控股股东利益侵占基本模型仍然是我们分析与解决公司治理问题的重要依据（LLSV，2002），同时也囊括了上述所称的三种代理问题。为便于系统分析公司控制权配置与代理问题的关系，借鉴王维钢（2010）的分析方法，绘制公司所有权和控制权的象限分类图，如图 2 – 1所示。

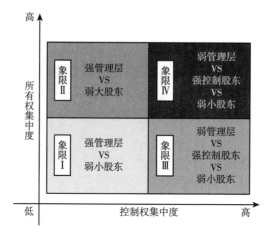

图 2 – 1   代理问题的关系情况

图 2 – 1 中控制权集中度决定了管理层与控制股东的控制地位，当控制权集中度较低时，控制股东对管理层的监督能力较低，管理层掌握公司的实际控制权，这在股权分散及控股股东缺位的国有企业中较为常见，分别对应图中的象限Ⅰ和象限Ⅱ，也即 Berle-Means 范式强调的管理层控制，此时，第一类代理问题突出，公司治理所要解决的首要问题就是股东与管理层之间利益矛盾，例如采用董事会监督及适当的薪酬激励。随着控制股东控制权集中度的提高，其对管理层的监督能力增强，公司的实际控制人转变为控制股东，分别对应图

中象限Ⅲ和象限Ⅳ，这也是当前 LLSV 模型讨论最多的两权分离（控制权与所有权分离），同时也是第二类代理问题产生的根源，即控制股东利用其控制权优势及信息优势侵吞中小股东利益，并通过投资高风险项目等将风险转嫁给债权人。而对控制股东"掏空""隧道"等机会主义行为的约束，研究不仅关注法律保护制度的完善，更关注通过提高股权制衡度等公司治理手段加以解决。

实践中，上述三种代理问题并非孤立存在，而是以一种动态均衡模式同时存在于公司内部。虽然传统公司治理研究一直集中于分散股权结构下的第一类代理问题，且股东与管理者之间的代理问题也是代理理论中研究最早和应用最为广泛的部分（Jensen and Meckling，1976），但分散的股权使得股东决策难以达成一致，内耗严重，且管理者控制使得公司决策以管理者利益最大化而不是股东财富最大化为导向，在职消费、个人享乐等非货币性侵占和股权再融资偏好、非效率投资以及盈余管理等机会主义行为严重，大股东与中小股东都处于管理者道德风险的侵害之下，分散股权并非最优的股权配置模式。尤其在我国当前经理人市场及控制权市场不完备的情境下，分散股权模式很容易使管理者成为权力膨胀的实际控制人，第一类代理问题凸显，这也是股权集中治理模式得以存在的重要依据。

但值得注意的是，上述理论成立的一个重要前提是股权同质，即所有股东利益目标一致。然而，随着股东间行为能力及利益诉求差异的逐渐显现，股东同质性假说受到挑战，并催生股东异质性假说。显然，股东异质性较股东同质更符合公司治理实践，而第二类代理问题的出现正是立足于此逻辑基础。根据默克（Morck，1988）的研究成果，在公司内部，除了股东和管理者之间的代理问题外，代理问题也存在于大、小股东之间。不仅如此，理论与实践均表明，多数国家股权配置的存在模式都是股权集中而不是股权分散，对于发展中国家更是如此（La Porta，1999），这为第二类代理问题的深入研究提供了现实素材，同时也成为降低第一类代理问题的有效措施。一方面，股权集中使得大股东有能力掌管企业经营控制权；另一方面，股权集中使得大股东有动力对管理者进行监督，管理者的权力得以削弱。然而，现代公司的多层赋权经营方式却使得控制股东而不是中小股东能够通过股东大会、董事会以及经理层行使决策权、监督权及经营权，并导致股东间利益关系的复杂化，控制股东的趋利性及中小股东的"无可奈何"和"任由摆布"，使得第二类代理问题严重并成为过去、现在和未来广泛研究的热点，学者也已对此从各个角度做了大量研究（Bertrand et al.，2002；Baek et al.，2006），推动着公司治理研究不断向前发展。

除此之外，从资本来源的两个渠道"股权"和"债权"可知，股东与债权人的关系也是委托代理理论中的重要一环，股东和债权人之间会因为双方利益取向的不同而存在冲突（冉茂盛，2015）。詹森和麦克林（Jensen and Meckling，1976）认为，股东之所以和债权人存在矛盾，是因为出于债权资金安全的目的，债权人往往会以合约的形式规定资金的使用范围，要求资金投资于风险和不确定性都小的项目，然而在这一博弈中，股东却倾向于投资高风险和收益率较高的项目，而这很可能影响到债权人的资金安全，这种收益归己、风险归他的不对称行为即导致了前面提到的股东与债权人之间的代理问题。

由此可见，两类代理问题（三种代理关系）的大小都取决于公司控制股东、中小股东和管理层的相对权力大小，以及实际控制人的机会主义动机。尤其是当股权相对集中的同时，控制权与所有权出现分离，公司的两类代理问题都应得到关注。需要警惕的是，控制股东与管理层合谋共同侵占中小股东利益。毋庸置疑，这同样取决于公司内部治理状况及外部市场环境。基于此，在当前市场经济条件下，完善公司控制权配置并形成稳固治理有效的权力金字塔对公司的生存发展及投资者保护至关重要。

2.1.1.2　信息不对称理论

信息不对称理论的提出源自阿克洛夫（Akerlof，1970）对旧车市场中"柠檬问题"的关注，为我们认识和解决公司内部的逆向选择和道德风险提供了新的思路。按照信息不对称理论的基本内容，公司内部存在两种形式的信息不对称：其一是契约主体间的信息不对称，包括控制股东与中小股东、控制股东与管理层以及股东与债权人之间由于"局内人"和"局外人"而造成的信息不对等；其二是事前信息不对称和事后信息不对称，其中，事前信息不对称属于外生信息不对称，意指信息优势方（局内人）拥有比信息劣势方（局外人）更多第一手信息，而信息劣势方（局外人）往往因无法识别而做出逆向选择。相较而言，事后信息不对称属于内生信息不对称，处于信息优势的一方将加工或粉饰的信息传递于信息劣势方，并做出损人利己行为，我们称为道德风险，这在前面提到的三种委托代理关系中广泛存在，并嵌入于公司的投融资行为中。

正如梅叶斯和梅吉拉夫（Myers and Majluf，1984）的研究结论，由于信息不对称的存在，潜在投资者不能对企业的内在价值以及投资项目的回报率做出准确判断，致使其对公司发行股票的估值总是高于或低于其内在价值。当市场情绪高涨时，企业价值被高估，募集资金相对容易并可能超过实际融资需求，导致企业的过度投资行为；而市场情绪低落时，企业价值被低估，募集资金较难并导致企业可能无法筹集到足额所需资金，进而引发投资不足。由此可见，信息不对称理论的意义远不止在于归纳总结了信息不对称的基本内容，更重要的是，如何解决投融资中的信息不对称，使市场资源配置达到帕累托最优？

当然，信息不对称理论给出了我们解决上述问题的基本措施，搜寻信息、发布信号、监督和激励。其中，搜寻信息和发布信息主要为解决事前信息不对称产生的逆向选择，而监督和激励则主要为避免事后信息不对称产生的道德风险。然而，机会主义倾向的相互性，事前的逆向选择和事后的道德风险往往循环共生，拥有较少信息的一方不仅要搜寻和获取更多信息，还要加大监督力量。当获取监督的成本较高甚至超过收益时，则需要通过激励措施激发主观能动性减少道德风险。更重要的是，面对复杂环境下企业所存在的信息不对称风险并非是一种事前、事后简单逻辑所能分割的，单以某种措施来降低逆向选择或是道德风险很可能造成顾此失彼甚至激活另一风险的窘境。学术界与管理者往往从系统或是项目跟踪统筹的视角设计风险防范机制。换言之，将信息不对称理论作为系统理论解读事前逆向选择与事后道德风险的学术范式就需要在实践过程中对两类问题的诱因、过程与结果加以系统分析和研判，并最终在机制层面将两类问题视为有机整体加以纵向与横向的统筹治理。

在实践过程中，上述理论的落地更为复杂，特别是近十年资本市场中广为流行的非公开发行方式，为逆向选择及道德风险提供了更大的温床。而在这一充满机会主义行为的投融资活动中，投资者、公司、政府及中介机构相互影响且都扮演着重要角色如图 2-2 所示。由图 2-2 可知，为降低上述两种信息不对称所诱发的不利影响，投资者在参与定向增发前，可通过专业评估机构、网络媒体等了解公司的内在价值和发展前景（沈艺峰等，2013），以判定定向增发是"价值投资"还是上市公司的"圈钱"行为。然而，远远不够的是，公司可能会通过盈余管理、操纵等故意隐瞒真实信息（章卫东，2010；宋鑫等，2017），这也是过去较长时间内定向增发短期收益较好，而长期收益率下滑的

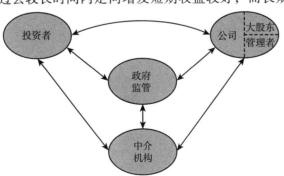

图 2-2 信息传递的关系情况

主要原因（章卫东等，2012），所以还需要政府的干预和适度调控。同时我们也注意到，定向增发"夭折"的情况在近两年也频频出现，其原因在于：一方面，二级市场股票价格与非公开发行底价倒挂现象严重；另一方面，证监会审核未通过。虽然二级市场股价形成机理复杂，但可以确定的是，以内在价值为基础进行非公开发行的公司是可以顺利实施的，而包含了虚假泡沫信息的再融资往往被视为大股东"开小灶"的工具，在网络媒体的拆穿及政府的严格监管下，"被流产"将成为常态。

如果说搜集信息是信息劣势方主动降低信息不对称的手段，那么，释放信息则是信息优势方主动降低信息不对称的一个基本工具，这种情况通常发生在公司市场价值被低估，投资者不看好的情境下。仍以上述非公开发行募集为例，当公司内在价值被低估，股价较低而不能真实反映内在价值时，上市公司宣告定向增发预案很可能不能刺激股价上涨，市场观望情绪浓厚，投资者入市欠积极，市场萧条。为募集足额资金，大股东及其关联方会主动参与认购定向增发以提振投资者信心（魏哲和张海燕，2016），尤其在再融资新规及减持新规落地后，大股东参与将会成为简单而有效的信号工具，然而仍需警惕与防范虚假信号。基于此，在公司经营活动中，需要增强投资者、公司管理者、政府监管者及中介机构的通力合作以降低信息不对称，旨在缓解公司控制股东及管理者自利等机会主义行为的同时，降低逆向选择问题。

2.1.1.3 不完全契约理论与控制权理论

现代企业理论将企业视为一系列契约的集合，是债权人、投资人、经营者、交易方、员工以及政府等利益相关者之间缔结的契约权利束。在契约关系框架内，各利益主体都通过契约关系将自己的目的行为委托于另一利益主体实施，并同时规定各自的权利和义务，例如，债权人将资金投资于公司，债权人有权收回本金和利息，同时股东有义务按照债务合约使用资金，保证债权人资金安全，并偿还本息。虽然债务合约对股东与债权人各自权责进行了明确的限制，但是，由于实践中不确定风险及信息不对称常存，委托代理理论中完美的契约很可能不能被完美地执行，同时契约也不可能那么完备、穷尽地描述每一个细节，完全契约理论假说被打破。正如不完全信息理论是对完全信息理论的突破一样，格罗斯曼、哈特和莫尔（GHM）的不完全契约理论以批判的态度推动了委托代理理论的发展，是契约主体对未来不确定事项处理的依据。基于契约内生的不完全性，企业难以对未来的经营管理及财务决策做完备的规划，同时，由于信息不完全及市场的先天缺陷，经济人特性使得公司内外各契约主体都追求自身利益最大化，趋利性使得利益目标存在差异且多数情况下表现为利益冲突，因此，组织存在的作用就是通过设计一系列的激励约束机制把上述利益冲突降至最低并达到相对均衡。

然而，企业内部的激励约束机制是什么？依据伯利和米恩斯的两权分离理论可知，控制权衍生于所有权，但拥有所有权并不意味着真正拥有公司控制权。只有在当股东的所有权能够对公司董事会、经理层产生实际影响，对公司的财务决策和公司价值产生影响时，股东才有可能拥有真正的控制权并掌握公司的经济命脉。换言之，具有经济价值的控制权就是前面提及的激励约束机制。而在不完全契约理论下，格罗斯曼和哈特（Grossman and Hart，1980）将控制权分为特定控制权和剩余控制权。其中，特定控制权由于其明确的事前约定已决定了其对公司财产与价值的控制力，剩余控制权因其是决定如何采取措施去弥补事前合约中的缺口及漏洞的权力而充满诱惑。随后，哈特（Hart，1990）再次补充，公司控制权的核心内容是剩余控制权，其决定了公司所有权的支配权，由此，公司控制权研究的重心也从特定控制权转向剩余控制权并成为利益相关者争夺的对象。然而，需要明确的是，剩余控制权并不能替代控制权，剩余控制权仅是指契约中没有规定的决策权（刘少波，2007）。

那么，资本家与企业家是如何分配公司的控制权以实现对公司未来的财务决策及经营管理的？依据控制权理论的开创者格罗斯曼和哈特（Grossman and Hart，1986）、哈特（Hart，1995）的观点，控制权的优化设计还需要结合控制权的类型、性质来讨论，阿洪与伯尔顿（Aghion and Bolton，1992）研究认为，管理者在关注自身显性薪酬的同时，还关注可能的隐性收入，这与外部投资者单纯地关注显性收入目标不同，而平衡利益冲突的关键则在于公司治理结构，因此，优化公司控制权配置成为重中之重，且控制权配置的最优解是既能够实现管理者的货币收益与私有收益，又需要满足外部投资者的货币收益。然而，由于管理者获得的控制权私有收益是以减损外部投资者的货币收益为代价的，二者存在负相关关系，因而控制权配置不可能既与管理者的隐性收入存在单调关系，又和外部投资者的显性收入存在单调关系，控制权配置的优化设计还需要考虑其他因素。

一般来说，控制权包括投票权、监督权和经营权，控制权配置也是按照这三项权能分别配置给公司的三层权力机构（股东大会、董事会及经理层）。根据风险承担与风险收益对等的原则，大部分企业都将剩余控制权赋予了股东，而将特定控制权赋予了董事会与经理层，这在股权集中的公司依然成立。然而在股权分散公司和国有股东缺位的情况下，缺乏监督动力的股东实际上是将该剩余控制权转移至了管理层，形成了"内部人控制"。由于权力的表现形式是利益，任何掌握公司权力的控制人就都具有动力去获取利益，格罗斯曼和哈特将其称为控制权收益，包括正常收益和控制权私有收益两部分，而私有收益则指其超过应得部分的非正常收入。前面也述及，管理者不仅关心正常收益，还关心控制权私利，因此，从第一类委托代理关系来看，经理人通过在职消费等非货币性收益及非效率投资融资等获取的利益都称为控制权私利。同样，从第二类委托代理关系来看，公司的资源并非公平的分配给终极股东和其他股东，尤其是终极股东往往获得更多的超额收益（Dyck and Zingales，2004）。约翰逊等（Johnson et al.，2000）以及拉波塔、洛配兹·西拉内斯、安德烈·施莱弗和罗伯特·维什尼四位学者（LLSV，2000）将控股股东实行内幕交易和关联交易等损人利益的经济行为叫作"隧道效应"，同时其研究指出，终极股东获取更高更大程度控制权的目的即为获取控制权私利，这种现象在股权集中的公司较为普遍，尤其是当控制权市场不完善或法律制度不健全时，终极股东获取控制权私利行为会成为一种常态，同时也成为学界与实务界关注的热点。

　　值得注意的是，无论是管理者的控制权私利还是终极股东的控制权私利，其本质都属于控制权私利，与管理者或终极股东的存在并无必然联系，而取决于控制权。即拥有实际控制权的任一主体都存在机会主义倾向去获取私利，区别仅在于两类代理问题中控制权私利的表现形式不同。因此，控制权私利存在的根源并不在于股权分散还是集中，而在于如何通过配置控制权来降低控制权私利。为此，学者做了大量的研究，德沃特里庞和梯若尔（Dewatripont and Tirole，1994）基于不完全契约关系，通过建立管理层道德风险模型以说明管理者想要获取控制权私利或更高期望报酬的动机，并指出干预是坏状态下的最优选择，而理想的办法则是赋予其控制权以激励他们选择有效的方案，但这未必能够事后价值最大化。因此，单纯赋予控制权未必能达到激励效果，相反，可能顾此失彼，企业需要的应该是一个要求剩余收益权而不是剩余控制权的投资者，这很难达到，因此，激励的同时，离不开干预、制衡和监督的共同作用。沿袭上述观点，维杰·耶拉米利（Vijay Yerramilli，2011）将道德风险、套牢和不完全契约纳入同一模型中研究最优控制权配置，在不对管理者的私人利益和未来的利益冲突做任何假设的基础上提出了一个控制权配置理论，指出最优的控制权配置需要满足两方面要求：其一，最大限度激励管理者；其二，最大限度满足投资者的参与约束。能够同时满足这两个条件的办法是根据企业业绩相机配置，即业绩较差时将控制权配置给管理者，业绩较好时控制权配置给投资者。

　　上述研究以层层递进的关系剖析了公司内部代理冲突的形成原因及解决措施，形成了完整的研究理论与体系。从理论发展历程来看，委托代理理论是最基础理论，揭示了各利益主体的契约关系和行权职责。然而在信息不对称及契约不完备情况下，管理者可能利用其信息优势侵害股东利益以满足自己效用最大化。因此，委托代理理论的核心就是通过设计合理的激励约束机制使代理成本最小。基于两权分离理论和产权理论，公司控制权不仅具有经济价值，还具有激励约束效果，在公司治理中居于核心地位，影响并决定公司财务决策和经营管理活动。但由于契约的不完备性，剩余控制权以能够决定未来不确定事项的性质而成为契约主体争夺的对象并成为新的研究视角，不仅是控制权私利的诱因，而且更是降低控制权私利的机制。因此，如何合理配置控制权，降低公司内部的代理冲突，使资源配置达到帕累托最优，是当前及未来探索的重点，理论间的关系框架如图 2 - 3 所示。

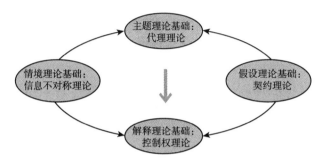

图 2 - 3　理论间的关系框架

2.1.2　国内外研究综述

2.1.2.1　控制权研究现状

基于伯利和米恩斯（Berle and Means，1932）的两权分离理论以及格罗斯曼和哈特（Grossman and Hart，1980）的产权理论，控制权研究得到了蓬勃发展。伯利和米恩斯认为，控制权的本质是通过法定权力或施加影响，能够对大部分董事会成员有选择权。这种界定得到了学者的广泛认可并进行了一系列拓展，开拓性的研究是格罗斯曼和哈特（Grossman and Hart，1980）的控制权"异质性"观，并由此展开关于控制权内涵、来源及控制权私有收益等相关研究。

（1）控制权内涵。

迄今为止，学术界关于企业控制权内涵的界定，研究仍处于离散状态，学者的关注点并未达成一致，存在以下六种不同观点。第一，投票权观。该观点认为控制权是能够通过投票的手段对企业经营过程中的日常运作和重大决策做出影响的一种权力，包括选举董事的权力和影响董事会做出决策的权力（刘汉民，2003；刘芍佳，2004）。第二，资源配置权观。持有该观点的学者认为公司控制权是一种权力，这种权力能够控制和管理公司所有可支配资源，包括制定政策和措施，对公司的经营发展具有决定性影响（殷召良，2011）。第三，影响力观。该观点来源于阿洪和梯若尔（Aghion and Tirole，1997），认为控制权是企业合约一方（或由多方形成的集体）在特定情景下影响企业行动路径的权利，是权力主体影响企业决策的能力（刘红娟，2006）。第四，决策权观。沿袭卡普兰等（Kaplan et al.，2003）的控制权决策性，付雷鸣等（2009）认为控制权是指在由信号显示时决定行动的权威，也就是契约中在某些问题上出现分歧时决定解决方案的权力。第五，权力束观。该观点认为控制权是由一系列权力构成的权力束，不仅包括选举大多数董事和股东大会投票的权力，还包括清算、否决和赎回等一系列权力（鲁银梭，2013）。第六，控制权应区分核心控制权和一般控制权分别定义，其中，一般控制权是指包括决策权、监督权等在内的一系列权力束，它的行使能够产生具体的企业行为，直接地影响企业的运行，其实质与第五种相同；而核心控制权是指能够全面控制和影响一般控制权的权力，其行使会导致一般控制权的转移（刘磊，2004）。

（2）控制权的来源。

企业控制权来源于资本并决定着控制权的实际归属。然而，资本的所有者包括物质资本所有者和人力资本所有者，物质资本通常由股东以及债权人提供，人力资本通常由经理和技术工人提供。理论上，公司控制权应该由股权资本、债权资本及人力资本共同拥有，并按权重及契约关系来进行分配。然而，实践中，哪种资产更为重要，更应该取得控制权？对此，国内外学者的观点并不一致，形成了两个流派。

一部分学者认为物质资产更为重要，应取得企业控制权，同时也是控制权的唯一来源。持有该观点的学者一般是沿袭 GHM 理论，将剩余控制权等同于所有权，认为企业控制权主要来源于物质资产的所有权（Grossman and Hart，1986）。另一部分学者认为物质资产和人力资产同等重要，都应该取得控制权。代表学者如刘磊（2004）将企业控制权划分为名义控制权和实际控制权，并指出企业所有者依据股权拥有的权利称为名义控制权；而管理者依靠人力资本的专有性掌握着企业的实际控制权，其本质属于物质资本所有权权力的部分让渡，是对管理者人力资本专有性的补偿。同样，徐细雄（2012）也认为管理者专业技能强，相较于投资者掌握着更多的决策信息，能更精准的识别未来的机遇和市场变化，应被赋予控制权。当然，从这个角度来说，管理者享有控制权则能够更好地服务于公司，减少决策链条，提升决策效率。除此之外，部分学者如拉詹和津加莱斯（Rajan and Zingales，2001）主张全员享有控制权的观点，即除了管理者和股东，债权人、员工、供应商都对企业进行了专用性投资，而基于专用性投资的两个特性，即由特定主体控制及只能用于特定用途的特性，当被重新配置于其他替代用途时，其创造的价值将会降低，专用性越强，价值减损越严重。因此，赋予其他契约主体控制权存在一定的合理性。

（3）控制权私有收益。

控制权私利概念源于格罗斯曼和哈特（Grossman and Hart，1986）对控制权收益的划分，指控股股东实行内幕交易和关联交易等损人利己的经济活动获取的私利。随着公司治理研究的深入，控制权私有收益的研究主体已由最初的控股股东发展为终极控制股东和高级管理者，研究主体和研究内容愈加丰富，且主要集中于控制权私利的表现形式以及经济后果，成果丰硕。

其一，控制股东控制权私利表现形式及经济后果。

控制权私利是相对于共享收益而言的。理论而言，股东应该根据其所持有的股份比例分享公司收益。但现实是，由于股东之间的异质性，控股股东往往会通过各种途径获得超额收益，形成控制权私利。科菲（Coffee，2001）指出，大股东攫取控制权私利的方式有自定薪酬、内部交易以及冲减每股收益的价格发行股票等。施东晖（2003）同样认为，大股东会通过各种隐性手段获取不公平的私有收益。郝云宏（2013）提出，大股东控制权私利是股东掌握公司控制权而形成的排他性收益，其实质仍然是通过隧道行为掏空上市公司。换言之，现有观点一致认同大股东控制权私利是大股东采取的各种隐蔽手段获取的不正当收益，学者们也称其为"隧道行为"。

拉·波特（La Porta，1999）通过股权控制链研究法，进一步对公司终极股东进行追溯，发现由于家族控制，大部分国家公司的上市公司都存在终极股东，并且终极股东通常利用金字塔股权结构、交叉持股等方式构建复杂控制链，形成超额控制，并使终极股东有动力及能力实现对中小股东利益的侵占。然而，股权控制链操作性强的特性决定了其并不能完全揭示终极股东的隐蔽性，股东关系等社会资本使得终极股东的追溯更为复杂，同时也为其实施利益侵占行为提供了更好的情境。基于此，以高闯、关鑫（2008）及关鑫、高闯（2011）等为代表的学者在融合社会资本控制链和股权控制链的基础上，构建了终极股东控制权动态模型，以揭示其剥夺上市公司的动机所在。

基于现金流权的监督效应，学者们普遍认为现金流权具有提高公司价值的作用，而控制权则具有两面性，过高的控制权容易导致控制权威并激发其剥夺动机。深究原因，当控制权超过所有权发生分离时，终极股东的机会主义倾向很可能转为实际行动，同时，控制权又为其实施机会主义行为提供了保障。为此，学者们分别基于终极股东对公司的控制权、现金流权及两权分离度检验其对投资行为、融资行为、盈余管理及公司价值的影响，以说明终极股东的两面性。王鹏和周黎安（2006）通过研究终极控制权和现金流权的经济后果，认为控制权和现金流权具有截然相反的效应，表现为现金流权对公司业绩具有正向激励效应，但控制权却不利于公司业绩的提高，且控制权的"侵占效应"强于现金流权的"激励效应"。邹平和付莹（2007）也得出了类似的结论，认为终极股东的现金流权有助于公司价值的提升，但其控制权却不利于公司价值的提升，同时公司价值随着两权分离度的增加而减小，且这种现象在家族民营上市公司中更为显著。

　　然而，当公司陷入财务困境或受到不利的外部冲击时，控股股东或终极股东会对上市公司提供"支持"，如"注入资产""提供担保"等行为。弗里德曼等（Friedmand et al.，2003）运用动态模型研究发现，控股股东很可能在公司陷入财务危机后对公司进行支持，但这种利用私有财产支持的目的仅仅是为了以后更加便利地获取私利。然而，奥巴塔（Obata，2001）却认为，拥有金字塔结构的公司能够真正使得上述支持行为成为"支持"，这为保护投资者提供了新的证据。随后，有学者也对金字塔结构的这种作用进行了验证，并得出结论：金字塔股权结构确实能够有效保护中小投资者（Riyanto and Toolsema，2003），其原理在于，控股股东的支持避免了公司陷入财务困境，这大大降低了中小投资者的风险。国内方面，李增泉等（2005）、黄兴孪和沈维涛（2006）以关联并购为研究对象，得出控股股东掏空与支持行为的原因，指出控股股东注入优质资产的真正原因在于"保壳"或"保配"，除此之外，表现为掏空动机。换言之，控股股东或终极股东的支持及掏空动机是同时存在的，支持行为或许是一种不得已而为之的选择，掏空行为已成为众矢之的，对资本市场及公司具有极大的不利影响。

　　其二，管理者控制权私利表现形式及经济后果。

　　传统委托代理问题产生于委托人和代理人之间，二者利益目标的差异使得公司投资者与管理者在投融资决策及经营活动中的价值取向不同。基于个人利益最大化目标，相较于公司财富增长，管理者更加关注自身职位的稳固与晋升、薪酬的高低、声誉水平及非货币性福利，从而其经营决策都以满足自身需求为前提，不利于公司长期发展，学者们将上述行为称为"管理者自利行为"。戴克和津加莱斯（Dyck and Zingales，2004）把"被管理者侵吞的盈余的数量，超过基于他们应得的部分"称为"管理者控制权私利"。伍尔夫（Wulf，2004）把自利的经理人通过与收购者谈判获得的、以股东利益为代价的额外收益称为"控制权私利"。霍尔德尼斯（Holderness，2003）对此进行扩充，认为控制权私利不仅包括可以用货币衡量的收益，而且还包括无法用货币衡量的收益。格布哈特和施密特（Gebhardt and Schmidt，2006）指出，管理者可以通过聘用不能胜任工作的亲朋好友进行亲情投资等来获取控制权私有收益。虽然各学者的界定不尽一致，但是与终极股东控制权私利内涵类似，都指管理者因其控制权而获得的超过其应得的利得。

针对股东与管理者代理冲突，学者们分别基于投资、融资及盈余管理视角揭示其不利影响。斯特劳兹（Stulz，1990）通过对股权高度分散公司的代理问题进行研究，发现在"资源规模"和"在职消费"的诱导下，经理人的投资目标并不一定是净现值最大化，负净现值项目也成为投资的对象。然而，斯特劳兹同时认为，即使在代理问题非常严重时，我们仍然不能将过度投资行为直接归因于经理人掌控资源规模最大化的动机，这是因为当公司自有现金流量较高时，本身容易引起投资过度。纳拉亚南（Narayanan，1985）也对此进行了深入研究，认为公司投资不足与投资过度的重要原因之一是经理短视，过度投资短期项目以提高自身职业声誉，很可能是企业长期项目投资不足的根源，这依然与经营者稳固自身职位、提高个人声誉及自身利益最大化的诉求相一致。而在融资决策影响方面，管理者会优先选择低负债类型，而非负债水平最优化的类型以保障专用性人力资本。诺瓦埃斯和津加莱斯（Novaes and Zingales，1995）的经典观点是，在资本结构选择问题上，股东和管理者的目标不同，前者是将负债作为提高经营效率的工具，而后者是将负债当作防御策略。同时，为了避免盈利下降或出现亏损，获得短期收益，管理者通常具有调整会计政策及盈余管理的动机（Burgstahler and Dichev，1997；张铁铸，2010），这无疑会成为影响公司可持续发展的障碍。

综上可知，虽然学术界对控制权私利的内涵和表现形式未形成统一口径，但大多赞同控制权私利是掌握公司控制权的主体对非控制权主体的利益侵蚀，其根源在于契约的不完备性导致拥有实际控制权一方对其权力的滥用。阿洪（Aghion，2004）指出，优化企业控制权配置，形成利益相关者之间权力的有效制衡才是抑制控制权私利、保护投资者利益的根本。

2.1.2.2　控制权配置研究现状

在现代企业中，为了使企业能迅速适应市场变化与需求，增强核心竞争力，股东往往通过多层赋权的经营方式将决策控制权和经营管理权赋予董事会和经理层，即公司内部控制权是分配于股东大会、董事会及经理层权力的加权平均。然而，如果把公司治理仅仅作为三层权力机构来实践，则有可能出现新的"空洞化"和实务治理的"空白"点（瞿宝忠，2003），换言之，从某一视角如投票权或决策控制权分析公司治理效率与整体意义上的控制权配置有很大区别，而综合三权的特性，深入公司内部控制机制，构建控制权配置整体框架，不仅能够揭示公司治理效率，而且能够为实施控制权配置改革提供依据（刘红娟和唐齐鸣，2004）。为此，学者们分别基于控制权配置的内涵、影响因素及模式等方面展开讨论。

（1）控制权配置的内涵。

在企业由制度形态向契约形态转变的过程中，控制权也被赋予了新的内涵。作为公司内部重要激励约束机制，控制权配置是企业制度建设的核心，其合理性和科学性对公司治理效率起决定作用（刘红娟和唐齐鸣，2004）。国内外关于控制权配置内涵的界定较为统一，包括内、外部控制权配置两个范畴。

控制权市场概念的提出始于亨利 G. 梅恩（Henry G Manne，1965），他认为控制权市场由内部控制和外部控制两部分组成，其中内部控制包括公司治理的方方面面，而外部控制则主要是与公司和公司之间的并购和收购等行为相关，这也是关于控制权配置范畴的最早解释。在此基础上，詹森和鲁巴克（Jensen and Ruback，1983）对控制权市场的概念做进一步完善，指出控制权市场是一个收购市场，在这个收购市场中，存在多个管理团队，团队之间通过相互竞争争夺公司资源管理权。后续研究中，詹森按照公司经营中的四种"控制能力"进一步将控制权划分为包括资本市场、产品和生产要素市场、法律法规制度的外部控制机制和以董事会为主的内部控制机制。同样，国内方面关于控制权的研究也是基于上述两条路径。较早开展控制权研究的代表学者瞿宝忠（2003）和刘红娟等（2004）提出，公司控制权配置的本质是三层权力机构之间的权力配置，控制权配置的基点应与提升公司配置社会经济资源的广度和效率相吻合，然而控制权配置的合理性却并不仅仅取决于股权结构的治理效率，在这个问题上，我们更应关注的是三层权力机构之间的关系，是"合一"还是"分离"。

如果说内部控制权配置是公司优化内部资源配置的核心要素，那么外部控制权市场的积极意义则在于弥补内部控制权配置激励约束作用的不足，降低公司内部代理成本。控制权市场理论认为，即使产品市场中竞争性选择机制失效，仅依靠接管机制在资本市场中的有效性就足以保证公司的优胜劣汰，即遵循公司价值最大化经营目标的公司可以生存，否则将被接管。其内在机理为股东的"用脚投票"权，当股东对公司持消极情绪时，其将借助于交易市场转让股票，市值的大幅缩水很可能使得公司陷入财务困境，并引起更为严重的外部接管。而此时，市值的降低大大减小了收购兼并的难度，控制权出现旁落。当控制权发生转移后，新的控制股东又可以重新构建新的权力金字塔，经理很有可能被更换。换言之，公司管理者在丧失职位的同时既丧失了在职的所有好处，同时又需要承担各种损失。因此，上述约束条件使得经营者需要将股东利益放在首位，以防止公司控制权旁落（鹿小楠，2008）。基于此，公司控制权市场中的接管所带来的潜在威胁等能够约束管理者行为，维护股东利益（肖绍平，2011）。换言之，内部控制权配置是核心基础，外部控制权市场则构成了保障。

（2）控制权配置的影响因素。

理论上，公司控制权应按照股东、债权人及经营者的股权资本、债权资本及人力资本等的比重和契约关系来进行分配，然而，由于资源稀缺程度、资产的专有性和专用性以及利益主体的风险偏好程度不同，在特殊的社会制度约束下，控制权配置是股东、债权人和管理者等利益主体之间博弈的均衡结果。基于本书的研究对象为创业板上市公司，本书对创业企业控制权配置影响因素的研究成果进行归纳总结，主要有以下几种观点。

首先，资源观视角下对控制权资源属性的标定不仅在于控制权本身的稀缺性，更在于这种资源背后的价值和利益属性。因此，实物货币性资本与人力软性资本的数量与质量以及个人社会资本如声誉等都成为学术界用以说明控制权影响因素的重要维度。在实证研究层面的结论也进一步证实了企业家物质资产数量与创业团队声誉、教育水平等都会影响企业控制权配置（张岚，2003；吴斌，2011）。其次，在资本存量影响因素的研究基础上，资产专用性成为进一步挖掘资本价值及其影响的重要研究分支。强调资产专用性决定了控制权的多少，专用性程度越高也就意味着能够在控制权分配中占据主导地位并获取更多控制权（颜光华，2005）。然而，控制权配置所体现的并不仅仅是资本的占比，还是拥有这些资本的不同主体间的博弈结果。学术界将这种谈判结果解释为控制权配置形成的机制，这也是有别于成熟企业的一个重要表现，并将谈判能力作为一种能够直接影响控制权配置的前置因素，进一步探究资本与控制权配置间的相互关系（陈森发，2006）。主体能动性即谈判能力对控制权配置影响的研究结论也成为学者进一步挖掘主体社会资本影响力的先验视角，并在后续实证研究中证实，契约主体间的相互信任能够通过降低互动不确定风险来影响投资者向企业家的控制权让渡（刘瑞翔，2009；王斌，2011）。当然，这种信任机制的建立更容易通过企业绩效识别。部分学者还发现，企业绩效表现直接关系投资者对企业管理者的主观评价（Aghion and Bolton，1992），强调基于财务与非财务业绩表现下的企业控制权分配和转移是相机的（Kaplan，2001；吴斌，2011），随着企业业绩的转好，投资者会逐渐将控制权释放给企业家（徐细雄，2011）。

（3）控制权配置的模式。

学术界围绕创业企业所展开的控制权配置模式研究往往建立在主体差异性

视角下，根据投资公司特征（风险投资公司与无风险投资公司）所划分的风险企业与一般企业能够为控制权配置模式研究提供更具时效性的研究脚本。

其中，风险企业控制权配置模式由于其控制权主体相对独立而简单，并将这类型企业的控制权配置解释为风投与企业家之间的权力博弈。就此，以阿洪和博尔顿（Aghion and Bolton，1992）、阿洪和蒂罗（Aghion and Tirole，1997）以及赫尔曼（Hellmann，1998）等为代表的学者将上述模式刻画得极尽之简，并通过"0－1"离散变量加以操作化设计，强调控制权的系统性，且具备单边控制的特性。但这种较为理想化的模式划分范式并不能很好地还原实践过程中的真实控制权形态，为此，部分学者将控制权以连续变量的形式加以实证，并将二者间的系统性解释为能够动态转移的共享状态。这种被国外学者广泛认可的相机控制同样得到了我国学者的佐证和肯定，并在绩效影响控制权配置的研究过程中再次被证实，研究发现，企业绩效越好，风险投资者越会向创业企业家转移并释放更多控制权，企业家的自主权也在这一过程中逐渐加强。

相较于风险企业投资主体单一独立的特性，一般企业的控制权模式表现得相对更为复杂。学者们从不同角度探究了控制权在企业三级权力机构（股东大会、董事会、经理层）间的配置模式，提出了多种控制权配置模式。伯利和米恩斯从所有权与控制权的关系出发，将企业控制权配置分为：完全所有权实施的控制、多数所有权的控制、通过法律手段实现的控制、少数所有权控制和经营者控制这 5 种模式。瞿宝忠（2003）分别选取指标衡量股东大会、董事会和总经理三个层面的控制权，最终通过组合形成了 16 种控制权配置模式。潘清（2010）结合权利界区的划分和行权集中性特征，在所有者、经营者和管理者这三类主体之间进行有效的分配与组合，最终形成 18 种企业控制权权能配置模式。蒋哲昕（2010）基于控制权持有主体间的关系，划分了关系型集权、关系型相对分权、制度型分权等 8 种控制权配置模式。徐细雄（2012）通过分析国美的案例，指出创业企业家和职业经理人之间最优的控制权配置模式为：创始家族向职业经理人部分让渡企业一般控制权（经营管理权）并保留核心控制权（干预、解聘经理人的终极权力），而确保控股股东地位、谋求董事会多数席位是核心控制权的制度保障。可见，徐细雄看似研究了控制权在创业企业参与主体（创业企业家和职业经理人）之间的配置模式，最终还是落实到企业三级权力机构（股东大会、董事会、经理层）间的配置。由此可知，随着控制权主体的多元化，学术界对控制权配置模式的研究也更为深入，结论也更为复杂，已从最初的 5 种模式逐渐发展到 30 种模式。在此，本书将上述模式进行归纳，见表 2－1。

表 2 - 1 一般企业控制权配置模型

模式数量	划分依据	内容	备注
5 种模式	两权关系：控制权与所有权	完全所有权实施的控制、多数所有权的控制、通过法律手段实现的控制等	伯利和米恩斯（1991）
8 种模式	控制权主体关系	关系型集权、关系型相对分权、制度型分权等	蒋哲昕（2010）
16 种模式	以三层权力机构的垄断、效率和代理关系	"三权"统控垄断型"三权"分控专职型"三权"二控可变型三大类型	瞿宝忠（2003）
18 种模式	权利功能与作用的视角	按照三层权力机构的权能进行组合	潘清（2010）
最优模式	案例跟踪	创始家族向职业经理人部分让渡企业一般控制权并保留核心控制权	徐细雄（2012）

上述研究从内部和外部两方面对控制权配置范畴做了界定，为后续内部控制权配置的研究奠定了理论基础。正如王季（2009）所说，公司控制权配置的合理与否关乎公司治理效率，但单从股权结构或其他视角研究公司治理效率与从控制权配置整体探究治理效率有很大的差异。为了解决"管中窥豹"的弊端，学者们根据控制权配置的权能，从三层权力机构分别选取特征变量或根据利益主体的契约关系对控制权模型进行分类，为我们了解当前我国控制权配置现状提供了方案与依据。与此同时，根据控制权配置模式的主要特征及委托代理关系的主要问题，我们还可以清楚地了解每种控制权配置模式下的寻租主体及寻租活动，这都为改革我国上市公司控制权配置提供了靶向指导。然而，纵观现有控制权配置的理论及实证研究，以各层权力机构的控制权特征变量来衡量公司治理的较多。换言之，其在研究控制权配置的整体治理效率时，依然未能将诸如股权制衡、两权分离及控制权等变量有机结合。虽然控制权模式能从整体上弥补上述缺憾，但是某种控制权配置模式为何具有良好的激励约束作用，仅基于理论层面进行解释尚不能说明控制权配置发挥激励约束作用的机理。

2.2 再融资方式选择相关理论与文献综述

2.2.1 再融资方式选择理论与影响因素

2.2.1.1 再融资方式选择理论

（1）基于完全信息的资本结构理论。

现代资本结构理论研究起源于美国经济学家莫迪利阿尼和米勒（Modigliani and Miller，1958）所提出的资本结构（MM）理论。该理论假定在信息完全、不存在交易成本的前提下，资本结构与公司市场价值无关，即不考虑税的影响。因此，该理论意指，有无杠杆对公司价值并没有影响。虽然 MM 理论为复杂的资本结构决策提供了简单的模型，推动了现代资本结构理论研究的发展，但是其苛刻的假设前提违背了现实情况，不能解释企业现实的融资行为。围绕 MM 理论所展开的后续研究也主要基于其完美的假设条件，并设法进行修正。莫迪利阿尼和米勒（Modigliani and Miller，1963）对上述问题进一步思考，将所得税因素纳入 MM 理论，指出债权融资具有抵税效应，因而零风险债务的增加能够显著提高企业价值，在此理论下，企业应尽可能增加债务资金，最优融资方式也自然演变成企业所需资金全部由无风险债务资金提供。显然，MM 含税模型较 MM 无税模型更符合现实，为后续研究提供了融资决策分析框架。

以法拉和赛尔文（Farrar and Selwyn，1967）、斯特普尔顿（Stapleton，1972）为代表的学者，进一步区分不同税种的差异，将企业所得税、个人所得税和资本利得税纳入上述分析框架研究其与资本结构的关系，得出税收制度的差异使得公司选择不同融资工具的结论。与上述税差学派观点不同，以贝克斯特（Baxter，1967），奥尔特曼（Altman，1984），沃纳（Warner，1977）以及斯蒂格利茨（Stiglitz，1969）为代表的破产成本学派认为，当企业超过风险承担水平，继续采用债务筹措资金时，将引发财务风险。若将财务危机所引起的成本置于首位，融资成本显然与债务融资规模呈正相关，因此，过度使用债务融资将会损害公司价值。此后，米勒于 1977 年从一般市场均衡的角度重新论证了 MM 无税模型，提出米勒市场均衡模型，认为就市场中全部企业而言，存在均衡的负债—权益比，然而对个别企业来言未必存在（Miller，1997）。米勒模型的提出标志着现代资本结构理论在争议声中走向成熟，成为学术界的主流（沈艺峰，1999）。在此基础上，斯科特（Scott，1976）、德安格洛和马塞利斯（De Angelo and Masulis，1980）融合税差学派、破产成本学派和米勒市场均衡模型的思想，将破产成本和税收因素同时纳入 MM 无税模型，归纳总结出"均衡模型"，也即最优资本结构理论，主张企业最优资本结构取决于债务的税盾效应和破产成本的权衡。然而，实践中税收收益不仅指传统债务利息带来的抵税收益，同时也包含了折旧等非负债所带来的税收收益；而负债成本则不仅涉及破产成本，还涉及代理成本以及非负债税收利益损失，因此，最优资本结构模型还应进一步扩展。德安格洛和马塞利斯（De Angelo and Masulis，1980）发表的《公司所得税和个人所得税制度下的最优资本结构》认为，公司的最优资本结构是债务与非债务的税收收益和相关成本权衡的结果，这一提

法即为"后权衡理论"的开端,也被称为静态权衡理论。在静态权衡理论中,
负债和企业价值存在如下关系:

$$V_L = V_U + T_C B - PVFD - PVDC \tag{2-1}$$

其中,V_L表示有负债融资企业的总价值,V_U表示无负债融资企业的总价值,
$T_C B$债务税盾效应的现值,$PVFD$ 表示破产成本的现值,$PVDC$ 代理成本的现
值,因此,$PVFD + PVDC$ 表示债务成本现值。负债规模与企业价值的关系如
图 2-4 所示。

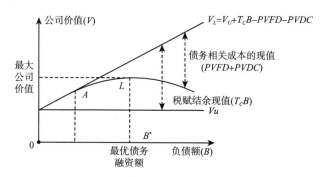

图 2-4　静态权衡理论示意图

资料来源:斯蒂芬 A. 罗斯等.《公司理财》[M]. 1 版. 北京:机械工业出版社,2010,313.

图 2-4 显示,当债务融资规模低于 B^* 时,企业风险未达到最大可容忍水
平,企业仍可以充分利用负债的税盾效应,企业价值将随着债务融资规模的增
大而增大。然而,随着债务融资规模的继续增大并超过企业的最大可承受风险
水平,破产成本和代理成本增大,降低企业价值,且其对企业价值的边际递减
效应将远远超过财务杠杆的税盾效应。换言之,债务融资规模的持续增大所带
来的风险将削减企业的总价值。基于此,B^* 即为企业最优债务融资规模,也
即企业可承受最大风险水平。

虽然静态权衡理论相较于 MM 无税模型放松了除完全信息外的大部分假
设,为企业融资决策提供了分析框架,然而,关键的问题在于:破产成本和代
理成本无法精确测算,也尚没有明确的数理关系,因此,最优资本结构的具体
数值仍然无法得知。不仅如此,学者帕斯特和维罗内西(Pastor and Veronesi,
2002)在论证 MM 理论时发现,税率以及杠杆率的大小并不是判断公司价值的
依据,杠杆效应也并不是中国公司融资决策的影响因素(寿伟光,2002)。换
言之,公司最优资本结构的影响因素繁杂,其选择本身应该是动态而非静态,
企业应围绕一个最优目标或者区间进行调整。随着计量经济学方法手段的不断
创新,动态权衡理论得到了快速发展。典型的如戈德斯坦等(Goldstein et al.,

2001）基于投资和现金流内生前提下构建的动态权衡模型，以及布伦南和施瓦兹（Brennan and Schwartz，1984）以两者外生为前提的研究方向。然而，企业在进行资本结构调整时，通常会根据外界及自身条件来进行调整，且不是瞬时。

综上所述，从 MM 无税模型、含税模型到静态资本结构及动态资本结构模型的提出，学者们做了大量的修正与完善，不断释放最初严格的假设条件，推动了资本结构选择理论的进展。然而，其最重要的假设条件"完全市场""完全信息"依然是上述理论模型构建的前提，这与现实中普遍存在的交易成本及信息不对等严重背离，不仅如此，上述理论所建立的一个重要框架是成本与收益均衡，而这与公司委托代理关系所引起的控制权私利不相吻合。基于此，对上述理论假设进一步释放，同时考虑融资决策动机等深层次原因，是未来研究的一个重要突破口。

（2）基于不完全信息的资本结构决策理论。

20 世纪 70 年代兴起的信息经济学为融资行为问题的研究提供了新的情境，建立在信息不对称假设基础上的资本结构决策理论是对 MM 理论假设的进一步释放，更加符合实践，并成为标志性转折。基于现代公司信息不对称条件下的委托代理关系，控制股东与中小股东、经理层与股东的相对信息地位不同，而由于经济人追求自身效用最大化的利益目标，融资决策最终体现为各利益主体博弈的结果，这不仅影响公司的融资成本、治理效率，还影响投资者对公司的未来预期，对各利益主体的激励约束效应以及公司的财务风险程度有直接决定作用，进而对公司的经营活动产生不同程度的影响。因此，融资方式的选择不仅意味着公司资金来源，更重要的是，代表着公司内部委托代理关系及控制权的安排，学者们将上述作用机理所形成的研究成果归纳为激励理论、信号传递理论及控制权理论。

①激励模型。

债务融资和股权融资本身所具有的契约关系及其对企业内部委托代理关系产生的影响是激励模型探究的主要问题，其本质是激励企业选择合适的融资方式以保持最优资本结构。一方面，债务融资是债权人和股东之间建立委托代理关系的根源，股东存在违反债务合约使用资金并进行高风险投资项目侵害债权人利益的机会主义倾向，引致代理冲突；另一方面，股权融资不仅会引起股东与经理人间的委托代理问题，增大监督成本，还会引起控制股东与中小股东的委托代理问题。由于股权融资门槛低，不需要偿还，约束性小，很容易成为经理人侵害股东的载体，同时，由于控制股东的控制权优势，其又有能力通过资金占用、高额派现等侵占公司及中小股东的利益。然而，相较于股权融资，债权融资则由于其偿还本息的约束性强、风险高的特性能对管理者的自利行为构成激励约束，但过高的债权融资又会加大公司的破产风险及代理成本。

詹森和麦克林（Jensen and Meckling，1976）是最早运用代理成本模型解决融资问题的学者，指出在企业总资产规模一定的情况下，随着外部股权融资规模的增加，与其相关的代理成本逐渐增加，而与债务融资相关的代理成本则呈递减趋势，因此，总代理成本随着股权融资规模的增加呈现先降后升趋势，总代理成本达到最小，公司价值最高。也即合理的融资方式选择有助于降低公司总代理成本，最优资本结构即为公司代理成本最小时的负债水平，代理成本关系如图 2 - 5 所示。

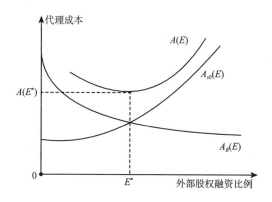

图 2 - 5 代理成本关系模型示意图

资料来源：Jensen M C, Meckling W H. Theory of the Firm: Managerial Behavior, Agency Costs, and Ownership Structure [J]. Journal of Financial Economics, 1976, 3 (4): 305 - 360.

其中，$A_{s0}(E)$ 代表与股权融资相关的代理成本，$A_B(E)$ 代表与债务融资相关的代理成本，$A(E)$ 代表公司内部总代理成本，$A(E^*)$ 代表公司总代理成本最小值，E^* 代表最优资本结构所对应的股权融资比例。

图 2 - 5 的代理成本模型将不同契约主体的利益冲突纳入资本结构选择模型中，实际上是进一步放松了无破产成本及代理成本的假定，是基于契约理论对 MM 理论的发展。根据代理理论，委托人和代理人双方成本收益函数的不一致是股权代理成本产生的根源，表现为代理人行为决策偏离委托人利益目标，而公司治理的价值正是在于通过一系列的激励约束措施监督约束代理人，尽可能减小上述偏差。一方面，通过股权激励促使利益协同；另一方面，通过提高杠杆水平减少自由现金流，增加对管理者的约束，避免其道德风险和败德行为。

在上述模型基础上，格罗斯曼和哈特做了进一步的扩展研究，提出担保模型。该模型假定经理层不持股，债务融资的自身契约安排能够作为一种担保机制，在增加企业破产成本的同时，促使经理勤勉尽责，减少自利行为，因而债务融资被视为缓和代理冲突的工具。而由于债务契约的固定利息及股东责任的有限性，股东存在违背债务资金合约进行高风险投资项目并将投资风险转嫁给债权人的倾向，产生资产替代效应。但是，债权人可通过在契约中加入保证条款，以限制导致债券价值降低的经营管理活动及机会主义行为，而拟定、触及及履行保证条款都会产生相应的成本，因此，公司最优资本结构是破产成本、代理成本、债权契约效率等多因素综合的结果。在缓和债权人和股东、经理人的矛盾冲突方面，黛蒙德（Diamond，1989）构建声誉模型，认为企业在金融市场中的良好声誉有助于其进行债务筹资，且成本往往更低，但需要注意的是，债务违约行为往往会降低企业的声誉，因此，股东与经理人会克制自己的冒险行为，争取投资项目成功概率的最大化，避免失败，从而不仅保证了债权人的资金安全，还缓和了经理与股东的代理冲突。

②信号模型和融资优序理论。

相对于经理人，处于信息劣势的外部投资者通常观察、解读企业的融资决策选择，从而作出投资决策，即公司融资决策或资本结构选择发挥了信号功能。利兰和派尔（Leland and Pyle，1977）以及罗斯（Ross，1977）率先在资本结构研究中引入信号传递理论，认为外部投资者会根据企业资本结构的变化判断企业的经营绩效，据此分析企业的真实情况。在资本结构信号模型中，经理人和外部投资者信息不对称，前者清楚公司真实状况，但后者并不清楚，如果公司市值被高估，则内部经理人受益，反之则会受到惩罚。基于此，内部经理人常常通过选择合适的融资方式或融资结构向外部投资者传递公司质量信号。围绕上述研究，资本结构信号理论又根据信号传递的载体不同分为利兰 - 派尔（Leland-Pyle）模型、罗斯（Ross）模型以及梅叶斯和梅吉拉夫的融资优序理论。

利兰 - 派尔模型关注的是内部人持股比例对企业价值的信号作用。假定企业家属于风险厌恶者，熟知企业投资项目的真实信息，但缺乏资金。此时，如果企业家自身保留较大比例股份，则预示投资项目前景较好，公司价值与企业家持股正相关。由此推断，在融资规模一定的情况下，企业家可以多举债以提高自身持股比例，此时债务融资被视为利好消息。罗斯模型关注的则是直接债务比例对企业价值的信号作用。根据内部经理人的风险厌恶特征，居于信息优势地位的经理人选择高债务比例被视为公司未来发展前景乐观的信号，因为低质量公司选择高风险的债务融资将加大公司破产成本，为避免惩罚，内部管理者会为公司选择低杠杆。由此，基于债务破产成本的威胁，内部管理者会做出正确的融资决策，从而向外界发出正确的信号。因此，高债务比例通常被认为是公司经营状况较好的标志，作为一种积极信号并能够提高公司市场价值。由此可见，虽然利兰－派尔模型和罗斯模型的关注点不同，但其本质都是将债务融资视为公司高质量或前景较好的信号。公司会通过发行债券以向外界传递其高质量的信号，以区别于低质量公司。同样，受制于破产成本及债务违约风险，低质量公司不会模仿高质量公司发行债券。

　　基于权衡理论、代理理论及信号传递理论，梅叶斯和梅吉拉夫（Myers and Majlif，1984）提出融资方式啄食顺序理论，分析了信息不对称但金融市场完全情况下，资本结构、融资方式对企业价值的影响。其主要观点是，企业在融资需求前提下，首选内部融资，其次为债务融资和混合证券融资如可转换公司债券融资，外源股权融资往往是企业不得已而为之的选择，企业现有的杠杆水平是历次融资行为累积结果，不存在最优资本结构，其选择依据仍是各种融资方式的融资成本以及信号作用。同时，啄食模型给出了公司股权融资的条件，即投资和筹资行为必须能够为原有股东带来价值增值，用公式表示如下：

$$E + b \geqslant \frac{E}{P0} \times (S + a) \qquad (2-2)$$

其中，S 表示公司持有的现金余额和短期证券的价值之和，a 表示内部管理者对公司现有资产价值的估计值，$S + a$ 表示原有股东持股的市值；E 表示新增的股权融资额，P_0 表示股权融资前，股票的市场价格；b 表示内部人对公司预投资项目净现值的估值。股权融资条件如图 2-6 所示。

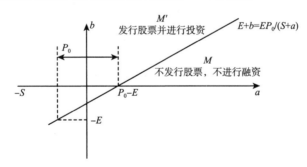

图 2 - 6　梅叶斯和梅吉拉夫的股权融资条件示意图

资料来源：Myers S C, Majluf N S. Corporate Financing and Investment Decisions When Firms Have Information that Investors Do Not Have [J]. Journal of Financial Economics，1984，13（2）：187 - 221.

　　融资优序理论一经提出，立即引起强烈反响，国内外学者就此观点做了大量研究。夏恩·桑德和梅叶斯（Shyam-Sunder and Myers，1999）基于内部现金流量赤字与债务发行量的关系检验啄食模型，发现斜率接近 1。然而，弗兰和戈亚尔（Fran and Goyal，2003）认为夏恩·桑德和梅叶斯的检验方法不具备稳健性，在某些情况下股权融资对现金流赤字的解释能力更强。同样，根据法玛和法兰奇（Fama and French，2005）的研究，外源股权融资并不一定是企业不得已的选择，在企业具有多个可供选择的融资渠道时，内部管理者或者职工也愿意成为企业新股发行的认购对象时，股权融资行为将是有利的，会向市场传递积极的信号。不仅如此，实践中，企业每年都有大规模的新股发行，存在强烈的股权融资偏好，与融资优序理论相悖。在国内研究方面，陆正飞和高强（2003）通过对深交所 500 家上市公司进行问卷调查发现，股权融资是我国上市公司的首选融资方案，但限于政策原因往往不能如愿。刘星等（2004）也对中国上市公司的融资行为进行了检验，结果发现外部融资依然是我国上市公司融资决策的首选方案，且体现为股权融资为主，其次为短期债务。杨艳（2007）则从市场时机角度进行了研究，发现我国上市公司融资带有很强的时机性，且受政策导向性较强。对于上市公司偏好股权融资的解释，大部分学者将其归咎于公司治理中的委托代理成本及控制权，认为由于对管理者缺乏监督所引起的管理者自利及控制股东和中小股东的信息不对称导致的控制股东控制权私利使得股权融资成为免费幻觉资本，而这还需要通过不断完善公司内部治理及适度的政策规制加以引导。

在不断释放 MM 理论假设前提的基础上，激励模型及信号模型分别将委托代理关系、信息不对称等因素植入资本结构决策模型中，分析债务融资及股权融资对企业价值的影响。然而，回溯两种融资工具的特性，其不仅可以满足企业融资所需资金，更重要的是，融资工具自身所附带的契约关系是公司治理效率的重要影响因素。基于债务融资和股权融资对股东、经理人的激励约束机制不同，其作用不仅在于可以改变公司资本结构，更在于可以改变公司控制权结构，决定公司内部代理成本，而这正是两类融资工具真正价值所在。

③控制权模型。

基于不同融资工具所附带的表决权具有巨大差异，学者哈里斯和拉夫（Harris and Raviv，1988）、斯特劳兹（Stulz，1988）以及伊斯雷尔（Israel，1991）将控制权竞争纳入资本结构理论模型，形成两种代表性研究思路：一种关注融资方式选择对内部权力的调整；另一种关注资本结构调整借助外部控制权市场对公司价值的影响。

立足于内部控制权重整效应的代表学者侧重关注资本结构调整与兼并收购之间的关系，其基本理念在于把杠杆水平的提高看作反收购的措施，强调公司内部经营者热衷于掌握控制权，在此前提下，经营者会想方设法调整资本结构以重塑控制权，进而影响公司价值。哈里斯—拉夫（Harris-Raviv，1988）模型考察了经理人员持股、资本结构与接管市场之间的关系，认为企业的资本结构部分地决定了企业经营管理者和外部股东之间的股权持有比例，而经营管理者的控制能力越强，接管的价格及难度越大。换言之，资本结构内在地决定了接管方法、价格及难易程度。与哈里斯 – 拉夫类似，斯特劳兹（Stulz，1988）也把研究重点放在了考察经理所有权与兼并之间的关系上，强调管理者所拥有的表决权对公司价值的决定作用，不同之处在于，斯特劳兹模型强调股东收益最大化时的资本结构为公司最优资本结构，当外部投资者财富价值最大化时，目标公司负债水平达到最优并高于非目标公司的负债水平。

　　然而，伊斯雷尔（Israel，1991）认为，由于债务契约的本质使得债权人享有固定数额的接管收益，因而目标企业股东与收购企业股东议价的收益部分只能是事先未承诺支付给债权人的部分。在接管可行时，负债比例正向决定收购价格和目标企业股东收益，因此，在增加负债水平后，由于接管实施后管理水平的提高，目标企业股东能够获得负债溢价收益。与此相反，债务水平越高，兼并企业及其股东分享的收益就越少，导致收购利润较低，且对收购方管理者的能力要求较高。伊斯雷尔认为，企业最优资本结构是在职管理者对价值增加效应与价值减少效应权衡的结果。而关于资本结构借助外部市场发挥作用的相关研究强调外部市场的收购能对管理者形成监督约束作用，从而保证企业的资源配置达到高效，这在前面控制权内涵中已有涉及。基于此，资本结构的控制权模型是建立在公司的破产威胁及经营者面对破产威胁和接管时的反应的基础上，所做的资本结构选择也多适用于短期，而对长期资本结构的选择少有涉及。

　　回溯现代资本结构理论研究，从完全信息假定下的 MM 理论到不完全信息下的资本结构选择模型，学者们逐渐释放假设条件，将代理成本、信息传递及控制权等纳入 MM 理论，运用复杂的模型以期还原实践中的资本结构选择决策，一度出现百家争鸣的学术氛围，形成了资本结构理论的基本脉络（如图 2 – 7 所示），推动了融资决策理论的快速发展，为企业寻找最优融资策略提供了理论框架。

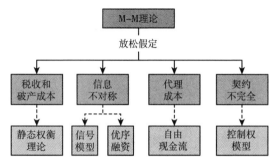

图 2 – 7　资本结构理论基本脉络示意图

　　然而，上述理论模型从不同角度得出的融资结构研究结论并不尽一致，权衡理论认为公司存在最优资本结构，且是税收成本收益、破产成本及代理成本权衡的结果；激励理论模型认为公司融资工具的选择具有信号效应，在业绩压力下，公司会选择合适的资本结构向外部市场传递企业质量信号；融资优序理论解释了企业新项目投资时融资顺序选择；控制权模型认为外部接管市场的约束更为有效，但前提需要一个完善的经理人市场和控制权市场。换言之，上述每种理论及模型都有其存在与成立的前提条件，而且由于不同理论的关注点不同，我们不能简单地比较孰优孰劣，而应根据公司治理效率、市场情况等选择合适的理论。尽管如此，上述理论模型的一个共识是对负债融资激励约束、反接管、抵税、信息传递等优势的认可，同时认为融资方式选择是理性的，即企业在任何时候都可以筹集到所需资金，且融资渠道可以任意选择。然而需要注意的是，在我国，资金属于稀缺资源，企业融资约束现象严重，会受到政府监管、企业资源、公司质量等诸多因素影响，简单地运用上述理论难以解释复杂多变的融资行为，同时易造成结论偏误。融资决策是公司根据制度环境在公司内部产生，公司治理结构顺理成章地成为影响融资方式选择的内在因素。因此，从公司内部治理视角着手，分析在特定环境下融资决策的影响因素是刻画公司再融资决策路径的落地支撑，进而实现提升公司融资决策效率、优化资源配置的治理目标。

2.2.1.2　再融资方式选择影响因素

　　上市公司再融资方式选择关系到企业资本结构，对公司治理、企业价值具有决定性影响，是公司战略决策的重要环节。相较而言，资本结构是企业融资方式选择的存量结果，而融资方式选择则决定了资本结构的动态调整。因此，对资本结构外延的剖析有助于厘清再融资方式选择的前置要素。MM 理论的提出，开启了融资结构与公司价值研究的先河，并逐渐成为主流方向，随即衍生出众多研究分支，并将研究聚焦于公司异质性、代理问题、控制权等领域。

　　关于公司异质性与融资结构的关系，学者们多从公司规模、成长性、盈利能力及偿债能力等视角开展研究，挖掘公司特质并揭示其对融资结构的作用机理，这成为学者最先尝试的视角。法玛和詹森（Fama and Jensen, 1983）认为，大公司对不同投资者提供的信息量并不相同，债权人通常能够得知比投资者更多的信息。拉詹和津加莱斯（Rajan and Zingales, 1998）研究得出结论：固定资产比率越高，公司财务杠杆水平越高；但公司规模越大，财务杠杆水平越低，越不容易破产。这种由于公司内部特质不同而所引致的不同融资结构不仅与公司所面临的融资约束有关，更与公司内外的信息不对称情况有关。研究发现，公司与信息披露显著正相关，当公司规模较小时，其自身的信息不对称情况较为严重，股东和管理者的代理冲突凸显，为抑制管理者个人利益最大化等机会主义行为，公司往往会通过非公开发行而不是公开发行进行再融资，以此提高公司股权集中度增强对管理者的监督力度，降低第一类代理冲突，同时非公开发行的"限售期"又可以防止非公开发行认购者的短期行为，有利于稳定或降低第二类代理冲突。但持相反观点的学者认为，非公开发行中的信息不对称要显著高于公开发行，原因在于非公开发行可能成为大股东和管理者"开小灶"的工具。围绕上述主题所展开的争论在推动融资结构理论研究的同时，控制权所隐含代理问题的重要性逐渐凸显，并成为资本结构与融资研究的重要议题。

基于不同融资方式自身所附带的代理成本及其对控制权的重整作用，学者们认为融资方式自身特性也是公司融资选择动机之一，揭示经理人行为与融资决策表象成因为学者们探究代理问题提供了新的切入点。詹森（Jensen，1986）和威廉姆森（Williamson，1988）从债务的约束性出发，认为高负债能够制约经理对企业高自有现金流的处置权，使得其仅满足经理的日常支出但不够满足其建立帝国大厦的需要。因此，当公司内部第一类代理冲突较为严重时，股东更倾向于通过负债融资约束经理人的自利动机，而这种动机与经理人主动选择负债融资的动机显著不同。研究发现，当公司外部接管危机严重时，为避免"被接管""被更换"，经理人倾向于主动选择负债融资增大接管的难度，以此稳固自身职位。而当非公开发行的融资成本高于其他融资方式时，公司仍通过非公开发行融资，最主要的原因是非公开发行能够降低公司逆向选择风险及道德风险，通过引入恰当的投资者促进企业健康发展。然而，静态视角下的影响因素并不能完全解释最优融资方式或资本结构，为了还原企业再融资决策过程，学术界开始构建动态视角下的逻辑框架。利用阿洪和博尔顿的模型，德瓦特庞特和蒂罗（Dewatfipont and Tirole，1994）进一步研究了控制权对资本结构的影响，认为薪酬契约并不是约束经营者的有效措施，好的办法是根据业绩相机控制，即业绩变差时由外部人拥有控制权，业绩较好时由经营者掌握控制权，即控制权由投资人性质和业绩共同决定，业绩良好时股东掌握控制权能够发挥激励作用，业绩欠佳时，债权人拥有控制权能够发挥约束作用。上述研究虽然仅从业绩动态视角解释了控制权与资本结构变化的关系，但研究范式为我国学者进一步细分股权结构并探究其对再融资决策的影响奠定了实证技术与理论依据。

在我国，上市公司普遍存在股权集中度高、股权制衡度低、非流通股比例高及两权分离度高的特点。我国学者为此所展开的本土化研究发现，正是这种特殊的股权安排使得其成为融资结构决策的重要影响因素。首先，股权集中度越高，公司内外的信息不对称越严重，控制股东越有动机利用再融资决策侵害中小股东利益，再融资方式选择目标越体现控制股东私利最大化动机。其次，股权制衡度越高、流通股比例越高，竞争性股东越能对控制股东的私利动机形成约束，再融资方式选择目标越体现公司价值最大化。然而，也有观点认为，当公司流通股比例低时，管理者会优先选择增发方式融资，而在公司流通股比例较高时，股东会优先选择配股以维护其对上市公司的控制权。最后，股权集中往往伴随着两权分离，而金字塔股权结构又加剧了两权分离，控制股东得以用较小的现金流权掌握企业较高的控制权，使得其侵占中小股东利益所付出的成本外部化，这是中国上市公司股权结构对再融资方式选择或资本结构产生影响的根本原因。除此之外，由于各种再融资方式的融资门槛、融资规模、融资约束及财务压力的不同，公司资产的获利能力和发展能力也成为再融资决策过程的重要因素：一方面，资产获利能力越强，公司利用资产创造价值的效率越高，越有能力通过负债融资；另一方面，当公司发展能力较好时，其相应的投资机会和投资需求也较多，更愿意采取具有较大融资规模的增发或负债融资，而当公司的市盈率较高时，股票价格容易被高估，股东利用股权融资获取超额收益的机会将大大增强，此时上市公司更倾向于采取股权融资，同时会促进公司负债融资。

然而，值得注意的是，由于财务风险的约束性，融资方式的选择需要考虑公司目前的资本结构，这是因为融资方式选择动态调整公司资本结构。洪锡熙和沈艺峰（2000）研究指出，企业资本结构取决于企业规模、盈利能力的大小，但却几乎不受成长性、权益及行业等因素的影响。但根据陈海声和王莉嘉（2013）的研究结论，企业规模、盈利能力、营运能力、成长性、资产担保价值、非债务税盾和短期偿债能力都会对企业的资本结构产生影响，区别在于各因素的影响程度不同。李维安（2002）基于融资成本认为，股票结构和债券结构的均衡是公司资本结构决策的首要考虑因素，在股权融资和债务融资中存在最优结构使得公司融资成本最低。黄国良和程芳（2007）另辟蹊径，认为公司内外治理机制的不健全及股东对管理者监管弱势激发了经理管理防御动机，并从经理管理防御视角给出了上市公司偏好股权融资的全新解释。与之类似，李秉祥和王超（2011）从管理者个人利益和职位稳定视角出发，认为管理者更加偏好股权融资。张金贵和方小珍（2016）对上述研究成果进行集成，从公司内部治理和公司异质性视角选取了9个指标探究资本结构的影响因素，得出结论：董事规模越大、国有股比例越高、监事会活动次数越多、流通股比例越大和董事会活动次数越多，资本结构越大；但管理者持股、产品市场竞争强度、股权集中度和独立董事比例则不利于资本结构的提升。

上述研究从不同视角探索了资本结构及再融资方式选择的影响因素，为再融资决策提供了理论依据。然而，资本结构或者再融资方式选择的影响因素及影响程度取决于制度环境和公司治理状况，不仅如此，资本结构及融资方式的选择在不同治理结构公司的差异是有更深层次原因的。正如现有文献所指，股东或管理者的自利动机是引起融资偏好的根源，而公司治理结构状况恰是决定上述自利动机大小的源头。换言之，公司控制权安排效率决定内部代理问题并进而影响融资方式选择。基于此，需要且有必要从公司控制权配置出发，通过揭示公司两类代理问题进而分析再融资方式的选择成因。

2.2.2　控制权配置对再融资方式选择的影响

控制权作为企业再融资方式的影响因素，成为公司治理以及代理问题研究的重要理论基础。在实践中，公司的治理结构决定着公司股东、债权人及管理层的利益，它直接作用于公司的战略方向，对公司融资决策同样具有重要影响。由于战略决策和战略导向产生于公司内部，那么当公司内部的治理高效时，公司的战略决策也将与公司长期财务目标保持一致，融资决策自然符合公司利益最大化原则。已有研究认为，公司治理动态内生地影响企业资本结构，且上市公司偏好股权融资，但尚未见到从控制权配置整体视角研究其对再融资决策的影响，相关文献主要集中在控制权收益和经理层控制权单个治理要素对融资决策的影响。

2.2.2.1　控制权收益对融资方式选择的影响

中国上市公司对股权融资的强烈偏好由来已久并成为不争的事实（黄少安和钟卫东，2012），其内在原因为公司治理结构的缺陷，且大量研究认为，股权结构和融资结构密切相关。章卫东和王乔（2003）较早对股权融资偏好的原因进行分析，指出我国上市公司股权结构不合理，体现为股权集中度过高，而国有股"缺位"又使得内部人控制成为股权安排的主要特征，且由于经理层和非流通股股东对控制权及控制权收益的偏好，使得股权再融资成为上市公司最主要的融资方式，这种脱离企业实际需求的再融资也是股权再融资效率低下的主要原因。随后，张祥建和徐晋（2005）以股权融资为研究对象，从投资效率、大股东资源侵占和非公平关联性交易的价值效应三个方面进一步检验了大股东的利益侵占行为，结果表明，股权再融资后，处于超强控制状态的大股东具有强烈的掠夺动机，会通过各种隐蔽行为获取私有收益，加速其资本增值进程，其实际是对中小股东利益的剥夺，而要解决这一难题，需要进一步完善公司内部治理，强化公司利益相关者之间的约束制衡机制。

然而，上市公司的第一大股东往往并不是最终决策者，学者又转而从终极控股股东视角探究融资决策中的利益侵占行为，并认为股权融资和债权融资中均有不同程度的侵占行为。典型代表如俞红海等（2009）认为，由于政策不完善，投资者法律保护不足，股权集中又导致公司治理效率低下，债务融资并不能发挥监督约束作用，反而成为控股股东侵占债权人利益的手段，且控股股东控制权越高，过度债务融资现象越严重，但控股股东现金流权比例的提高可以有效抑制过度债务融资，这实际上是对现金流权"利益趋同效应"的肯定。基于控制权和现金流权对债务融资规模的不同作用，我们可以通过适度提高股权集中度以降低两权分离或提高股权制衡度以抑制控股股东通过债务融资谋取私利。进一步地，肖作平（2012）认为，在所有权集中、控制权和所有权分离的情况下，管理者和股东间的矛盾已不是主要代理冲突，而控股股东和中小股东之间的矛盾占据主导地位，因此，其结合中国上市公司特殊的股权结构，从终极控制股东所有权结构出发，选取控制权、现金流权和两权分离三个变量，探究上市公司资本结构的影响因素，并得出结论，现金流权越高，债务水平越高；控制权越高，负债水平越低，而两权分离的存在使得上市公司的债权融资水平较低，且终极股东为国有股时的债务水平低于民营或非国有股公司，这实际是对控制股东利益输送行为的再次验证，同时也是对现金流权正面激励效应的肯定。类似地，倪中新等（2015）研究指出，上市公司股权融资过程中同样存在控制股东的利益侵占问题，且融资规模是决定其掏空行为的重要指标，股权融资需求相分离——高回报时实施投资型融资，低回报时实施圈钱型融资。

回溯上述研究，学者多是基于上市公司的股权结构探讨其对资本结构的影响，通过检验其对负债水平的影响来说明股权融资或债权融资中所存在的利益侵占行为，这也成为股东或管理者选择融资方式的主要依据。而正是由于控制股东谋取私利动机的存在性，徐子尧（2010）引入控制权收益因素建立了上市公司融资方式选择模型，模型分析结果表明，在上市公司以控制股东利益最大化而不是公司利益最大化为目标时，所有的公司都可能发行股票，好公司和中等公司可以选择发行可转债，但差公司不会选择发行债券和可转债，其主要原因在于差公司模仿好公司发行债券或模仿中等公司发行可转债，虽然可以获得发行收益，但随之带来的却是更为严重的财务困境，并丧失控制权收益。换言之，在帕累托最优解下，融资方式的选择应与公司质量相匹配，表现为好公司发行债券，中等公司发行可转债，差公司发行股票。

2.2.2.2　经理层控制权对融资方式选择的影响

现代公司经营权与所有权相分离的经营模式使得经理层有权决定公司的主要经营活动，而经理在日常经营活动中，又常把自身职位安全及薪酬收益放在首位，因而能够危机经理职位安全或减少其薪酬收入的投融资决策都是经理人想方设法回避的。基于这种思路，对融资决策进行干预是经理层利用自身控制权达成目的的重要体现，经理权力的大小及不同融资方式的约束力自然成为学者探究二者关系的基础。一方面，经理权力大小是经理自主决定融资方式能力的象征；另一方面，不同融资方式对其职位安全的威胁程度及其掌握公司资源规模的贡献并不相同。

上述问题也为学者梳理经理层控制权和再融资方式的关系提供了先在理论。从委托代理理论视角来看，股东和经理人的利益目标函数并不一致，经理人往往会为了自身利益最大化而做出损害股东利益最大化的行为，如在职消费、稳定职位等。然而，经理人在职消费的前提是企业拥有足够的自由现金流和足够的决策自主权。依据控制权理论，融资方式选择不仅决定公司资本结构，而且决定企业的现金流权，对控制权具有重整作用，因而经理人更加倾向于选择能够增加公司自由现金流量的融资方式，而相较于股权融资，债权融资的定期还本付息对公司形成了硬约束，不仅削减了管理者可支配的自由现金流量，而且增加了企业的破产风险，因此，作为内部人的经理人更偏向于股权融资而厌恶债权融资，且负债作为一种外部治理机制，增强了对经理人的监督约束，为避免监管，经理人显然倾向于选择约束力小的股权融资。而由于中国资本市场的不健全，经理人市场和控制权市场的缺失放大了经理人的自主权空间，进一步加剧了经理层的股权融资偏好（王乔和章卫东，2005）。

延续学术界对上述表象触发机制的解释逻辑，学者们进一步从管理者的内在风险偏好及权力空间对二者关系进行探究，涉及管理者的权力特征和非权力特征两方面，其中，非权力特征主要是基于管理者个人特征，如性别、年龄、学历、教育背景、职场经历等考察其内在风险偏好，以此说明其融资决策的动机和偏好，而权力特征主要是从组织权力、结构权力、所有权权力等方面展开研究，并得出结论：管理者权力越大，其自主决策权越大，越有能力根据其内在风险偏好及价值取向进行融资决策。还有学者从管理者个人特征入手，探究管理防御对资本结构的影响，并得出结论：管理者能力、拥有股权比例及转换工作成本都是资本结构选择的决定因素（Chan and Victor W，1998）；通常情况下，高能力者相对低能力者的管理防御程度更低，因而其更会选择高负债的资本结构；此外，管理者拥有的股权比例也有助于提高公司的负债水平；管理者转换工作成本与负债水平负相关，即管理者对风险的敏感性是其选择融资方式的主要动机。李秉祥和张海龙（2010）以经理权力和非权力特征作为切入点，运用典型相关分析方法证实体现经理自主权大小的经理领导力、经理任期对再融资方式的影响力较强，且经理领导力越强，其自主权越大，管理防御程度越高，越倾向于选择股权再融资，但体现经理所有权的持股比例对再融资方式选择的影响较弱，造成这种现象的主要原因是我国目前经理持股比例较低，尚不足以对经理管理防御产生影响，这与国外企业将经理持股视为经理管理防御重要形成原因的结论不同。由此可见，现阶段，经理层基于其自身风险偏好的管理防御行为是造成股权融资偏好在内在原因，其权力特征与非权力特征对其内在动机转为行为影响较大，不仅为解释股权再融资偏好提供了一种解释，而且说明了经理人个人特征及权力特征的重要性。

综上研究来看，学术界在探究控制权配置与再融资方式选择二者关系时，多是基于控制权掌握者的机会主义行为视角进行研究，其根源在于融资方式选择的最终决策者为公司的实际控制人。当公司股权集中，实际控制人为控制股东时，其有能力通过选择对自身利益最大化的融资方式攫取中小股东利益，而只要其控制权高于其拥有的现金流权，或其并非拥有公司全部股权，这种动机就会始终存在；而当公司股权分散，实际控制权转由经理人拥有时，经理人也自然拥有自主选择有利于自身利益最大化的融资方式。但从上市公司层层赋权的经营模式来看，这种自利行为并非完全自主和随意，董事会和竞争性股东均对其构成约束和制衡，这就是我们所说的制衡机制。董事会作为上市公司股东大会连接经理层的桥梁，向上代表整个公司的意志，向下监督经理层，因此，独立性是对董事会最基本的要求。理论上来讲，董事会独立性越强，公司内部治理越完善，越有利于选择恰当的再融资方式。然而，根据现有研究，由于董事会规模、结构安排及连锁董事人数的不合理，董事"不懂事"、不作为，致使董事会"失独"，实质独立性的丧失使得董事成为花瓶董事，对公司内部私利行为的抑制作用极其有限，同时其对再融资方式选择的影响结论也不尽一致。基于此，探讨董事会的独立性并想方设法使董事会拥有实质独立性才是再融资方式选择回归理性的正确思路。

作为资本市场的一项重要基础安排，上市公司再融资对其股权结构和公司治理具有重要影响。也即，再融资方式的选择会动态影响终极股东的权力配置及其控制权私利，这不仅强化了终极股东对融资方式干预的动机，同时也成为当前资本结构偏离最优及股权再融资偏好的内在原因。虽然，国内外学者分别基于第一类代理问题和第二类代理问题探讨终极股东股权集中度、股权制衡度、两权分离、管理防御等公司治理要素对资本结构、资本结构调整速度、融资偏好及再融资方式选择的影响机理，但是公司治理各要素相互联系，共同对资本结构及再融资方式选择产生影响，研究单要素的影响并不能解释公司在既定的控制权配置模式下更偏好于哪种融资方式，更不能体现控制度、制衡度及偏离度对公司再融资方式选择的综合贡献，因而也无法准确识别公司再融资方式的选择动机，再融资如何才能更好地支持实体经济发展成为难点。基于此，从公司控制权配置整体视角出发，对上市公司终极股东及其控制权追踪，探寻其在公司股东大会、董事会、经理层的权力实现路径，同时将各层次的控制度、制衡度和分离度有机结合，综合评价各维度的匹配度以评价公司控制权配置状况，在还原公司控制权配置的基础上找出再融资行为异化的症结所在，是当前迫切需要解决的问题。

2.3 管理防御假说相关理论与研究现状

2.3.1 管理防御假说

2.3.1.1 管理防御假说的提出

管理防御理论假说的提出更像是对经理角色属性的深度刻画。相较于理论的提出，经理的出现更早。市场与学术界对经理的关注逐渐从其职能属性过渡到其经济属性与社会属性相结合的视角。随着 20 世纪中期经济浪潮的席卷，企业为了追求更高效的治理模式和提升专业化分工的边界效应，管理者被注入更多专业化和职业化诉求。随着企业所有权与经营权边界的明晰和剥离，经营权或者是经营职能就成为经理的专属角色属性。作为企业经营的掌权者，经理也成为学术界剖析"代理人"问题的重要理论主体与研究脚本。其中，伯利和米恩斯（Berle and Means，1932）最先关注并提出"所有权与控制权分离"命题，在其著作《现代公司与私有产权》中，股权分散是现代企业的重要特征，为了获取更多的财富，股东更在意股票价格和公司市场价值，如何经营好公司则是职业经理人的工作职能，公司所有者的职能或是价值属性则界定为资金的供给者。随着公司所有者与经营者属性的改变，委托代理理论一个重要的制度假设前提——所有权与控制权分离命题进一步将企业经理的角色刻画为存在私利动机或是背离所有者利益驱使下开展公司经营活动的经济人，然而仅以经济人属性作为上述命题的解释并不足以揭示企业经理的代理问题。

延续上述对代理问题的研究诉求，以詹森和麦克林（Jensen and Meckling，

1976）为代表的学者所提出的委托代理理论成为现代企业理论的重要基础理论。当然，企业经理仍然是这一理论体系的重要主体。而在企业经营过程中，其必然与企业所有人之间存在信息不对称以及利益动机取向的差异。针对这一现象，国外学者思朋斯和泽克豪泽（Spence and Zeckhauser，1971）、罗斯（Ross，1973）、詹森和麦克林（Jensen and Meckling，1976）以及格罗斯曼和哈特（Grossman and Hart，1986）、哈特和默尔（Hart and Moore，1990）等逐渐完善代理理论，为企业经理人行为研究提供了重要的理论支撑。为了解决上述问题，国外学者希望通过更为合理有效的激励约束机制降低委托代理成本及其所衍生出的各种公司治理问题，并取得了一定研究成果，如股利政策与企业负债（Grossman and Hart，1983）、薪酬激励机制（Jensen and Murphy，1990）等。然而无论是传统代理理论的理论研究范式（Scherrer，1988），还是经验证据和规范推理都受到了后续学者的挑战（Boyd，1994；Core et al.，1999），并将经理人主观能动属性缺失视为挑战上述传统理论的法柄，认为现有研究对委托代理问题的解释源自所有者视角，经理人被粉饰为一种被支配角色，而这显然不能还原公司经营过程中的真实属性。为此，理性人（Gilson，1989）、负债动机（Novaes and Zingales，1995）、高管权力成为部分学者回溯经理行为问题（Jensen and Meckling，1976），并完善经理人经济属性的重要理论观点。研究发现，企业经理具有经济人属性，在信息不对称的环境中存在维护自身利益的动机，负债则被作为重要的财务工具成为经理管理防御行为的重要抓手，同时，为了缓解可能衍生出的股东与经理人冲突，股权激励成为一种备受学术界认可的有效手段。

上述研究的不断深入，也为管理防御假说理论的系统化提供了重要的研究基础。为了降低和避免股东与经理间的冲突，管理者持股成为部分学者的突破口。在试图寻找平衡利益冲突关系的过程中，学者各持己见，部分学者认为增加持股比例有利于降低代理成本，持不同观点的学者则认为，当管理者持股比例较低时，市场监督仍能够规范经理行为，但随着经理人持股比例增大，控制权的增大使得市场监督效率降低，经理的自利动机被激活；随着经理持股比例的持续增大，经理权力膨胀，股东以及外部力量对经理的监督失效，得以掌握自主决策权的经理能够按照其自利目标从事经营活动，例如盈余管理（Burns and Kedia，2006），对上述研究悖论的深入思考最终催生了经理管理防御假说理论的提出和完善。

在解释经理管理防御假说理论的实际问题时，斯特劳兹（Stulz，1990）、麦康奈尔和瑟韦斯（Mc Connell and Servaes，1990）、丘（Cho，1998）、崔和马克（Cui and Mak，2001）围绕经理人持股与公司业绩展开实证分析，研究观点主要集中在二者之间非线性关系的描绘方面，无论是 U 形还是 W 形，其结论都表明了经理管理防御行为的存在及其后果。理论研究方面，对经理持股的看法存在"好"与"坏"两种观点，也即经理持股的"利益协同效应"和"管理防御效应"。虽然这些研究的关注点不同，但都支持风险偏好和趋利性是经理管理防御产生的内在动因。

随着管理防御假说的提出和逐渐明晰，经理人角色也在不断明晰的过程中逐渐成为公司治理理论的重要分支。随之而来的"为什么存在经理管理防御?"以及"如何抑制经理管理防御?"等问题则成为后续学者深入研究的重要视角。

2.3.1.2 管理防御的动机

经理管理防御研究的复杂性在于涉及管理学与经济学之外的多学科体系。社会学、心理学成为代理问题研究得以延续的重要补充。因此，学术界开始从行为科学的视角审视行为与动机间的关系，强调主体行为始于动机且存在明显的目的倾向。伴随着学术界对管理防御假说界定的清晰化，自利性、专用性人力资本和解雇成本成为学术界解构和探究管理防御动机与策略的重要维度。

首先，自利性作为经济学视角下的理论基础，明确指出，作为理性经济人，企业经理具有追求利益最大化的行为动机，而这也是经理人管理防御行为的内生机制。学术界基于自利性的经理管理防御实证研究发现，风险敏感性（袁春生和杨淑娥，2006）和会计政策（Hua and Kumara，2004）是诱发经理管理防御动机并具有重要影响的因素。也有部分学者将控制权的变化作为影响经理管理防御的前置要素展开探究，并认为控制权增长不仅有助于强化经理职位的稳定，而且能够为其带来更多的货币薪酬和非货币收入。

其次，人力作为重要的企业资源，不仅具有稀缺性，更重要的是其所具备的资本专用性所衍生出的不可替代性。换言之，经理作为企业管理职能技术、经验、知识和社会等专属资本的载体，一旦发生离职等情况，公司和经理本身的人力资本价值会成几何式减少甚至消失。出于自我保护的本能和延续人力资本经济价值的动机，经理人会利用一些决策机会和行为降低"出局风险"。

最后，作为人力资本专用特性的衍生属性与行为价值取向，被解雇风险以及更换工作的成本都会成为"禁锢"经理人的最重要制约因素。实证发现，被解雇的高管未来三年未能就业或是就业满意度低的占比很高，仅从时间成本估算这种工作转换成本就很高（Gilson，1989）。在此基础上，声誉、学习、新环境的适应都成为工作转换不可忽视的成本（Nagarajan et al.，1995），一旦失去高管职位，经理人所要承担的将不仅是经济损失，其所连带的声誉、社会地位以及在职消费都会受到牵连。为了避免上述风险，经理人会由此心生固守职位和自我保护的动机。为了进一步探究经理管理防御动机，以李秉祥、张海龙、郝艳等为代表的学者试图整合人力资本、控制权收益、工作转换风险以及环境等要素，进而揭示经理管理防御动机的诱发机理。除此之外，成就模型中对成功和失败激励效应的标定也成为学术界刻画经理人行为动机的重要逻辑支撑，一种大相径庭的结论显示，基于成功取向的决策依据会促使经理人目标与公司目标保持一致，而对失败的恐惧也增大了经理人采取管理防御进行自我保护的动机。随着经理管理防御动机影响要素与作用机理的明晰，经理人采取何种经理管理防御行为策略也顺理成章地成为经理管理防御防御假说研究体系的后续模块。

2.3.1.3 经理管理防御的行为策略

虽然诱发动机不仅复杂且存在不同的影响路径，但经理管理防御所呈现出的行为策略较为清晰。学者们也一致认同经理管理防御行为是指其基于风险偏好和自利性的目的而在企业经营决策过程中所采取的单利行为，表现为职位安全和防止控制权转移两方面诉求。相较于国内经理人市场的不完善，国外经理人往往会采用契约方式保护自身，金色降落伞、毒丸计划、绿色邮件等成为常见的经理管理防御措施，其目的仍是阻碍被替代的公司决策。而在我国，市场制度的不完善，严格意义上的外部接管相对有限，经理所采取的管理防御措施更多的是影响公司经营活动，并在这一过程中直接左右公司的财务决策进而对公司的运营造成影响。随着经理管理动机的外显，学者们的研究视角也从内部管理防御上升至其对公司投资、融资、股利决策甚至战略计划方面等行为的影响。

首先，作为决定企业生存发展的重要财务行为，公司融资决策过程中存在明显的经理管理防御行为。研究发现，负债能够抑制股东和经理人间的委托代理问题，但更重要的是，由负债所引起的资本结构调整能够有效抑制经理管理防御行为（Stulz，1990；Jensen，1986；Miguel，2001）。然而，上述结论也存在假设缺失的问题，因为其忽略了负债本身就是一个代理问题，经理在现代企业经营决策过程中的主导属性也并未充分体现在上述研究范畴中。通过进一步实证与案例跟踪发现，在职位安全诉求下，经理人会选择风险更小的股权融资而舍弃能够提升公司价值的债务融资（Jung et al.，1996），尤其是当公司的股价已高至不足以威胁其职位安全时，经理仍然不愿意提高公司的负债比例（Ayla Kayhan，2001），更重要的是在预期债务无法重新谈判的情况下，低能力经理人选择债务融资的原因并不是提高企业价值，而是为避免被解雇

（Thomas and Wang，2011），并在公司权益资金成本提升的过程中不断强化经理管理防御措施及其影响（Denton Collins and Henry Huang）。相较于国外学者对融资方式选择与优序的辩证分析，国内学者更加关注离职风险（詹家昌和许月瑜，1999）、主观偏好（黄国良和程芳，2007）、信号博弈（李秉祥和王妍斐，2008）等方面的影响。虽然研究视角有所不同，但结论都体现为经理管理防御是公司资本结构决策的重要影响因素。

其次，投资行为也体现了经理管理防御动机，表现为投资过度、投资不足及对投资项目净现值的选择。在这点上，国外学者更为关注经理人的管理防御行为具体措施和选择依据，例如，为了让股东意识到经理人的价值和解雇所需要付出的代价，经理人可能会通过过度投资提升自身在公司的价值权力（Shleifer and Vishny，1989）。从项目投资的期限看，经理管理防御行为的表现也略有不同，出于自身利益考虑，经理人往往选择短期投资项目来确保自身公司地位，而为了个人声誉经理人则可能会选择长期投资以避免项目失败对个人职业生涯的不利影响（Nagarajan et al.，1995）。与此同时，更为极端的解释认为，经理人利用人力资本专用性能够成为其采取敲竹杠措施的可能性，以此加强自身在公司决策中的地位。

国内方面主要以詹家昌、刘维琪、洪兴立、李秉祥等为代表的学者延续国外学者研究成果，从博弈论、投资专属性、投资期望等视角展开分析。研究结论在明确经理管理防御与投资决策具有显著关系的基础上，进一步实证了专属性投资以及短期投资对经理地位稳固的积极影响，强调公司投资过度的重要原因之一是经理管理防御。

最后，相较于经理管理防御在投资、融资方面较多的研究成果，企业股利政策的选择也成为众多学者实证分析经理管理防御行为的补充视角。研究成果主要集中在经理持股比例和股利支付政策两方面（Farinha，2003；Hu and Kunmar，2004），结论指出，经理持股比例超过一定范围会促进经理管理防御动机转化为行为，而且管理防御水平对于是否发放股利有显著的影响。我国学者也试图通过大样本实证我国企业中经理管理防御与股利政策方面的内在关系与作用机理。其中，刘星等（2004）发现经理会通过支付股利来确保自身利益。李秉祥等（2007）也通过实证检验验证了经理管理防御与企业股利政策的关系，并明确了经理个人属性等与经理管理防御的关系。除此之外，研究还明确经理管理防御不仅会诱发组织惯例与决策刚性守旧，还会利用职权为下属提供资源。

纵观现有研究，随着投融资及股利政策与经理管理防御间关系的逐渐清晰，研究结论的系统性也得到了较大的提升，主要体现在明确经理管理防御能够显著影响公司财务与经营策略的基础上，不断深入并试图充分揭示相互间的影响路径与传导机制。

2.3.1.4　经理管理防御的影响因素

从经理管理防御假说的提出到验证其表现的过程中，关于"是什么"以及"如何影响"经理管理防御行为动机的研究从未停止。就影响因素而言，学者研究发现，个人特征、组织内部机制、外部市场机制、环境因素与行业特征会对经理管理防御产生不同程度的前置效应。具体如下。

（1）个人特征属性对经理管理防御的影响。经理人自身属性的多维性使得管理防御动机变得相对复杂。首先，年龄往往被学者认定为经理人价值判断趋向的关键因素，也成为制约经理人力资本柔性的重要基础。年龄直接关系到经理人工作转换的难易，进而影响经理管理防御水平。其次，作为人力资本中专属技能的支撑属性，学历、职业经历都是经理人与股东博弈的重要砝码，更为重要的高学历和丰富的职业经历往往意味着更安全的公司地位和更低的工作转换成本（Spence，1973）。因此，低学历和经验不足的经理人往往具有更强的经理管理防御意识。最后，在一家公司的任职时间也成为经理人拥有控制权程度的重要影响因素，同时也成为其人力资本价值固化的制约因素，为了避免被替代的风险，这样的经理人往往具有更强的经理管理防御动机（Ellili and Nejla Ould Daoud，2006）。总而言之，作为具有主观能动性的经济人与社会人的集合体，无论是出于危机感还是对职业生涯的规划，经理管理防御都会受到经理自身主体属性等诸多方面的影响（权小锋和吴世农，2010）。

（2）内部视角下公司治理对经理管理防御的影响。作为公司经营的决策者、参与者，经理同样受到公司内部环境的激励和约束，尤其是经理持股成为学术界与市场公认的最为重要的决定经理管理防御程度的前置要素。作为一种解决代理问题的机制，股权激励确实行之有效（Mc Connell and Servaes，1990），但这种持股比例却存在阈值范围，即经理持股存在"利益协同效应"和"管理防御效应"两面性。究其原因，持股高低决定了其在公司决策中的话语权，即其可通过投票或表决将自身意愿体现在公司决策中（权小锋和吴世农，2010；梅世强和位豪强，2014）。另外，公司所赋予经理的权利不仅体现了经理自主行动的范围和程度，同样成为其抗衡股东与董事会的基础。研究发现，经理权利与隐性福利、经理管理防御间存在显著影响（袁春生，2009）。还有部分学者研究发现两职合一以及连锁董事机制都会影响经理管理防御，但却以相反的作用方式影响经理管理防御，两职合一有助于提高总经理权力，增加经理谋取私利的机会（Goyal and Chul，2002；马连福和石晓飞，

2014），而连锁董事则增加了敌意收购的难度，经理职位安全得以保障（彭正银和廖天野，2008；Nguyen，2009）。

（3）外部视角下市场对经理管理防御的影响。随着经理人市场与接管市场制度的不断完善，对经理人的监管也从企业内部环境拓展到外部环境中。作为一种职业化的发展趋势，工作档案和个人声誉将成为经理人工作转换成本的重要内容（Denis，1995）。而接管市场则增加了经理被替换可能性，使得经理人为了稳固自己的地位而通过会计政策选择等方法维护股价稳定（Gilson and Vetsuypens，1993；Mizik and Jacobson，2007），并诱发投资短视等防御行为（Astami and Tower，2006）。研究进一步发现，经理人会采用分类董事会的运用（Faleye，2007）、资本结构调整（Dyck and Zingales，2004）、多元化盲目并购等经理管理防御措施来降低被接管风险（Moeller et al.，2005），进而提升对未来工作的保障。除此之外，机构投资者作为重要的外部经济组织同样会对企业乃至经理人决策行为产生影响，研究表明，机构投资者的介入能够更好地起到监管作用（李秉祥等，2015），并在抑制经理操纵利润、薪酬限制、在职消费等方面降低经理管理防御（毛磊等，2011；李艳丽，2012）。但不可否认的是，机构投资者也可能采取合谋的方式与经理实现共赢（Roberta，2005）。相较而言，产品市场对经理管理防御的影响相对复杂，一方面来自市场的竞争压力会激励经理人的工作积极性并强化其对企业绩效导向的决策逻辑；但另一方面，市场波动所导致的业绩波动甚至不理想业绩也都会成为经理稳固地位而采取经理管理防御措施的导火索（Baggs and De Bettignies，2007）。

（4）外部环境对管理防御的影响。基于经济制度与社会规范所营造的制度环境与文化环境都会影响经理人的决策行为。首先，具有强制性的法律制度能够对经理人产生较好的事前控制，一旦发生法律纠纷，这种高昂的成本能够抑制经理人自利行为（Khurana and Raman，2004）。其次，文化作为社会规范与价值惯例的重要内生因素，也能够影响经理人对风险乃至决策行为的价值取向（Chang and Noorbakhsh，2009）。虽然外生环境要素的作用没有公司内部要素来地更为直接，但是这种潜移默化的影响却是根植于经理人价值观层面且很难被改变的行动纲领。

（5）行业特征对经理管理防御的影响。对于所属行业不同的企业，其所面临的竞争环境以及行业氛围与惯例都会影响经理人的管理防御行为。研究发现，资产固化程度更高的行业，经理人所能自由支配的资源相对更为有限，而在技术和资金密集型行业中，经理管理防御的可能性则更为显著（Schmidt，1997；林朝南，2006）。随着行业竞争强度的降低以及公司市场地位的提升，经理管理防御的情况可能更为严重（Jagannathan and Srinivasan，2000；Guadalupe and Pérez-González，2006）。

学术界对经理管理防御影响因素的探究归根结底是希望找到能够还原实践过程中经理管理防御程度，因为，只有在研判经理管理防御的基础上提出更为合理的测度依据，才能够为经理管理防御从理论研究向实证延伸奠定基础。

2.3.1.5 经理管理防御的测度

经理管理防御测度的难点在于这种源自内心的价值取向很难从简单的行为要素和财务数据加以判断和精准测度。现有研究更多的是延续影响因素视角，多维度整合影响因素，用以反映经理管理防御程度。

（1）以人力资本为核心的测度体系。经理管理防御动机本质仍是经理人自我利益保护意识或本能的真实写照。为此，经理人会通过提升和确保其人力资本价值来达到固守职位获取人力资本租金的目的。因为一旦失去职位，其人力资本专用性也就成为限制其重新获取资源和回报的重要弊端（Jagannathan and Srinivasan，2000）。按照这一思辨逻辑，学者们开始沿着经理管理防御动机这条主线探究前置要素作用下的测度变量，并将公司绩效表现、控制权收益和经理人市场声誉作为影响经理管理防御动机的变量，强调上述三要素是经理人采取管理防御措施过程中需要面对的核心问题和权衡要素（Paquerot，1990）。此外，经理人个体属性也成为部分学者简化经理管理防御动机测度研究的偏好变量，年龄、学历、任期、两职合一及经理持股比例随即成为众多学者测度管理防御水平的替代变量（Cheng，2008）。上述研究尽管操作更为简单，但研究观点相对离散，进而造成经理管理防御水平测度效果的偏差。为此，以李秉祥、姚冰湜为代表的学者从人口学理论出发（李秉祥，2007；李秉祥，2013），通过构建经理管理防御指数，试图以一种更为系统的研究范式还原和测度经理管理防御水平，并以此对我国市场进行大样本实证，研究在证实管理防御指数研究效度的同时，发现我国企业不仅存在经理管理防御情况且这种现象呈显著上升趋势。

（2）以持股比例为基础的测度体系。在经理管理防御影响因素研究范畴中，经理权利基础特别是持股比例成为众多学者多次强调的能够显著影响经理管理防御动机的前置要素。因此，经理持股比例也被证实是一种能够反映经理管理防御水平的变量，更具优势的还在于经理持股比例作为相对独立的变量更容易通过大样本实证验证假设。然而实证结果发现，经理持股比例存在一定的阈值范围，只有在某一合理范围，经理管理防御水平才会被抑制。同时学术界对上述研究目的的实证范式往往是根据经理持股比例与企业绩效的关系加以判断，进而刻画经理管理防御水平。其中，斯特劳兹（Stulz，1990）通过分析外部接管对经理管理防御的影响，发现持股比例只有在最优区间时，经理管理防御行为才能得以抑制，通过对上述实证结果做进一步分析和标定，最终将持股比例的合理范围标定为 5%～25% 范围内。在此基础上，麦康奈尔和瑟韦斯（Mc Connell and Servaes，1990）将上述经理持股比例范围修正为 40%～50%，强调在此区间内能够有效抑制经理管理防御。尽管研究结论中对经理持股比例范围存在不同意见，但研究结论对经理管理防御理论体系中经理持股比例"度"的诠释却达成一致，也为后续学者理论研究以及管理者开展工作奠定了重要的理论依据。

随着经理管理防御假说理论体系的不断完善，最初对人性本能的描绘及其在经济学、社会学、人口学理论的嵌入变得更具践行价值。从假说的提出以来，学术界始终延续一种对新问题的探索模式，即"是什么—为什么—会怎样"的思辨逻辑展开分析。纵观现有研究成果，经理管理防御动机与行为研究对这一问题是什么的追根溯源为后续影响因素以及测度研究奠定了重要的切入视角与理论基础，并最终通过经理管理防御测度的设计为大样本实证研究打通了瓶颈，更为现代企业治理提供了重要的可供跨层分析的理论要素。基于此，本书整理了经理管理假说相关理论脉络，如图 2-8 所示。

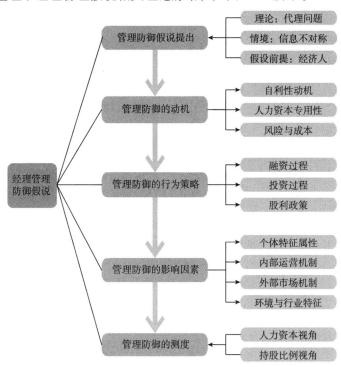

图 2-8　经理管理防御理论基础框架

2.3.2　控制权配置对经理管理防御的影响

根据中国上市公司层层赋权的经营方式，股东将其自身绝大部分的控制权授权给董事会，自身只保留决策控制权，同时董事会又将大部分职权授权给经理层，自身仅保留部分的监督控制权，经理层得以掌握经营管理权，即公司控制权是按照控制、监督及经营的目的在股东大会、董事会及经理层分配，而最终控制权仍归属于股东。因此，控制权配置是在上述结构基础上形成的权力制衡体系，是为解决委托代理关系构建的激励约束机制，在对经理层以股东财富最大化为目标进行生产经营充分激励的同时，实现对经理层不规范行为的监督和约束。这一观点得到了国内外学者的广泛认同，相关研究主要聚焦于股权结构、董事会特征对经理管理防御的抑制及经理权力对管理防御的促进作用。

2.3.2.1　股权结构对经理管理防御的影响

现代企业控制权与所有权的分离使得企业的股权结构不仅体现为契约主体的权力制衡与利益关系，同时也成为影响股东与管理者行为的重要激励约束机制。产权理论认为，由于所有者与经营者各自都有自己的目标效用函数，且存在差异，在利益最大化驱使下，两者的决策目标很难达成一致，公司剩余控制权的分配体系顺理成章地成为决定激励约束是否有效的重要变量，包括第一大股东持股比例、股权集中度与股权制衡。

根据股东大会"按股行权"与"资本多数决"的表决原则，单个股东拥有股份表决权只有达到一定比例才能对决策产生实质影响力。因此，单个小股东虽有相应的投票权但却不能单独对股东议案产生实质性影响，且由于对经营者进行监督会产生成本，而监督成本往往与其分享的收益并不对称，从而导致在实践中小股东搭便车行为严重，公司控制权特征常常体现为大股东间的股权分配，相关研究也多集中于大股东控制权，具体为第一大股东持股比例、终极股东控制权、两权分离度等的积极与消极影响。

从所有权角度来说，持股比例大小决定股东现金流权的高低，因此，持股比例与大股东监督动力往往呈现同向变动。当第一大股东持股比例较低，不具备控制地位时，监督成本收益不对等，体现为成本高于收益，持股所带来的现金流激励动力不足，股东监督经理层的动力较弱，经理层得以掌控公司实际控制权，形成内部人控制，公司财务决策等经营活动体现为经理人利益，管理防御动机较强。随着第一大股东持股比例的增加，监督成本所带来的收益增大，现金流权的激励效应逐渐增强，大股东监督经理层的动机随之增强，经理管理防御逐渐降低，而当大股东持股比例达到 40% 以上时，大股东控制权威使得经理主动迎合股东意愿进行财务决策等经营管理活动，管理防御程度较弱。

施莱弗和维什尼（Shleifer and vishny，1986）较早研究了股东持股与监督效应的关系，认为股东持有股份比例越大，越能有效监督经营者的行为，越有利于公司增值。吕长江等（2011）也持有类似的观点，认为第一大股东持股比例越高，其现金流权益越接近控制权，越有动力经营公司，对经理的监督力度越大。吴淑琨（2002）对上市公司股权结构与经理努力程度关系进行分析表明，股权集中度、内部持股比例能够促进经理努力程度，第一大股东持股比例对经理的努力程度具有正向影响。基于股权制衡理论，白重恩等（2005）认为，控制股东的竞争性大股东股权越集中，对企业经营管理的监督力度越强，同时对公司控制权的有效争夺越激烈，这实质上是间接肯定了股权制衡度对监督经理层的积极作用。陈英和李秉祥（2015）指出，当第一大股东持股比例较高、具备控制权威时，经理人为降低解雇风险，会自觉降低管理防御程度，迎合大股东的意愿，从这个意义上说，固守职位仍然是经理管理防御的首要动机。

2.3.2.2　董事会特征对管理防御行为的影响

董事会由股东大会选举产生，代表公司行使法人财产权，对公司投融资方向等重大问题作出决策，并对管理层行使监督，即董事会的主要职能为战略决策权及监督管理权，是公司控制权配置的核心。然而，不同于股东大会"资本多数决"的特性，董事会的决议规则是按照参加董事会议表决票数占全体董事人数比例来确定，即"人数多数决"的议事规则，因此，在董事会层面拥有绝对控制权就必须满足其利益代言人占据董事会的多数席位。在实践中，持股比例在 5% 以上的大股东均具有委派董事的职权，这些董事代表相应股东的利益。虽然中小股东不具有委派董事的权利，然而依据上市公司独立董事制度的规定，独立董事不得低于 1/3 且代表中小股东的利益，因而学者们多采用大股东、经理层、独立董事占有的董事席位比例来表示董事会层面的控制权分布，并总结出董事会独立制衡的属性。因此，现有研究多集中于讨论独立董事占比对经理管理防御的抑制作用，且认为独立董事比例的提高能有效抑制经理管理防御行为。

赫马林和布里巴赫（Hermalin and Wrisbach，1998）研究发现，公司业绩较差时，独立董事对经理人的监督效应较为明显，其撤换经理人显得更为容易。那么据此可知，公司业绩较好时，独立董事对经理层监督的边际效应将会减弱，解雇成本增大。麦康奈尔（Mc Connell，1990）发现，当董监事不持股或持股比例很低时，经理管理防御现象较为显著，然而当变更公司经理人后，公司的债务水平会显著增加，即董监事会持股能明显影响经理人管理防御行为。何卫东（2003）研究指出，独立董事在相应专业领域具有一定的声誉和影响力，且除了固定薪酬，与企业其他契约主体并不存在直接利益往来，能够勤勉、公正、客观地行使监督职能。李秉祥和袁烨（2013）、陈英和李秉祥（2015）研究指出，独立董事比例与经理人的管理防御程度具有负向影响。换言之，独立董事的存在能在一定程度上起到监督经理滥用权力的作用，但是其监督力度却取决于董事会规模。为此，基于董事会规模的公司治理效率也是理论探究的重点。

作为经理层的监管者，董事会规模的大小直接决定高管权力大小，影响管理者行为，但对于影响效应却存在两种截然不同的观点。一种观点认为，董事会规模越大，治理效率越低，董事会越容易倒向管理层，从而成为高管自利行为的"维护者"（Morse，2011）；而另一种观点认为，董事会规模越大，越能付出更多时间和精力去监督经理人，避免经理人自利所造成的短期机会主义行为，监督职能的履行越有效。持有该观点的学者认为，规模较大的董事会团队异质性较强，越不容易沦为管理者的"傀儡"，经理人对董事会的职能干预越困难，董事独立性越强，从而治理效率越高（Lipton，1992），且规模较大的董事会能够带来更多的资源优势，弥补由于规模增大所引致的代理成本，因而董事会规模越大，管理防御程度越低。然而，也有学者指出，董事会规模并非越大越好，存在一定阈值，过大的董事会规模难以形成一致意见并容易形成内耗，降低决策效率，并使得对经理层的监督力度降低。

2.3.2.3　经理权力对管理防御行为的影响

作为公司治理结构的中心环节，经理层通过董事会授权直接掌握了公司的主要经营管理权，同时，总经理处于经理层的关键核心地位，对经营决策的产生具有举足轻重的影响，因此，学界多用总经理权力代表经理层的控制权。通常情况下，总经理权力来自董事会授权，但恰恰由于契约的不完备，总经理总能根据实际情况自主决定公司事务，使得实际权力超出董事会的赋权，并表现为经理所有权与经理自主权两方面。其中，经理所有权来自经理持有股权，即通过股权激励等持有股份比例，而经理自主权表现为职位权和资源支配权，依附于总经理的特殊职位及所拥有的权威和影响力。芬克尔斯坦（Finkelstein，1992）最早将高管权力解构为所有权权力、结构性权力、专家权力和声望权力四个维度。在此基础上，基姆（Kim，2011）将专家权和声誉权综合为个人能力权力，进而赵息和张西栓（2013）基于中国情境，将高管权力分解为所有权权力、组织权力以及个人能力权力 3 个维度 5 项指标。学者也多依据上述指标或进行分项检验，或构建总体指标检验其对公司投融资行为的影响。

高管持股是解决股东和管理者代理冲突最常用的手段之一，目的是通过股权激励使高管个人利益与股东利益一致。然而，默克等（Morck et al.，1988）采用分段回归方法发现，高管持股比例在 0% ~ 5% 或大于 25% 时能够显著提高企业托宾 Q 值，而当其处于 5% ~ 25% 范围内，则会引起托宾 Q 值的下降，即高管持股同时表现为利益趋同效应与壕沟防守效应。进一步地，国内学者韩亮亮等（2006）指出，高管持股比例在 8% ~ 25% 时，其壕沟防守效应占主导，而小于 8% 或大于 25% 时，其利益趋同效应占主导，因此，对高管所有权与管理防御的关系还需要分区间讨论，尤其是主板和创业板，高管持股的差异也使得管理防御程度不同。

组织权力由公司根据高管的正式职位所赋予的剩余控制权，以及两职兼任和董事会规模决定。控制权理论表明，两职兼任违背了不相容职务相分离原则，削弱了董事会对经理层的监督力度，加剧了股东与经理间的信息不对称，增大了高管的组织权力，而过高组织权力的高管又掌握了企业的关键资源，直接增加了董事会和高管的谈判成本，减少了高管由于业绩差被解雇的可能性（Arrow，1962），提升了高管自利行为的可能性，因此，两职兼任不利于管理防御的降低。戈亚尔（Goyal，2002）、白建军（2012）均指出当总经理兼任董事长时，一方面，助长了总经理权力，为经理攫取私利创造了机会；另一方面，降低了董事会对总经理的监督水平，经理管理防御行为增强。赵纯祥（2013）研究发现，总经理兼任董事长时，总经理通过扩张投资进行寻租的能力增强。

相较于所有权权力和组织权力，个人能力权力属于非正式权力，与高管职位无直接关系，由专家权力和声誉权力组成。其中专家权力来源于管理者的专业背景及管理者丰富的从业经历和外部资源，由教育背景、任期等决定；声誉权力则表现为高管的外部影响力，与高管在其他企业担任的职务和政治关联有关。根据需求层次理论，倾向于使用非正式权力的高管，主要通过个人魅力展现自己的影响力，追求个人价值实现及取得较高成就，并将自己定位于"管家"角色。因此，任职时间越久，对组织越有认同感，从而对不确定事项的承受能力越强，管理防御程度越低。同样，当高管来自内部晋升时，由于多年任职及能力的积累，在企业内部已经形成较强大的关系网，且由于其与企业间的相互认同感增强了内部晋升高管的管家意识，使得高管权力更大，管理防御程度更低，决策效率更高。由此可知，个人能力越强，管理防御程度越低，这与学者普遍认同的"管理者能力决定管理防御程度"的观点一致。

虽然，决定经理权力的所有权权力、组织权力及个人能力权力对经理管理防御的影响各有不同，但综合来看，经理权力越大，越有能力进行机会主义行为追求自身利益最大化。尤其是当高管组织权力膨胀，内部监管不力时，高管的行为受到较少的监管，运用权力寻租及操纵董事会的可能性增加，代理问题更加严重，此时，高管在进行投融资决策时，考虑的主要因素从公司利益最大化转为衡量私人收益与成本。基于此，在公司内部，应警惕总经理与董事长两职合一现象，谨防总经理权力过于膨胀而导致的私利行为。综上所述，现有学术界的研究逻辑如图 2－9 所示。

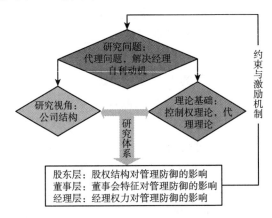

图 2－9   控制权配置对管理防御影响关系逻辑

基于经理管理防御行为的产生路径，上述研究分别从控制权配置的三个层面给出了经理管理防御的前置影响因素，包括机会因子和暴露因子。换言之，公司控制权配置作为激励约束机制，在约束经理管理防御的同时，可能又给经理管理防御行为的产生创造了机会。因此，最优的控制权配置应满足激励约束的最佳匹配。然而，纵观现有研究，大部分研究均是从股权结构、董事会特征及经理层控制权分别讨论其治理效应，但各要素并非孤立和真空，各要素治理效率的简单算术平均并不能作为控制权配置整体功能的评价，无法把握各要素的最佳匹配度，也即三层权力机构的控制权配置整体状况如何，与之相应的代理问题如何，为何这样，是监督过度还是监督不足。现有研究尚未给出明确的回答。基于此，从整体评价控制权配置状况并分析公司代理问题成为当务之急。

2.3.3 经理管理防御对再融资方式选择的影响

基于不完全契约理论，处于信息优势地位的管理者掌握企业的经营决策权，但由于持股比例较低的管理者与股东的利益趋向相悖，具有防御动机的管理者会通过选择对自身利益有利的融资方式降低解雇风险，以巩固现有职位并达到自身效用最大化的目的。尽管在不需要担心个人职位安全的情况下，管理者也会尽可能选择风险较低的融资方式以规避可能的财务风险，从而最大限度获取控制权私利。但当恶意并购出现时，管理者会立即作出反应，通过负债融资以增大并购方的收购成本，同时获取更多的控制权溢价收益，以达到防御和反击的目的。由此可见，管理者会出于自身效用最大化目的干扰企业的融资决策，而这未必是企业最佳的融资方式，无法实现企业价值最大化的利益诉求。

法玛（Fama，1980）认为，为降低财务风险，确保其专用性人力资本不受损失，管理者会优先选择低风险而非最优融资方式。同时，为避免偿还负债融资所产生的利息费用，防御的经理会选择权益融资而放弃较优的债务融资（Jensen，1986）。诺瓦埃斯和津加莱斯（Novaes and Zingales，1995）的想法与上述观点类似，认为在融资方式选择问题上，股东和经理人选择负债的目的不同，前者将其作为提高财富的工具，而后者将其作为防御策略，由此可见，股东与管理者对同一种融资方式选择的目的并不相同，且就融资方式和资本结构而言，管理者更倾向于选择权益融资和低杠杆水平，即使公司仍有负债额度可供使用，这在荣格等（Jung et al.，1996）以及阿德永和费尔德（A. de Jong and C. Veld，2001）的研究中都得到证实。上述结论也得到了国内学者的支持，詹家昌和许月瑜（1999）研究发现，为了降低因企业破产而导致的离职风险，经理会避免债权融资。李秉祥等（2011）研究发现，经理选择股权再融资方式的顺序是：非公开发行、配股、可转债。从上述研究不难发现，学者们的共同结论都是：经理管理防御对公司资本结构有重要影响。为更好地分析管理防御的产生原因及其与融资方式选择的关系，也有学者从管理者特征入手进行分析，发现管理者能力、持有股份比例以及转换工作成本都会影响资本结构选择，从而影响融资方式选择（Chan and Victor W，1998），具体来说，管理者能力越强、持有股份越多、转换工作成本越小，管理防御程度越低，选择债务融资的可能性越大，反之，经营管理者更可能选择权益融资以降低风险。

虽然，经理具有自主选择融资决策的权利，但这种"自主"却建立在股东与董事会的监管基础上。换言之，经理管理防御行为的产生取决于其是否受到监督及监督是否有效。正如詹森（Jensen，1993）所说，经理管理防御的产生与董事会监督不力有关。随后，伯杰等（Berger et al.，1997）探究了公司内部治理要素与负债融资的关系，包括大股东特征、董事会特征、管理者持股因素，研究表明，那些缺乏大股东、董事会规模过大的股权分散公司，由于缺乏有效的事前监督，管理者掌握公司控制权，成为财务决策的主宰者，公司内部负债水平明显不足，但当公司内部治理结构发生突变或新的权力金字塔形成时，公司经理管理防御程度降低，负债水平明显提高。而对于股权高度集中的公司，董事会的独立性就成为影响监督有效性的最主要决定因素，法玛和詹森（Fama and Jensen，1983）认为，董事会成员构成是决定董事会高效运行的基础，尤其是外部董事的比例，外部董事比例越高，首席执行官（CEO）更换的频率越高（Hermalin 和 Weisbach，1998），对管理者的监督力度更强，更能促使管理者选择高负债的融资方式（Berger et al.，1997）。上述观点也得到了国内学者肖作平（2005）的认同，其研究指出，独立董事比例对公司负债水平具有促进作用。然而，在董事会中存在部分的灰色董事，与管理层存在某种利益关系，导致董事会独立性不强，危及监督有效性。詹森（Jensen，1993）指出，若董事长与总经理两职兼任时，董事会无法对经理层进行恰当的监管，导致内部治理体系失效。此时，不受监管的经理会更倾向于选择对自身有利的行为，而无视公司和股东的利益。因此，公司内部保持不相容职务相分离不仅重要，而且十分必要。由此可见，公司内外部治理效率低下及对管理者监管不力是引起管理防御的外在动因，同时也是现阶段股权融资偏好的深层原因。

相较于监督，激励则是为调和管理层与股东之间的关系和利益分配以降低代理冲突的又一受欢迎措施，包括股权激励与薪酬激励两种基本方式。詹森和麦克林（Jensen and Meckling，1976）研究指出，管理者持股能促进利益协同效应，从而降低其选择自利行为的动机。然而，随着管理者持股比例的继续增加，外部市场及股东可能无法有效监督管理者，导致其权力膨胀，能够更为自由地选择有利于自己但不利于企业的低债务融资方式（Friend 和 Lang，1988）。换言之，管理者持股与管理防御程度之间呈现一种倒 U 形关系，且这种关系同样存在于我国上市公司。根据冯根福和马亚军（2004）的研究结论：我国民营上市公司中公司资本结构受经理管理防御行为动机影响较大；虽然法人股能起到一定的治理作用，但却取决于管理者持股比例，即上述法人股的治理作用会随着管理者持股比例的增加而减小。与股权激励过犹不及的特性相似，薪酬激励在抑制管理防御方面也存在阈值。李秉祥（2011）指出，薪酬作为最基本的激励措施，在缓和股东与管理者的矛盾冲突上是有限的。当薪酬激励不足以匹配管理者预期时，其将很可能采取机会主义行为来保障自身利益不受损失，甚至采取不合理手段谋求灰色收入。综上所述，经理管理防御对再融资方式影响框架如图 2 - 10 所示。

上述文献研究表明，以控制权为基础的资本结构理论是管理防御与融资方式选择关系的理论基础。在不存在外部接管威胁的情况下，尽管公司价值最大化的融资目标客观存在，但管理防御的存在使得公司融资选择倾向于低负债的

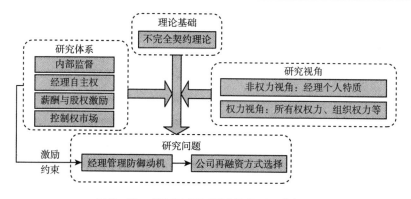

图 2 - 10　管理防御与再融资关系研究框架

权益融资，且管理者个人特征如管理者能力、转换工作成本的高低是管理防御动机的内因，而公司内外部治理失效与对管理者监管的弱化是管理防御动机转化为行为的外在诱因，同时，激励不当又加剧了管理防御程度。基于我国创业板上市公司股权相对集中、两职合一现象普遍的特性，董事会对经理层的监督力度有效性不高，且经理人市场不成熟，管理防御现象严重，因此，有必要结合管理防御动机深究我国创业板上市公司股权融资偏好的根源。然而，现有研究对管理防御的测量多是基于管理者的个人特质及内外部因素综合考虑，不能充分反映管理者的风险偏好，而风险偏好恰是影响管理防御动机的重要内因。除此之外，现有研究在探究管理防御对融资方式选择的影响时，多采用粗略划分方法，用资本结构存量代替融资方式选择，很显然，融资方式选择是资本结构的增量因素，同时也是资本结构动态调整的影响因素之一，最终融资方式虽然能够反映管理防御动机，但却是由股东、监管部门及公司共同作用的结果。基于此，为更好地探究再融资方式选择中的管理防御动机，不仅应采取更为合理的测量方法以充分反映经理的风险偏好，而且应结合现存融资预案，以反映管理者的真实融资动机。

2.4　研究述评

综上所述，不难发现，目前学界关于控制权配置与再融资方式选择的关系研究丰富，涉及公司控制权的各个主体及特征变量，结论离散分散，尚不能揭示创业板上市公司再融资异象的根源，主要表现为以下方面。

（1）控制权主体选择多样，致使结论不一。现有研究对二者关系的探析主要集中于公司三层权力机构的特征变量及不同股权结构下寻租主体的控制权私利对再融资方式选择的影响，然而，依据现代公司层层赋权的经营方式，不管公司股权结构分散程度如何，公司最终决策控制权仍属于股东。随着公司金字塔股权结构及交叉持股等复杂性的揭示，最终决策控制权主体从第一大股东或控股股东转向终极股东，因此，在探究再融资异象根源时，应重点从终极股东的控制权特征出发才能准确揭示再融资异象根源。

（2）终极控制权度量的片面性。现有学者对终极控制权的度量，多是依据"股权控制链分析范式"，利用控制权以及超额权力的获取、强化及转移的分析框架，将财务决策如再融资干预行为的逻辑起点追踪至其控制权私利及超额控制。然而，在实践中，终极股东的权力却并不仅仅是由其股权所决定的，终极股东依托其所有权地位及其拥有的圈子、关系等衍生出的权威、影响力和社会资源等对其自身控制力具有较强的放大作用，使得终极股东的实际控制权远超过其名义控制权。也就是说，现有研究忽略了复杂关系情境对终极控制权的作用，致使股权控制链不能完全揭示终极股东的隐蔽性，使得其对终极股东实际控制程度的测量并不准确，这也成为当前股权制衡失效、大股东利益侵占行为及高管激励约束无力等问题研究滞后的"本"，而非"末"。因此，有必要结合社会资本控制链重新测度终极股东控制权以准确评价控制权配置状况，将研究结论延伸至终极股东控制权配置指数的设计和计算，以准确评价公司治理水平及公司内部主要矛盾，并成为公司财务决策如再融资方式选择新的研究透镜。

（3）控制权配置指标选取单一。囿于再融资方式的选择会动态影响公司实际控制人的权力配置及其控制权私利，学者多是基于第一类代理问题和第二类代理问题探讨终极股东股权集中度、股权制衡度、两权分离、管理防御等公司治理要素对资本结构、资本结构调整速度、融资偏好及再融资方式选择的影响机理，然而公司治理要素并非真空和孤立，是以更为复杂的方式对资本结构及再融资行为产生扰动影响。因此，研究单要素的影响并不能解释公司在既定控制权配置模式下更偏好于哪种融资方式，不能揭示控制度、制衡度及偏离度综合影响下再融资方式究竟体现为经理人还是终极股东的意志，更不能准确识别和标定公司再融资方式的选择动机。

基于现有研究的不足，为准确揭示复杂情境下控制权配置对再融资方式选择的影响机理，有必要在现有股权控制链分析的基础上融合社会资本理论，以追踪上市公司终极股东及其控制权。为此，本书在识别终极股东关系网络连带的基础上，探寻其利用双重控制链在公司股东大会、董事会及经理层的控制权配置状况，并构建权力金字塔下控制权配置体系，以此作为公司控制权配置指数的构建依据，旨在在评价公司控制权配置优劣的基础上揭示经理管理防御程度水平以找出再融资行为异化的症结所在。

2.5　本章小结

基于本书研究的主要问题与研究思路，本章梳理了研究所涉及的控制权相关理论、再融资方式选择理论及管理防御假说，以及目前学术界关于控制权配置与再融资方式选择关系的相关研究成果，在此基础上对本书关键研究要素终极控制权配置、经理管理防御与在融资方式选择关系辩证的逻辑思路进行综述性分析，目的在于基于现有理论研究，寻找研究契机，并为后续实证研究奠定理论基础。

第3章

控制权配置指数构建

3.1 终极股东及其控制权概念界定

公司控制权配置取决于产权结构。产权又称所有权，是股东依法拥有企业的一种状态。依据现代公司层层赋权的经营方式以及股东大会"资本多数决"的表决制度，股东享有最终决策权，即对公司生产经营活动及财务决策具有实质性影响的权力。因此，公司控制权派生于所有权。然而，控制权又是不同于所有权的经济权力，伯利和米恩斯（Berle and Means，1932）指出，股权分散和两权分离使得股东监督缺失，管理者得以掌握实际控制权，形成内部控制局面。因此，控制权是通过行使法定权利能够对企业施加影响的权力。随着研究的深入，学者们发现，世界上大部分国家的股权并非分散，而是呈现相对集中的状态，股权分散的传统假定被逐渐打破，基于所有权结构的控制权研究迅速发展为主流。卡宾和利奇（Cubbin and Leech，1983）从持股比例视角将控制权界定为控股股东能够有效控制企业的最小持股比例，着重强调"有效控制"。换言之，能够排他性利用企业资源进行投融资的决策权即为控制权（周其仁，1996）。从这个意义上来讲，公司控制权主体可能是股东大会、董事会及经理层，相应控制权表现为剩余决策权、决策控制权和经营管理权。基于此，本书借鉴周其仁的研究成果，将实际控制权界定为能够排他性支配企业资源的主体权力，且这种权力并不需要建立在企业所有权基础上，它可能高于或低于特定利益主体理论上的控制权，但必须依赖于相应的权利。

结合我国创业板上市公司股权结构，股权相对集中，控股股东虽不具备绝对控制的股权比例，但是股权制衡度较低，控股股东自然具备排他性支配企业资源的能力，享有控制权。与此同时，总经理持股比例较高，两职兼任较为普遍，董事会无法发挥监督效应，总经理能较为自由的支配企业资源，权力膨胀，也获得了经营管理的控制权。可以说，所有权分布不仅决定控制权分布，而且决定了相关利益者的利益分配格局，更决定了公司内部的代理问题。

代理问题起源于两权分离公司委托代理关系的提出，意指代理人在自身效用最大化前提下从事或做出不利于委托人利益最大化的经营活动或决策，包括股东与经理人之间、股东与债权人之间和控股股东与中小股东之间的代理冲突。基于我国大部分公司股权集中的特性，控制股东侵占中小股东利益所形成的第二类代理冲突代替传统委托代理冲突（股东与经理人的代理冲突）成为最主要矛盾，加之金字塔股权结构、交叉持股、关系股东等社会资本对控制权配置的修正使得实际控制人更加隐蔽，不仅强化了实际控制股东控制权，而且使得第二类代理问题变得更加扑朔迷离，终极股东及终极股东控制权特征成为新的研究领域。

考虑到上市公司的真实控制者对企业金融决策影响的研究主题，本书中所涉及的终极股东正是终极控制股东，在内涵层面一致，均是指对上市公司拥有实际控制权的主体。这一界定范式最初源自拉波尔塔（La Porta，1999）对企业控制链的研究，其通过对企业控制层级关系的追溯实现对终极控制股东的标定。更为重要的是，控制链概念的引入为终极控制权等相关研究的开创奠定了理论基础，将那些上市公司股权控制链的顶层主体界定为终极控制股东，其控制权则来自通过采取直接或间接方式获得上市公司足够大比例股票份额而衍生出的实际控制权。为了实现对上市公司的实际控制，终极股东往往会采取与上市公司董事或者企业高层管理者合谋的方式共同参与企业的经营投资等重要决策，从而对企业生产经营业绩造成巨大影响。有别于上述拉波尔塔从控制链视角的解读，伯利和米恩斯（Berle and Means，1932）的研究结论则强调了董事会的重要作用。依据伯利和米恩斯对公司控制权的解释，只有对公司董事会具有支配能力才能影响企业的重大决策，并由此所衍生出对企业经营活动的参与权与决策权。但不可否认的是，上述对控制权及其作用机制的解读并不适用于中国上市公司的多层股权结构，因为，伯利和米恩斯（Berle and Means，1932）对控制权的界定仅仅是对直接股东所具有的企业表决权的度量，并为涉及多层级股权控制结构下公司的最终控制者的表决权，这一结论也在市场与企业的发展过程中逐渐被摒弃。后续学者也多沿袭拉波尔塔的"股权控制链"的研究范式探索终极股东对公司内部代理问题、财务决策等经济活动的影响。

依据拉波尔塔"股权控制链"的分析范式，作为上市公司终极控股股东对公司掌握支配权，终极控制权是一种与终极现金流权相一致的剩余控制权。其中，终极现金流权是存在与单一企业股权结构关系链中每一层级持股比例的乘积或多条股权结构关系链中每一层级持股比例的乘积之和。需要强调的是，正是因为上市公司总存在复杂甚至多条股权结构关系链，所以终极现金流权乃至终极控制权的度量需要区别对待。基于上述假设前提，如果终极股东是通过单一股权结构关系链实现对企业的控制，则该股权结构关系链中各层级控制极数值的最小值就是企业的终极控制权数值；如果控制企业的方式是通过多链条实现终极股东控制权的话，终极控制权数值则是依据上一计算方式对单一链条测度后值的加总，简言之，终极控制权取自股权结构关系链内若干单链条中各层级控制权数值最小值的加总。为了更好地解释上述理论与计算逻辑，本书将通过计算公式做进一步解释。首先，我们将上市企业中终极股东针在各层级控制链的持股比例标定为 $C_i(i=1, 2, \cdots, n)$，由此，$CR = \sum C_1 \times C_2 \times, \cdots, \times C_n$ 就是上市公司终极股东现金流权的数值，与之相对应的终极控制权就是 $VR = \sum \min(C_1, C_2, \cdots, C_n)$。上述公式所对上市公司现金流权与终极控制权的算式表达不尽相同，特别是当上市企业存在终极股东通过金字塔或交叉持股等方式来支配上市公司的情况时，这种差异更为显著，而这也是学术界对公司两权分离的机理性解释。为了衡量二者间的差别，即两权分离的程度，学术界常用的计量方法包括相对法和差值法两种，虽然计算范式不同，但二者所表述的内涵是一致的。

上述终极控制权、现金流权及两权分离三个变量的含义是依据股权控制分析范式来界定的，一度引领研究学者对公司控制权配置的研究，也是本书后续指数设计的依据。然而，股权控制研究范式也存在一定的不足，其忽略了复杂情境如关系、圈子等对控制权的修正作用，尤其在中国，"关系"是极其重要的资源，其对控制权的影响更为不可忽视。高闯等（2012）研究团队运用组织惯例演化方法，系统地还原了终极股东利用股权控制及社会资本控制实现对上市公司全面控制的过程，为后续追溯识别终极股东及衡量终极控制权提供了理论依据。为此，我们分别按照上述两种方法对图 3－1 中案例的终极股东及其控制权进行分析，旨在为本书终极股东的内涵和外延寻找合理的解释。

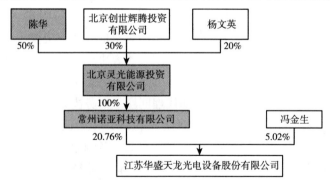

图 3－1　江苏华盛天龙光电设备股份有限公司的控制权结构

资料来源：江苏华盛天龙光电设备股份有限公司年报。

按照股权控制链的分析范式对江苏华盛天龙光电设备股份有限公司 2017 年度控制权结构图分析可知，天龙光电的终极股东为自然人陈华。陈华通过绝对控股北京灵光能源投资有限公司而对常州诺亚科技有限公司具有 50% 的控制权，而常州诺亚科技有限公司又为江苏华盛天龙光电设备股份有限公司的第一大股东（持股比例为 20.76%），因此，陈华对天龙光电的最终投票表决权为 20.76%，现金流权为控制链条上持股比例的乘积 10.38%（50% × 20.76%），两者出现分离为 10.38%（20.76% − 50% × 20.76%）。在这种情况下，通过股权控制链的分析范式追溯终极股东及其控制权操作简便且让人信服。然而，通过追溯天龙光电 2009 年的招股说明书发现，冯金生与常州诺亚都是天龙光电的发起人（如图 3−2 所示），且根据公司控股股东与实际控制人简介得知，冯金生与常州诺亚为公司的控股股东，冯月秀、吕行和万俊平为实际控制人，冯月秀与冯金生为姐弟关系，冯月秀与吕行为母女关系，吕行和万俊平为夫妻关系，上述四位构成了共同实际控制人，其中，冯金生担任公司董事长兼任总经理。虽然在其后，常州诺亚已被冯月秀等易手灵光能源，但作为公司的股东，尤其是长达 12 年的董事长和 2 年的董事，冯金生不仅与公司常州诺亚及天龙光电建立了特殊的深厚情感，而且在公司经营活动及财务决策中发挥着举足轻重的作用。更重要的是，其所具备的供应商、客户资源及专业能力等都会在公司形成巨大的影响力，能够增强或削弱控股股东及终极股东的实际权力。由此可见，在考虑公司实际控制权时，不能忽略且应重视公司内部关系等社会资本的作用，不仅包括终极股东及控股股东自身，而且还应考虑其他股东所具备的关键影响力。

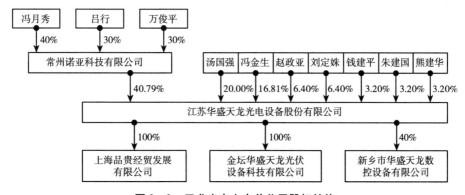

图 3−2 天龙光电上市前公司股权结构

上述天龙光电案例研究为我们佐证高闯的研究观点提供了简单的证据，实践发现，简单按照股权控制权链的分析范式很难准确地描述股东间复杂的利益关系，尤其是当终极股东及控股股东存在隐性关系时。因此，为了避免经验主义判断，本书借鉴上述研究观点，将终极股东界定为依托股权及社会资本实际取得公司终极控制权的股东，不仅能够直接或间接控制公司董事会中的多数成员，而且能够直接或间接控制经理层，简言之，能够通过投票表决掌控公司日常经营决策及重大活动。基于此，本书将终极股东控制权界定为依托股权控制链和社会资本控制链能够直接或间接对上市公司股东大会、董事会及经理层达到控制的权力。

然而，对于终极控制权数值达到多少才算是拥有公司实际控制权，目前并没有确定的标准。依据拉波尔塔（La Porta，1999）的研究成果，享有10%或20%的投票权即为享有控制权，后续学者王鹏和周黎安（2006）、俞红海（2010）认为，由于中小股东习惯"搭便车"和"用脚投票"，其持有股票基本没有进行投票，因此，在股权分散情况下，拥有股份比例超过10%或20%的股东就能拍板决策，国内学者基本采用这两个股份比例值作参考。本书也延用已有学者观点，将10%确定为上市公司拥有实际控制人的标准。

3.2 终极股东控制权的来源与本质

根据拉波尔塔（La Porta，1999）等关于终极股东通过直接或间接持有股份拥有公司实际控制权的分析逻辑，后续学者形成了较为固定的分析范式——股权控制链分析法，其突破性地将伯利和米恩斯（Berle and Means，1932）提出的控制权概念延伸至终极股东控制权，揭示了第二类代理问题的根源并为识别上市公司的终极股东和测量、分析终极控制权提供了依据。从实践来看，"股权控制链分析范式"对股权分散上市公司具有较强的适用性和解释力，因此，得到学者们的广泛认可。然而，在股权相对集中的国家中，特别是对于那些具有东方文化背景的上市公司，这种分析范式存在着一个严重缺陷，那就是单单依靠股权控制链追溯上市公司终极股东并不能完全克服终极股东的隐蔽性，有时很难准确地揭示出那个深藏幕后的真正终极股东，相应地，难以精确地度量终极股东对上市公司的实际控制程度。尤其是在世界各国，由多个大股东分权控制上市公司也是再为寻常不过的现象，因此，这种分析范式固有的缺陷也使得实证结果的可信性与可靠性难以保证。

基于此，高闯和关鑫（2008）根据我国实际情况，率先引入"社会资本控制"分析范式以弥补股权控制分析范式的缺陷。根据高闯研究团队的观点，社会资本来源于关系网络，关系网络有强连带和弱连带之分，弱连带更多地充当获取信息和知识的"桥"，而强连带则不仅可以降低不确定性，而且更重要的是还能产生较强的互信，为连带双方提供更加广阔的交易契约的选择空间。

一般而言，连带形式的不同会导致连带强度的不同（如家人连带的连带强度要高于熟人连带），连带强度的不同又会造成信任程度的不同（如家人间可以不谈对等交换，采取"各尽所能、各取所需"原则，而熟人之间信任是建立在情感交换或工具性交换基础上的），信任程度的不同将最终影响交易者之间交易方式的选择。在此基础上，他们强调，对上市公司终极股东及其控制权进行追寻的逻辑起点是大股东的社会网络连带，在细致地识别其社会网络连带的基础上，探寻其是否通过动员这些社会资本（特别是信任）获取上市公司的实际控制权，从而实现对上市公司的实际控制，最终成为上市公司终极股东。换言之，上市公司终极股东通常将"股权控制链"与"社会资本控制链"同时动用，相互配合，最终实现对上市公司的控制。

由此可知，实践领域中，终极股东不仅通过其拥有的股权控制公司，而且还通过拉拢、左右和控制其他股东、董事和经理人员，同时动员组织社会资本和个人社会资本来控制公司，并使得其控制权远超出公司所赋予的正式权利，而这部分剩余权力正是源于关系等隐性社会资本的权利加成。换言之，关系资源放大了终极股东的控制权，其不仅能够按照正式的产权安排行使表决权和选派董事，而且还能够通过自属关系及连带关系影响甚至控制更多股东、董事和经理，进而获取更多的公司控制权。可见，一旦股东享有支配公司资源的权力，便获得了公司的实际控制权，并且其是由控制股东的所有者权利内生决定的，不仅如此，这种衍生于所有权的权力空间往往在股东"权利"和"权力"互动影响中被放大（朱国泓和杜兴强，2010）。社会学对此的解释是：社会资本所有者能够利用关系所衍生出的权威、互惠和信任等获取更多非货币选票，从而影响利益相关者的决策行为。

那么，社会资本为何会强化终极控制权，终极股东为何会利用社会资本去强化控制权，这要从社会资本的基本功能说起。我们知道，信任是社会资本的核心，其在增强互信、节约交易费用方面有着极为重要的作用。根据信任的定义"一个机构对所交易伙伴所持有的期望，即认为对方会以一种双方都可接受的方式行动，并在有投机行为的可能时能够公平地处理"，信任是一种社会心理方面对于互惠的预期，能够预测和减少机会主义行为。举例来说，在公司内部，信息不对称导致的机会主义行为和道德风险时有发生，如果契约者之间具有像情感连带这样的强连带形成的互信，就可以很好地遏制道德风险和机会主义行为，并能够使双方的预期和信息更加对称，从而降低不确定性的影响。因此，进行社会互动能够建立良好的交易关系以提高交易效率。另外，在某些特殊情境下，他们之间也可能会组成战略联盟以分享相似或共同的意愿、目标和使命，共同成长，共享利益，这样不仅可以加强信息和知识的共享、协调行动步伐，而且还能促成彼此的风险共担和利益共享，从而降低交易的不确定性和资产专用性，提高交易频率。这种情况实际上可视为大股东之间的合谋或内部人控制，并最终影响信息的吸收或者外溢，影响整体协同，而这又受制于网络连带的数量和强度，相关分析可参照赵晶等（2010）的论证。

不可否认，产权理论为如何界定终极股东控制权提供了重要思路，但实证结论的矛盾进一步折射出终极控制权来源及本质的复杂性。一方面，契约的不完全性决定了利益相关者对剩余控制权的争夺；另一方面，组织中权力有正式权力和真实权力之分（Aghion and Tirole，1997），忽略影响终极股东真实权力的"关系资源"不仅不利于考究公司控制权配置的实质，而且更不利于厘清终极股东行权的方式及强度。然而，如果仅仅止步于从静态离散视角将终极股东实际控制权还原为正式规则下的股权控制和非正式规则下的社会资本，仍不能深入发掘终极股东控制的内在机理。而高闯等（2012）运用组织惯例演化理论所构建的终极股东双重控制意愿度迭代模型，以及终极股东如何运用双重控制链达到实际控制，对本书的观点具有重要启发意义。特别是当其控制地位与关系网络之间存在资源互补时，在内外部激励因素的作用下，终极股东更加倾向于动用关系资源巩固控制地位，并通过协调整合外显控制与内隐控制将双重控制制度化，实现循环控制。

基于上述逻辑可知，终极股东控制权的来源与本质至少包括以下两方面：一方面，产权安排，终极股东按照法规及产权"按股行权"，其控制权体现为契约性权力，重点解决常见的、可观测利益冲突，除此之外，也可事先规定一些潜伏的利益冲突处理办法；另一方面，关系资源，终极股东动用关系网络形成"一股独大""一言堂"，通过其由权利基础上升至权威、影响力的非契约性权力以及由其网络连带形成的隐性权力对潜在、未知的利益冲突以及非利益冲突进行显性支配与隐性支配实现其目标价值函数。不难看出，终极控制权不是一种能简单通过契约就可以规定的权力，但是却又不得不依赖契约赋予的相应权利。换言之，契约权利是实际控制权的形成基础，但由于契约的不完备，契约权力得到了更多非契约性权力的支持与补充，并上升为实际控制权。更为重要的是，契约性权力与非契约性权力的各要素并非孤立存在，相互交织并形成动态均衡，共同决定终极控制权的内涵。基于此，本书探索性地构建了股权和社会资本双重控制链下终极股东控制权来源与本质的概念图，如图3-3所示。

图3-3中，公司契约主体间的利益冲突是契约性权力产生的本源，公司需要通过明确利益主体各自的权利和义务，以平衡利益不一致所引起的矛盾，保证契约顺利执行。但由于事后事项的无法预料和未来可能的其他冲突，需要授权给公司实际控制人进行处理。股权集中公司内部，终极股东将其由于直接

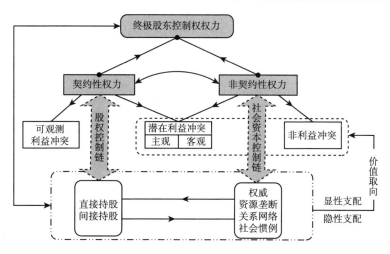

图 3 - 3　终极股东控制权来源与本质的概念图

或间接持股所获得的实际控制权配置给股东大会、董事会及经理层，以达到控制、监督及管理的目的，然而最终决策控制权仍属于终极控制股东，同时其又可以通过关系股东网络、向董事会委派董事、提名经理等手段实现对三层权力机构的控制，最终达到对公司的全面控制。毋庸置疑，契约性权利安排是终极股东获得控制权的基础来源，但控制权却远不止上述契约安排，契约不完备所衍生的剩余控制权在一定程度上放大了终极控制权的权力空间。随着其掌控企业的持续性，终极股东个人魅力及能力得到展现，认可度及知名度提升，并上升为个人权威，由权威、影响力等形成的非契约性权力对终极股东实际控制权形成了强有力的叠加，并形成动态反馈循环均衡，最终使得实际控制权大于其拥有的法定权利。更为值得关注的是，在价值趋向支配下，获得超额权利的终极股东通常利用其控制权权力对公司的经营决策进行显性及隐性干预，使得控制权本身及其利益内涵更加丰富，并逐渐成为公司治理领域中最活跃、最富有生机的内容。

由上述分析可知，终极股东控制权的衍生过程更像是权力易手和博弈的结果。终极股东控制权取决于资源选票的多少，其本质也是公司经营决策机制的基础。

3.3　终极股东控制权配置体系

承续图 3 - 3，终极股东又是如何依托股权和社会资本双重控制链实现其对上市公司的全面控制的？换句话说，终极股东需要怎样的价值释放逻辑才可以实现终极控制？借鉴潘清（2010）对控制权权能配置的研究，公司权利配置是按照控制、治理和经营管理的目的将控制权的权利束依据权力来源、行权逻辑、权力的有效分工划分为三个相对独立、互相关联且有内在层级关系的"次级权利束"，即与公司治理结构中的三层权力机构股东大会、董事会及经理层的功能相对应的剩余控制权、决策控制权与经营控制权。而依据前述研究，公司控制权配置实质是以终极股东为主导的权力配置，包括其通过直接或间接方式在股东大会、董事会和经理层的权力安排。

3.3.1　股东大会层面

股东大会作为公司最高权力机构，依据"资本多数决"制度享有表决权，哈特和默尔（Hart and Moore，1990）将其称为剩余控制权，即能够决定契约之外未规定相关事项处理办法的权力。从这点来看，剩余控制权相比特定控制权空间更大，更有诱惑力，也自然成为公司控制权安排的关键内容。由于终极股东在股东大会的权力配置主要为投票表决权，在传统"按股行权"下表现为其直接及间接持股的影响力。因此，当终极股东投票权为相对控制时，由于其他股东制衡力量的存在，终极股东对上市公司的各项决策不具备直接决定权，此时公司决策表现为各股东利益博弈结果。随着终极股东直接或间接持股比例的增加，其控制权强度由相对控制增至绝对控制时，其他股东的制衡力量变得微弱，终极股东的控制权威使得公司各项财务决策与其价值取向相匹配。因此，公司财务决策方案由终极股东的影响力或控制强度大小决定。然而，终极股东的控制强度却不仅仅取决于其持股比例，一致行动人等显性关系股东和共同发起人、同窗好友等隐性关系股东放大了其持股比例所形成的权力空间，不仅使得股权结构及网络关系变得复杂，而且使得终极股东的隐蔽性更强，更强化了实际控制权，致使其实际控制权远超过现金流权，表现为幕后操控公司财务决策。可以说，关系股东等社会资本的存在是终极股东强化自身控制权并形成控制权威的关键。但恰恰由于终极股东动用社会资本，使得控制权高于现金流权并成为其剥夺行为的主要诱因，而控制权威又为其实施剥夺、侵占行为提供了保障。所以，在实践中，控制权强度的大小往往被视为终极股东实施侵占行为能力大小的代名词。

上述研究的发现激发了学界对第二类代理问题的广泛探讨，其中制衡理论为我们提供了重要的解决思路。例如，部分学者认为，提高竞争性股东的持股比例有助于监督和约束终极股东的机会主义行为，引入一定数量的多个大股东形成共同控制能有效杜绝"一言堂"现象，降低控制权私利，并有助于达成监督与约束效率最高的均衡状态（Edmans and Gustavo，2011）。然而，徐莉萍等（2006）和刘伟等（2010）却发现，增加竞争性股东的持股比例未必就可以制约大股东的剥夺行为，大股东有可能通过说服等方式形成信任，拉拢其他非竞争性股东形成利益协同，尤其股东的异质性使得我们无法识别股东间的关系，更无法识别其他大股东与竞争性股东是联盟还是制衡关系，致使研究结论呈现两极。因此，股权制衡是否有效不仅与非竞争性股东的持股比例有关，更与终极股东的关系网络有关。

诚然，制衡理论不失为解决问题的有效措施，但是我们却忽略了一个重要的前提，制衡是为抑制终极股东的机会主义行为而存在的。换言之，制衡存在的必要前提是终极股东存在私利动机。回溯终极股东控制权特征，两权分离导致终极股东产生私利动机，而控制权强度又是终极股东控制权私利行为顺利实施的保障，因此，合理的制衡力量强度不仅取决于终极股东的持股比例，更取决于两权分离程度。当终极股东持股比例较高并形成绝对控制时，其利益协同效应大于侵占效应，尤其是两权分离度较低甚至不分离时，竞争性股东的制衡易导致股东监督动力降低，挫败终极股东积极性。而当终极股东对公司相对控制时，其现金流权的激励效应小于侵占效应，此时竞争性股东的存在意义就在于可以激励终极股东选择公利行为，抑制其私利行为。由此可见，制衡是否有效依赖于终极股东的控制强度，制衡是否必要则决于其价值取向和两权分离度。基于上述逻辑，我们认为，终极股东在股东层面的权力体现不应仅限于现有文献中的控制度，还应该包括两权分离度及非关系股东对其的制衡度（见表 3-1），三者相互交织，共同决定权力配置状况。

表 3-1　　　　　　　　　终极控股股东在股东大会的权力体现

层面	控制度	制衡度	分离度
股东大会	终极股东及其关系股东的投票表决权之和	非关联股东相对控股股东的权力制衡	控制权和现金流权的分离度

3.3.2　董事会层面

董事会作为公司控制权配置的核心，由股东大会选举产生，并依据人数多数决议原则行使表决权，代表股东行使战略决策权和监督管理权。具体而言，董事会代表股东选聘、评价、监督和管理公司的高级管理者，同时向经理层提供必要的咨询服务。也就是说，董事会是股东大会连接经理层的纽带和桥梁，股东往往通过委派董事掌控董事会进而实现对经理层的监督，在董事会"一人一票"的表决制度及人数多数决议原则下，股东委派董事席位同时代表其话语权。简言之，谁委派的董事更多，谁在董事会的话语权就更多。

依据中国上市公司选举或委派董事的实务操作，公司必须要有一定数量的独立董事代表中小股东利益，不受控股股东与管理层的控制，且不得低于1/3，旨在保持董事会独立性的同时，实现更好的监督。除此之外，非独立董事的席位一般在持股5%或3%以上的股东之间分配并各自代表一方股东利益，即终极股东及其他大股东均有委派董事的权利并享有一定的话语权，称为对董事会的控制度。原则上，股东委派董事比例应以其持股比例为标准，但现实往往是实际委派董事比例与正常委派董事比例不匹配，例如，绝对控制股东利用控制权威多委派董事或影响其他董事甚至独立董事的决策意向，进而取得董事会的控制地位；相对控制股东也一样，倾向于通过说服、个人魅力及其他社会资本强化甚至取得对董事会的控制权，并致使终极股东在董事会中的实际控制强度偏离其现金流权，为统一表述，我们依然称之为分离度。同样的，分离度表示终极股东在董事会中的超额权力及其可能的侵占动机，分离度越大，终极股东利用其超额权力达成对其自身而言最优的利益方案的可能性越大，以有利于最大限度地获取控制权私利，而这种对其他股东或公司次优的方案会导致中小股东利益受损。因此，终极股东在董事会的实际控制度过高时，会左右董事会的决策意向，影响董事会的独立和公正。但是，股东间的异质性却使得其他竞争性股东委派的董事利益目标与终极股东利益目标不一致，形成抗衡，削弱终极股东的控制权权力。与股东层面竞争性股东的制衡一致，董事会层面其他董事的力量也同样适用于制衡理论，过强与过弱都不利于控制权配置的优化，上述三个维度共同决定了终极股东在董事会层面的权力配置（详见表3-2）。

表3-2   终极控股股东在董事会的权力体现

层面	控制度	制衡度	分离度
董事会	终极股东及其关系股东委派董事席位比例	非关联股东委派董事席位及独立董事与控股股东委派董事席位的权力制衡	终极股东在董事会的控制度和其现金流权间的分离度

3.3.3 经理层面

经理层享有对公司运作和管理的直接权利，掌握公司的经营控制权，其中，总经理CEO处于经理层的关键位置，拥有直接控制权，而诸如现代公司中的CFO、COO、CIO则在投融资、公司运转及信息获取等方面引领关键性变革，并作为 CEO 的真正伙伴参与公司决策，与 CEO 之间既有上下级又有监督与被监督的关系，在公司战略发展中承担着关键角色。因此，在对经理层面控制权配置进行剖析时，应突破现有文献中只考虑 CEO 权力地位的局限并纳入其他经理人员。由于第一类代理问题的存在，终极股东总是试图获取经理层的控制权，一方面降低股东与管理者间的代理冲突，另一方面最大限度地获取控制权私利。而终极股东获取经营权所采取的做法与向董事会委派董事类似，直接向上市公司提名经理人员或者利用关系股东等社会资本网络间接影响其他经理人员的决策意向达到控制经理层的目的，同样的，控制度过高将带来垄断或独裁，分离度又加速了其对上市公司的剥夺，而经理团队的异质性恰恰对这种自利行为形成制衡或干预。基于此，我们仍需要从控制度、制衡度和分离度这三个维度来考察经理层面的权力配置，详见表 3 - 3。

表 3 - 3　　　　　　　　　终极控股股东在经理层的权力体现

层面	控制度	制衡度	分离度
经理层	终极股东提名经理人员在经理层的权力大小	非关联股东提名经理权力相对终极股东提名经理的权力制衡	终极股东提名经理的控制权偏离其现金流权的程度

准确意义上来讲，公司控制权配置不仅包括上述所言的内部控制权配置，而且还包括外部控制权。但外部控制权主要指控制权市场，即公司控制权转移风险，包括接管市场和债权人控制权，与本书所探讨的公司内部治理结构不同，本书仅依托现有股权结构对内部控制状态进行探讨。由此看来，本书所言控制权配置体系应包括终极股东在股东大会、董事会和经理层三层权力机构之间的权力配置，是评价公司整体资源配置效率的依据，不仅应考虑终极股东对三个层面的实际控制度，而且还应考虑分离度和制衡度的匹配性，终极控制权配置体系如图 3 - 4 所示。

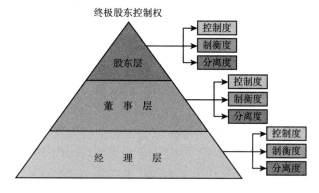

图 3 - 4　终极控制权配置体系

3.4　终极控制权配置指数构建

如图 3 - 4 所示，终极股东位于权力金字塔的顶端，依托双重控制链实现对公司的全面控制，其在公司的权力体现为在股东大会、董事会及经理层权力的加权平均，但已有文献在论述控制权配置的治理效应时，主要是基于上述三个层面分别选取代表性指标单独检验，未能反映各层面指标间的钩稽关系。本书认为，终极控制权配置系统为一个整体，单独考虑某一层或某一代表性指标容易造成盲人摸象的假象，为此，本书拟结合前述理论分析，将三个层面的三个维度指标有机结合，构建权力金字塔下的综合指数以反映终极股东控制权配置的总体情况，其中，三个维度控制度（$CDIV$）、分离度（$DDIV$）和制衡度（$PDIV$）分别表示其在三个层面的影响力、超额权力及约束力。

3.4.1　终极控制权配置指数编制的基本构想

在构建终极控制权配置指数之前，本书将首先对实证研究中常用的指数构建方法加以初步介绍。首先，需要明确构建指数的目的、了解指数构建的实践价值与理论基础，熟悉其在研究与实践过程中的作用及功能设计等，并在此基础上掌握指标筛选、权重与合成方法的选择。只有系统地掌握指数构建的全部内容，才能将指数应用于实践研究中，实现研究目的。基于此，本书将在本章节中提出终极控制权配置指数定义的基础上，全面阐述构建终极控制权配置指数的目标、功能和作用，并进一步规划终极控制权配置指数的指标及其结构与设计流程。

3.4.1.1　终极控制权配置指数的性质

基于前述对控制权相关理论的梳理，本书在借鉴现有研究的基础上将终极控制权配置指数界定为：为了通过全面、系统和动态地衡量我国上市公司真实的控制权配置水平，依据研究目的，通过科学、具有针对性地选择合理有效的指标，对其赋予权重，以动态指数的方式刻画上市公司控制权配置情况，并以此充分反映公司治理的综合水平。因此，终极控制权配置指数的构建能够从时间、指标、对象三个维度系统全面地反映大量上市公司的信息，特别是可以定量化地反映上市公司内部代理冲突的程度以及上市公司综合治理水平。而且基于不同视角对终极控制权配置指数的差异化理解，可以使得动态化的统计指数呈现出两重性。具体如下。

（1）统计学视角下的终极控制权配置指数。

统计学中对指数具有明确的界定，从表达或是结构能够判断其指数的类型。从终极控制权配置指数的结构及其计算原理（多维度指标综合变动的相对值），具有明显的动态指数的特征。基于此，本书依据统计学指数的分类办法，对终极控制权配置指数做进一步的特征分析。其一，根据终极控制权配置的研究范畴，是对多个上市公司治理水平综合变化情况的刻画，按照统计学指数分类判断，属于总指数；其二，终极控制权配置指数的计算公式分为定基指数和环比指数两类，均是采用比较分析的方法，因而可以断定，终极控制权配置指数具有显著动态指数的特征；其三，依据研究范畴中对象或主体的差异性，终极控制权配置指数是反映上市公司终极控制权配置状况的发展变化情况，按照统计学中对数量指标指数与质量指标指数的划分依据，终极控制权配置指数属于质量指数。综上分析，统计学理论为我们理解终极控制权配置指数提供了可操作的解释视角，能够为我们深入挖掘终极控制权配置指数的动态、质量性、总体性的特征提供科学依据。

为了确保终极控制权配置评价体系对公司治理水平刻画得全面、客观和准确，在构建公司终极控制权配置评价系统和指数体系的过程中还需要符合以下基本原则。

①目标性原则。目标是指数建立的出发点，即源于对问题的考虑，同样也是指数体系设计、指标选定、指标权重的赋值以及相关数据搜集的重要依据。正因如此，上市公司终极控制权配置指数的构建必须首先满足对上市公司控制权配置状况做出评价的设计目标。本书中上市公司控制权配置指数的构建正是出于以下设计目标：第一，控制权配置指数能够客观、准确、综合、动态地反映上市公司控制权配置的真实状况；第二，为上市公司衡量组织内部代理问题提供判断依据；第三，为上市公司优化控制权配置、提高财务决策效率提供指导。

②可行性原则。从指数设计的目标可以看出，上市公司终极控制权配置指数的构建具有显著的实践价值，这就要求指数设计具备严谨的实操，即能够在当前或一般环境下可操作性完成。因此，本书在上市公司控制权配置指数的构建过程中尽可能地考虑到公司治理和运营过程中所涉及的所有因素，并以此全面系统地构建上市公司控制权配置指数。需要说明的是，考虑到社会科学研究中要素无法穷尽的事实，本书在指数构建过程中既保证了其可行性的基础，又进一步对那些非主要且公司数据难以量化和搜集的指标做出了优化和精简。

③科学性原则。出于真实反映上市公司控制权配置情况的目的，在考量和

设计控制权配置指数的过程中应该聚焦上市公司的特征，匹配上市公司及市场监管的相关制度要求、准则以及规范等，进而能够科学地反映上市公司控制权配置现状与治理水平，这也正是本书构建控制权配置指数的根本所在。

④整体性原则。上市公司控制权配置指数反映的是公司的治理情况，而公司是一个系统的组织，因此，在指数设计过程中必须充分体现指标（时间、空间等）间的相互关系与互补性，以及基于独立性所实现的全面性与完整性。

⑤可比性原则。除了能够对单一上市公司的治理情况做出横向对比外，还需要为不同公司间的纵向比较提供分析依据。为此，在指数设计过程中，指标的内容、数据设计口径、搜集与数理方法都能够为上市公司控制权配置指数提供可用于比较的要素。

⑥定量与定性相结合的原则。统计学中指数构建的方法有很多，需要考虑的因素繁杂，特别是像控制权配置这样直接关系企业经营决策的影响因素更为多样，不仅包括组织内部要素，而且还受到外界因素的干扰。因此，本书在上市公司控制权配置指数的设计过程中采用了定量为主、定性为辅的原则对指标进行筛选和处理。

（2）双重代理视角下的终极控制权配置指数。

作为公司治理研究领域中的重要内容，终极控制权及其配置指数涵盖了委托代理理论、控制权理论、制衡理论、社会资本理论，是统计学所重点关注的领域。通过利用公司内部治理等评价体系获取相关一手数据，同时对数据载体的各项指标承载和指代的信息加以动态化的分析和情境化的凝练，因此，围绕指数构建的终极控制权研究，既是传统公司治理水平研究的延续，又是与之存在一定差异的交叉学科。

首先，终极控制权配置指数是依据企业治理结构选定特征指标，并以此搜集相应指标的公司数据，通过对收集数据的加工处理对其进行科学合理的分类，从而实现对上市公司控制权配置真实状况的全面反映。可以说，终极控制权配置指数能够科学、全面、动态地刻画上市公司治理水平，是公司治理的重要范畴。

其次，相较于研究范畴的交叉，终极控制权配置指数构建与传统意义上围绕企业控制权及其配置的研究又存在以下不同。一方面，研究范畴存在层次化的差异，传统控制权配置分析是建立在将公司解构为由内部三层权力机构控制的组织，这既是研究对象又是研究情境，但这样的假设前提在某种意义上形成的是一种离散的、层级间相互割裂的权力配置，忽视了组织权力的整体性；相反，终极控制权配置指数在构建过程中是将上市公司组织作为一个整体展开研究，或者聚焦某种特定类型的上市公司，并将其作为独立的结构单元或个体进行数据化的衡量与评价。另一方面，在时间维度方面，传统控制权配置研究对三层权力机构的衡量是一种静态化的分析，尽管存在横向的比较，但其本质上仍是静态结构的刻画。而终极控制权配置指数无论是指标选定还是体系设计都是对公司控制权现状动态化的判断。也正是由于前两类差异的存在，终极控制权配置指数与传统的控制权配置分析的实证方法有所不同。前者通过构建指数体系评价公司治理水平，需要采用多种统计方法综合判定。而后者相对单一。

最后，尽管在假设前提、研究对象、分析视角等方面终极控制权配置指数更具先进性，但传统控制权配置分析以及委托代理等相关理论为此奠定了关键的理论基础，并在此基础上实现了深化与拓展。

3.4.1.2 终极控制权配置指数的目标、功能与作用

从控制权配置理论研究的梳理到上市公司终极指数内涵界定，都在强调构建该指数体系具有明确的研究价值和目标，即为学者和管理者提供一个能够全面、系统、定量和动态化反映放映我国上市公司控制权配置状况以及公司治理水平的评价系统。纵观现有研究，依据股权结构进行分层变量设计对公司控制权配置展开分析的范式，往往忽视了公司的系统性和各个指标间的协同。为了提升上市公司控制权配置指数的系统性，本书将借鉴耦合理论，构建一个完整的能够全面反映上市公司总体治理水平的控制权配置指数、同时能够对系统单元实施动态监控的评价指标体系。

为了实现上述研究目标，本书所要构建的上市公司控制权配置指数具有以下功能：真实反映、动态监测和科学预测，以实现对上市公司控制权配置的有效评价和实现对企业经营决策的指导。其中，真实反映是上市公司控制权配置指数的最基本功能，旨在能够如实、有效、科学地反映上市公司控制权配置的基本状况；动态监测的功能则需要体现对上市公司控制权配置时时监控，旨在构建一个能够长时间适配企业组织特征，并能够跟踪考察上市公司的控制权配置状况的动态变化的指标体系；科学预测是上市公司的控制权配置指数实践价值的体现，通过对上市公司控制权配置的跟踪监控并积累相关指标信息和指数变化，最后依据这些历史数据总结归纳变化规律，并以此预测公司内部代理问题的发展趋势与演变程度，从中发现可能影响财务决策的示警信号。

也正因为上市公司控制权配置指数具有上述功能，才能够在企业管理方面体现出重要的作用。通过长期定时披露控制权配置指数，达到对上市公司控制权配置水平、动态监控、纵横比较和实时预警的作用，准确揭示公司控制权配置情况的历史波动、现实情况和未来趋势，从而为管理者和股东监管公司内部代理问题、提高公司治理水平和经营决策效率、优化公司控制权配置提供重要的依据。

3.4.1.3 控制权配置指数体系的内容结构

上市公司控制权配置指数的核心价值在于，不仅能综合反映上市公司总体控制权配置状况，而且还能就某一类型上市公司控制权配置状况通过指数分析加以展现。因此，本书中所设计的上市公司控制权配置指数主要有以下几种类型。

（1）综合控制权配置指数。综合控制权配置指数旨在全面反映我国上市公司控制权配置的整体状况。鉴于我国可供企业自由选择的证券交易市场有上海证券交易所和深圳证券交易所两个，因而可以针对两个主体市场分别编制综合控制权配置指数，即上证控制权配置指数和深证控制权配置指数，以此分别反映上交所上市公司和深交所上市公司控制权配置的整体状况。除了针对证券交易市场归属地可以编制不同地区上市公司综合控制权配置指数外，还可以聚焦同一市场中不同板块编制更有针对性地综合控制权配置指数，例如：中小企业板控制权配置指数、创业板控制权配置指数等。综上说明，综合控制权配置指数及其分类方式旨在帮助使用者与研究者针对不同市场、不同类型上市公司的控制权配置水平进行分析和比较。以此为国家宏观调控市场制定财政金融政策提供决策依据。

（2）区域控制权配置指数。区域控制权配置指数是以上市公司归属地为划分依据，针对隶属于某一特定行政区域内上市公司所编制的控制权配置指数，以此反映该行政区域内上市公司的控制权配置的整体情况，以便于深入了解区域内上市公司的治理水平以及企业管理者的工作状况，以此为国家和区域政府制定和发布相关政策提供指导依据。

（3）行业控制权配置指数。行业控制权配置指数的研究范畴是依据上市公司主营业务所属行业进行划分，并对标的行业上市公司编制控制权配置指数。本书中所涉及的行业控制权配置指数是依据当前证监会的行业分类方法，将上市公司划分为22大类。力求为市场监管部门提供行业监管与行业调控的政策依据。鉴于本书中所探讨的问题是上市公司融资决策，因此，本书中后续仅围绕创业板上市公司展开讨论并编制相应的创业板上市公司控制权配置指数。

3.4.1.4 控制权配置指数生成的基本流程

为了能够全面、动态地监测上市公司整体控制权配置状况，需要在上市公司控制权配置指数构建过程纳入尽可能多的组织内部及外部环境相关信息与要素。可以说，上市公司控制权配置指数是一个涵盖了不同时间、不同指标、不同对象的多维管理信息系统。也正是出于指数主体范畴的差异，研究对象所造成的差异要求指数体系中不同指标无法进行简单加总，而是需要在应用科学合理方法选择指标的基础上，对各项指标搜集数据做进一步预处理。因此，上市公司控制权配置指数构建是一整套耦合要素不断建立科学联系、实现高阶功能的过程，最主要的环节包括：指标选取、权重计算与赋值、指数合成。其一，指标选取，是从研究目的出发，基于一定研究情境和相关理论基础，在借鉴融合现有研究成果的基础上，根据终极控制权配置的形成机理选择既能够充分反映机理要素的指标，又具有可行性的相对重要的指标纳入控制权配置指数体系中，并通过选定的指标反映指数所要指代的各种信息。其二，权重计算与赋值，是体现指标体系科学性的重要环节。本环节中最关键的是选择科学的方法体现出指数体系中各指标的相对重要程度，赋值越大代表该指标在上市公司整体控制权配置指数体系中越重要，越能够反映控制权配置的形成机理中对应要素的作用。其三，指数合成，是将已经选定的各项指标及其相对应的权重赋值进行科学汇总。再通过动态对比后，计算得出最终的上市公司整体控制权配置指数。

3.4.2　指标体系与设计

在计算各层面维度控制度（$CDIV$）、分离度（$DDIV$）和制衡度（$PDIV$）之前，本书分别依据股权控制链分析范式和社会资本控制链分析范式对控制权特征的度量方法，对三个层面控制权特征变量即基础指标进行界定与解释。其中，股东层涉及的指标包括终极股东"按股行权"及其显隐性关系股东所形成的综合投票表决权、两权分离度及竞争性股东形成的制衡度；董事层涉及的指标包括终极股东及其关系股东委任的董事在董事会的真实话语权、超额话语权及竞争性董事对其的制衡；经理层的指标包括终极股东及其关系股东委任或提名的经理在经理层的经营管理权、超额经营权及竞争性经理形成的制衡，细化如下。

现金流权（$CDIV_c$）：依照前述拉波尔塔对终极控制权概念的界定，现金流权指终极控制人每条控制链条上的持股比例乘积之和，现金流权越高，以现金流权为基础的控制权越高，终极股东对管理者的监督力度越大。

终极股东投票表决权（$CDIV_{s1}$）：拉波尔塔指出，上市公司年度报告中披露的终极股东每条控制链条上最低的持股比例之和即为终极股东投票权；该值越大，终极股东在股东层面的影响力越大，越容易形成控制权威。

终极股东的显性关联股东投票表决权（$CDIV_{s2}$）：借鉴魏明海等（2011）

对显性关系股东的界定，显性关联股东的投票权指终极股东的一致行动人每条控制链条上最低持股比例之和①；该值越大，对终极股东的权力叠加作用越大。

隐性关系股东投票表决权（$CDIV_{s3}$）：与显性关系股东投票权类似，$CDIV_{s3}$指隐性关系股东每条控制链条上最低持股比例之和②；由于共同创业、同窗等情感使得其与终极股东利益一致，是终极股东的幕后支持者，同时使得终极股东的隐蔽性更强，强化了终极股东的实际控制权。

第一大股东持股比例（$CDIV_{s4}$）：上市公司控股股东及其关联大股东持股比例之和③；持股比例越高，股权越集中，对管理层的监督力度越强，同时越容易形成"一言堂"局面。

十大股东持股比例（$CDIV_{s5}$）：年报中披露的前十大股东持股比例之和；

终极股东委任非独董比例（$CDIV_{d1}$）：终极股东委派非独董席位占董事规模比重；该值越大，终极股东在董事会中的话语权越大，董事会越代表终极股东的利益。

显性关联股东委任非独董比例（$CDIV_{d2}$）：终极股东的一致行动人等委派非独董席位占董事规模比重，代表终极股东利益；该值越大，对终极股东在董事会中的话语权叠加作用越大。

隐性关系股东委任非独董比例（$CDIV_{d3}$）：隐性关系股东委派非独董席位占董事规模比重，代表终极股东的利益，隐性关系董事放大了终极股东在董事会的权力空间，容易使董事会失去独立性。

终极股东提名独董比例（$CDIV_{d4}$）：终极股东或控股股东提名独董占董事席位比重④；比例越高，董事会独立性越差，越容易被终极股东掌控。

内部升迁董事（$CDIV_{d5}$）：董事会中任职三年及以上非关联董事成员比重⑤；任职时间越久，感情积淀越深，越容易与终极股东利益一致，属于社会资本。

非关联股东委任非独董（$CDIV_{d6}$）：前十大非关联股东委派非独董席位占董事规模比重，代表非关联股东的利益。该值越大，其他董事的制衡力越强，

---

① 若报告中披露譬如存在终极控股股东的配偶、亲属关系等，但是并未列入实际控制人名单中，则称为显性关联股东。

② 如十大股东中的共同发起人、自公司成立就加入公司的股东。

③ 此处指上市公司的第一大股东及前十大股东中的一致行动人。

④ 由于我国缺乏专口的独立董事提名机构，使得独立董事的提名权容易被控股股东掌控，并丧失独立性。

⑤ 自公司成立起一直或断续担任职务并晋升董事或担任董事达到三年以上，与终极股东或大股东情感较深。

终极股东自由支配的权力越小。

非关联股东提名独董比重（$CDIV_{d7}$）：前十大非关联股东提名独董占董事规模比重；与非关联股东利益一致，与终极股东利益不同，并形成制衡。

非提名独董比例（$CDIV_{d8}$）：非提名独董占董事规模比重；该值越大，董事会独立性越强，对中小投资者保护力度越大。

终极股东经营控制权（$CDIV_{m1}$）：终极股东委任经理比重与经理地位评分的加权平均①；委任经理数量越多，地位越高，终极股东对经营管理权的掌控权力越大，经营决策越代表终极股东的利益。

显性关系股东经营控制权（$CDIV_{m2}$）：一致行动人等委任经理占经理团队比重与经理地位评分的加权平均，代表终极股东的利益。

隐性关系股东经营控制权（$CDIV_{m3}$）：隐性关系股东委任经理占经理团队比重与经理地位评分的加权平均，对终极股东的经营决策权具有支持作用。

控制链长度（$CDIV_{m4}$）：最终控制人与公司之间的最长控制链条中所包含的公司个数，控制链长度越长，终极股东在经理层的权力越小。

内部升迁经理（$CDIV_{m5}$）：任职三年及以上非关联经理人占经理团队比重，与公司终极股东感情深厚，利益趋向一致，属于终极股东的社会资本。

非关联股东经营控制权（$CDIV_{m6}$）：非关联股东委任经理比重与经理地位评分的加权平均，该值越大，对终极股东的制衡越强。

基于上述指标，依据实质重于形式原则对各层面维度计算如下。

股东层：

$$CDIV_s = f(CDIV_{s1}, CDIV_{s2}, CDIV_{s3}) \tag{3 - 1}$$

$$DDIV_s = CDIV_s - CDIV_c \tag{3 - 2}$$

$$PDIV_s = (CDIV_{s5} - CDIV_{s4} - CDIV_{s3})/(CDIV_{s3} + CDIV_{s4}) \tag{3 - 3}$$

董事层：

$$CDIV_d = f(CDIV_{d1}, CDIV_{d2}, CDIV_{d3}, CDIV_{d4}, CDIV_{d5}) \tag{3 - 4}$$

$$DDIV_d = CDIV_d - CDIV_c② \tag{3 - 5}$$

$$PDIV_d = f(CDIV_{d6}, CDIV_{d7}, CDIV_{d8})/CDIV_d \tag{3 - 6}$$

经理层：

---

①　经理团队中不同职位的经理地位不同，在征询专家老师及相关高管人员意见的基础上，为 CEO 地位赋值 1，CFO 赋值 0.8，CIO 及 COO 赋值 0.6，其他经理人员赋值 0.5。

②　原则上，股东派董事比例应以其持股比例为标准，但现实往往是实际委派董事比例与其持股比例不匹配，差额称为偏离度，下文经理层偏离度的计算原理与之相同。

$$CDIV_m = f(CDIV_{m1}, CDIV_{m2}, CDIV_{m3}, CDIV_{m4}, CDIV_{m5}) \qquad (3-7)$$

$$DDIV_m = CDIV_m - CDIV_c \qquad (3-8)$$

$$PDIV_m = CDIV_{m6}/CDIV_m \qquad (3-9)$$

3.4.3　数据选取与处理

3.4.3.1　数据选取

本书选取 2010~2017 年创业板上市公司为研究样本，所用全部数据由课题组成员通过手工搜集 Wind 资讯的公司年度报告及招股说明书得到，工作量及难度相当之大，耗费了大量的时间和精力。数据处理与分析采用 Excel 2007、AMOS21.0 及 SPSS19.0 完成。

为确保研究的有效性，对初始样本按以下标准筛选：①剔除金融类、ST 类及数据缺失的上市公司；②剔除当年上市的公司，因当年上市的公司控制权配置未必稳定；③剔除当年控制权发生转移的公司；④对异常值进行核实，若无法查证，予以删除。最终得到 2481 个样本。

3.4.3.2　数据预处理

为了提升终极股东控制权配置指数外部效度，数据挖掘的效果至关重要。为此，本书针对数据可能存在的不完整、含噪声、不一致等问题对数据进行预处理，以降低人为与系统误差对研究结果造成的干扰。基于此，本书遵循样本数据完整性和准确性原则对数据进行审核。首先，检查样本框内是否有遗漏上市公司，指标是否齐全；其次，检查指标数据是否存在错误，计算是否错误。鉴于本书的研究数据均是从创业板上市公司报表中手工筛选摘录，因此，数据准确性误差仅来自人工录入误差与异常值，而完整性误差也主要是由于缺失值造成。因此，本书对数据预处理主要分以下两步完成。

第一步，课题组采用人工法对样本框内创业板上市公司已录入数据进行分组回检，以保证人工录入数据的准确性，同时检验并标注缺失数据。针对异常值进行标注和整合，再次核实仍存在异常的情况则直接剔除该公司样本，最终得到有效数据上市公司 2481 家。

第二步，为了保证数据完整性需要对筛选后的 2481 家准确数据缺失值进行处理。鉴于本书样本数据缺失数据仅为 2.56%。考虑到样本缺失数据存在较为显著的随机性，因此本书采用最为常见的均值替代法，即在不剔除样本的情况下采用该指标样本均值替代对应确实指标值，最终有效数据仍为 2481 家创业板上市公司。

3.4.4　指数构建

通过上述理论分析，终极股东控制权配置指数是一个多层次、多维度的指数体系。首先，股东层、董事层及经理层构成了终极股东控制权指数的权利层次；其次，在股东层、董事层及经理层中又需要从控制度、制衡度和分离度三个方面加以判断，因此，不能通过指标简单加总计算得出。基于此，本书在回溯终极股东控制权形成机理相关研究结论及设计逻辑（如图 3 - 4 所示）的基础上，采用 CFA 验证性因子分析法对终极股东控制权配置指数进行权重分析，具体步骤如下。

第一步，利用 Amos 21.0 软件对股东层、董事层及经理层控制度及董事层的制衡度各指标数据进行路径分析，以此对指标体系中显变量指标数值进行赋值分析。其中，股东层、董事层及经理层控制度（$CDIV_s$、$CDIV_d$、$CDIV_m$）以及董事层的制衡度（$PDIV_d$）的路径输出结果详见计算机输出截图 3 - 5，模型拟合结果详见表 3 - 4。依据模型拟合优度指标阈值判断标准图 3 - 4 中股东层、董事层及经理层控制度及董事层的制衡度模型均通过检验并作为指标体系中该变量赋值依据。

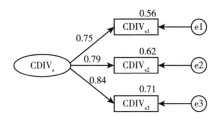

图 3 - 5a　股东层控制度模型路径系数

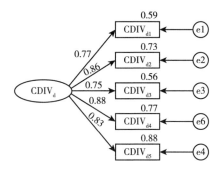

图 3 - 5b　董事层控制度模型路径系数

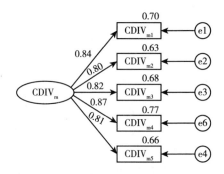

图 3 - 5c   经理层控制度模型路径系数

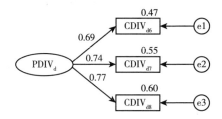

图 3 - 5d   董事层制衡度模型路径系数

表 3 - 4   验证性因子分析模型拟合指标

拟合指标	χ^2/df	GFI	AGFI	IFI	CFI	RMSEA
股东层控制度模型	2.079	0.913	0.905	0.921	0.914	0.060
董事层控制度模型	2.331	0.922	0.914	0.930	0.923	0.071
经理层控制度模型	2.680	0.905	0.897	0.913	0.906	0.059
董事层制衡度模型	1.979	0.928	0.920	0.936	0.929	0.051
阈值	2 - 5	0.900				0.080

第二步，依据上步实证结果在获取本书式（3 - 1）、式（3 - 4）、式（3 - 6）、式（3 - 7）中各变量权重系数的基础上，对终极控制权指数体系进行整体分析。实证研究方法仍采用 CFA 验证性因子分析法对三个层面的控制度及董事层的制衡度进行权重分析。首先，采用 SPSS17.0 软件对样本数据进行巴特利球度检验和抽样适合性（KMO）检验，计算机输出结果详见表 3 - 5，结果显示样本数据适合进行因子分析。其次，为了获得终极股东控制权指数体系中各个指标的权重系数，本书继续采用 Amos 21.0 软件对图 3 - 4 模型的指标路径系数进行实证分析，模型结果详见计算机输出截图 3 - 6，模型拟合指标详见表 3 - 6。依据结构方程模型拟合优度检验标准，该模型拟合结果较好，因此，能够用于终极股东控制权指数体系中各个指标权重系数的标定。最后，

依据图 3-6 中模型路径系数,对标准化路径系数进行归一化处理,进而构建终极股东控制权配置指数如下:

$$P = 0.1760CDIV_s - 0.1056PDIV_s + 0.1584DDIV_s + 0.0726CDIV_d -$$
$$0.0792PDIV_d + 0.0682DDIV_d + 0.1292CDIV_m - 0.1020PDIV_m +$$
$$0.1088DDIV_m \qquad\qquad (3-10)$$

表 3-5　　　　　　　巴特利球度检验和 KMO 检验结果

取样足够度的 Kaiser-Meyer-Olkin 度量		0.774
Bartlett 的球形度检验	近似卡方	5332.489
	df	229
	Sig.	0.000

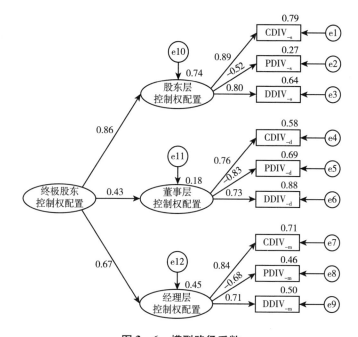

图 3-6　模型路径系数

表 3-6　　　　　　　验证性因子分析模型拟合指标

拟合指标	χ^2/df	GFI	AGFI	IFI	CFI	RMSEA
拟合结果	2.977	0.903	0.885	0.910	0.907	0.073
阈值	2~5	0.900				0.080

从图 3-6 中可以看到,各层面的控制度及分离度的路径系数均为正值,

而制衡度的路径系数为负值，且股东层和经理层的控制度及分离度的路径系数均大于制衡度的路径系数，说明这两个层面中终极股东的控制强度及超额权力配置对其综合权力具有促进作用，而制衡度对其综合权力具有负向效应且仅能起到部分弱化作用；但对于董事层面而言，制衡度的路径系数却明显大于控制度和分离度，终极股东在董事层的综合权力会因董事会的制衡度而大大削弱，这与我国上市公司独立董事制度的推行具有一致性，并且与法玛和詹森关于决策控制与决策经营分离的客观需要要求相吻合。另外，从终极股东控制权配置综合指数的构成来看，股东层的权力配置明显占优，肯定了股东大会投票表决权的先决地位；而经理层的路径系数远大于董事层则体现了经营控制权的重要地位，掌握经营控制权同时意味着掌握了公司的财务决策及其运行。除此之外，路径系数的大小、符号以及各指标之间的动态关系和匹配性也可作为我们优化控制权配置、预测和防止控制权旁落的依据。

3.5   本章小结

本章在拉波尔塔和高闶对控制权和终极控制权界定的基础上，通过对简单案例追踪分析，明确了本书中终极股东控制权的内涵和外延，并据此详细地对终极股东控制权的来源与本质进行剖析，确定其依托股权和社会资本实现全面控制的权力属性及其对公司利益冲突的显性支配和隐性支配。基于现代公司层层赋权的经营方式，终极股东往往将其控制权配置给股东大会、董事会及经理层，并分别授权三层权力机构于剩余控制权、决策监督权及经营管理权，而自身保留最终决策权。为获得全面控制权，终极股东又会通过动用关系股东、委派董事、提名经理的方式分别控制股东大会、董事会和经理层。由于股东间的异质性，终极股东与非终极股东关系股东存在利益冲突，控制度和分离度被释义为终极股东权力大小及价值取向的代码，需要引入竞争性股东以形成制衡和约束，但制衡存在的必要性和制衡力量的大小却取决于控制度和分离度。因此，终极股东在各层面的控制度、制衡度和分离度的匹配性成为评价公司控制权配置合理性的依据。为此，本章节在理论分析的基础上构建指标体系，对数据进行筛选和预处理，并利用相关统计软件对数据进行验证性因子分析，进而获得指标权重系数，以此构建权力金字塔下的终极控制权配置指数，旨在还原公司控制权配置真实情况的同时，为评价与优化控制权配置提供靶向指导。

第4章

创业板上市公司再融资现状
及其与控制权配置的关系

4.1 创业板上市公司再融资现状及特征

4.1.1 再融资相关概念及主要方式

融资、投资和股利分配被称为现代公司的三大财务活动，其中，融资是企业开展其他经营活动的先导，是公司持续经营发展的动力源泉，在公司经营管理及财务活动中居于核心地位，根据资金来源渠道分为内源融资和外源融资两大类。

内源融资指经济主体或组织进行投资活动时，使用内部储蓄满足资金需求，包括经营活动积累的留存收益及计提折旧。外源融资指经济主体或组织使用外部储蓄满足投资活动所需资金，包括通过借助金融机构取得的银行借款、首次公开发行股票、配股、公开增发、非公开发行、发行可转债、发行债券和融资租赁等诸多方式。由此可见，内源融资由于受制于公司内部积累，可筹资规模不大，对投资等经营活动的支持非常有限。当公司内源融资不足以缓解公司融资约束，无法满足投资所需时，外源融资的支持就显得异常重要，且能为公司提供更大的融资空间，外源融资顺理成章地成为公司融资所需的主要渠道，同时也成为学术界探究的热点。

根据理论界普遍认可的标准，外源融资包括股权融资、债权融资和混合型融资三种主要类型。其中，股权融资指公司通过留存收益转增资本或发行股份出让所有权取得所需资金的直接融资方式，股权融资不需要偿还，通常形成权益资本，具有永久性，实务中分为首次股权融资 IPO 和再次股权融资 SEO，并将公司 IPO 后的配股、公开发行、非公开发行统称为股权再融资。债权融资指公司借助金融机构等方式向银行贷款取得资金的间接融资方式和通过发行债券取得资金的直接融资方式，并根据债权期限分为长期债权和短期债权，包括公司债、短期融资券、中期票据、资产支持证券、信用贷款、长短期银行借款、股权质押及融资租赁等，尤其是 2017 年再融资新规后，债券市场的快速发展逐渐衍生出了更多的创新融资方式。与股权融资不同，债权融资的显著特性是需要到期偿还本金和利息，对公司而言风险性较高，且短期债权的风险高于长期债权，因而长期以来，中国上市公司存在强烈的股权融资偏好。近些年来，市场上逐渐流行的可转换债券融资属于混合型融资，即其同时具备债权和股权的性质，具体指债券持有人可以按照发行时双方约定的价格将债券转换成公司普通股票的债券，当股市行情不乐观时，债券持有人自主决定不转换为股票，债券持有人具有到期收取本金和利益的权利以及公司有偿还本金和利息的义务；当股市行情较好时，债券持有人自主决定行使转换权，公司不得拒绝，此时债券持有人收取本息的权利和公司偿还债务的义务关系解除，其实质属于降低债权人风险，保护债权持有人的一种融资方式，因此，可转换债券利率一般低于普通债券利率。综上可知，公司融资渠道多样，按照不同的标准可以划分为不同类型，同一融资方式也可归为不同类型，如图 4-1 所示。

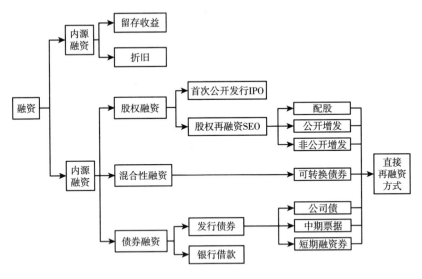

图 4-1　主要融资方式

前面提及，公司股权融资有首次股权融资和再次股权融资。对公司而言，IPO 是公司首次通过公开发行股票募集资金并上市，同时具备配股等其他股权融资的资格，因此，公司再融资是相对首次融资而言的。换言之，再融资是公司首次公开发行股票成功后，再次通过其他股权融资方式和债权融资方式募集资金的方式，学术界将其称为股权再融资和债权再融资。IPO 后，上市公司仍可以选择银行贷款进行融资，且我国商业银行在金融体系中的主导地位决定了银行借款在债权融资规模中的比重，但由于几乎所有的企业都可以获取长短期银行贷款，而对其他融资方式的选择则需要结合企业实际情况综合考虑，将银行贷款的规模和次数纳入债权融资体系进而比较公司对各债权融资方式和股权融资方式的选择原因和偏好，有失偏颇且意义不大。因此，结合本书研究对象与实务经验，暂不予考虑银行贷款融资。那么，研究所指再融资方式包括配股、公开增发和非公开增发等股权再融资方式和囊括公司债、中期票据和短期融资券的债权再融资方式，实际上本书仅探讨了直接再融资方式。

4.1.1.1 配股方式

通过股配方式进行融资是上市公司最早的融资方式，其是指上市公司根据自身经营发展所需资金数额，以现有股东所持股份数额为基础，按照一定比例、一定价格向公司原有股东配发股份的筹资方式，其实质是保障公司原有股东增持股份的优先权益。按照配售股东身份的不同，配股可以分为社会公众股、法人股和国家股。我们知道，配股的显著特点之一是同比例认购，因此，配股前和配股后股东所持公司股份比例并不会发生改变，区别在于公司的总股本和总资产增大，增大的股本和资产来源可以是真金白银，可以是房屋、机器设备等实物，也可以是技术、知识等无形资产，而不同类型的股东认购方式也不同，并不是所有股东都可以采用上述三种方式，通常情况下，只有法人或者国家才可以采用上述三种方式，一般的社会公众只采用现金认购新股。同时，相较于其他筹资方式，配股并不增加新的股东，因而不涉及新成员与老成员之间的利益分配，自然也就避免了机会主义行为和道德风险。正是这种优势，配股一经推出，就成为上市公司最为热衷的融资方式。

那么，配股时如何吸引股东认购？换句话说，上市公司如何确保配股发行成功，这依然要回到如何使得配股股东利益最大化的问题上。不难理解，促使理性经济人投资的首要前提就是收益大、风险小，这显然与正常投资的目的一致。对于股东来说，由于未来股票价格并不确定，那么如何用一定量的资金拿到更多股份和如何用最小的资金拿到最多的股份就成为配股股东的首要认购前提。基于此，上市公司通常采用折价方式发行新股，即按照宣告发行新股市价的一定百分比来确定发行价格，这也成为配股的特点之一。由于配股是在公司原有股权结构的基础上同比例增加股份的，因此，配股后公司的控制权结构并不会发生改变，一定程度上确保了公司的稳定。然而，配股也不是完美无缺，一方面，由于其向原股东配售，股东缺乏自由选择的权利，有强买强卖之嫌；

另一方面，由于我国国有股所有者缺位，多数情况下并不认购，这使得上市公司在"30%"① 筹资条件的制约下缩减了筹资总额，有损于中小股东的利益。

4.1.1.2　公开增发方式

中国资本市场采用公开增发进行融资可追溯至 1998 年，最早是为了缓解企业在资产重组中遇到的困难，因此中国上市公司早期的公开增发带有一定的政策倾斜，这与西方国家作为普通的融资方式不同，但仍比前面提到的配股融资方式更加市场化，其是指上市公司根据自身资金需要，在符合公开增发条件的前提下，以原有股本为基础，向包括原有股东在内的全体社会公众公开发行股票的行为。由此看来，公开增发与配股在本质上并无区别，然而由于公开增发涉及新股东与老股东，牵扯新老股东的利益平衡关系，增发后公司的利益关系更加复杂。这是因为公开增发引入新股东，稀释了老股东的股权比例，公司的控制权结构势必会发生变化，因此公司为确保公开增发融资成功，往往给予老股东优先认购权。同时，相对于配股，政策对公开增发更为宽松，约束条件更少，且公开增发的可融资规模较大，因此公开增发一经推出，就成为上市公司广泛采用的融资工具。与配股的发行折价特点类似，公开增发也往往采用折价形式，但不得低于公告招股意向书前 20 个交易日公司股票均价或前一个交易日的均价，这也使得其更加符合市场化原则。然而，正是这种高度的市场化容易引发金融风险。尤其是在增发价格较高的情况下，申购资金的增加导致资金使用效率降低，市场扩容增大引发资本市场震荡。

由此来看，公开发行融资之所以很快被接受且推崇，主要是因为其融资约束条件更少，可融资规模更大，而这与政策的支持是分不开的，同时可引入机构投资者等外部股东，优化公司的股权结构，促进公司的健康发展。但公开增发方式的缺陷也是不容忽视的，为避免资金浪费，融资审批必须紧密结合融资目的。

4.1.1.3　非公开增发方式

非公开发行也叫定向增发。顾名思义，其发行对象为定向的，这是与公开增发的最大不同之处，通常也称为私募。由于其发行不面向社会公众，因而其发行人数和对象就有了限制。一般规定，发行对象不得超过 10 人，包括大股东及其关联方，由于这些特定的投资者与公司有着千丝万缕的关系，因而为避免机会主义行为和道德风险，规定发行价格不得低于股票价格的 90%，并设

---

① 证监会规定配股发行股份总数，不得超过该公司前一次发行并募足股份后其股份总数的。

定一定的禁售期，即增发完成后的 12 个月内不得转让，而对于大股东来说，更是规定了 36 个月的禁售期，这大大降低了认购者利用股价和盈余操纵获利的动机。同时，为避免滥用资金，定向增发融资用途还需要符合国家产业政策。然而，由于定向增发对公司盈利无特殊要求，盈利与否都可以申请融资，这使得 2006 年至今，定向增发融资次数与规模大幅上涨，更是在 2016 年达到巅峰，这与政策的引导和融资特点是分不开的，主要包括以下三点。

第一，无盈利要求，门槛低。《上市公司证券发行管理办法》规定，通过定向增发进行再融资的上市公司不需要达到公开增发融资的盈利要求，即最近 3 个会计年度加权平均净资产收益率平均不低于 6%。正是由于财务指标的软约束，小公司及亏损公司也可以采用定向增发进行融资，而且不需要进行公开增发的一系列程序，大大缩短了增发的周期，操作简便，且由于不需要像公开增发一样聘请承销机构，大大降低了发行费用。

第二，定价灵活。在 2017 年定向增发新规之前，《上市公司证券发行管理办法》规定的定向增发价格应不低于定价基准日前 20 个交易日公司股票均价的 90%，且定价基准日较为灵活，可以是股东大会决议日，也可以是董事会决议公告日，这使得定价方式较为灵活，确保了大股东以及风险承受能力较强的机构投资者等以较高价格为上市公司输送资金、缓解财务困难。但这种灵活却也为上市公司选择更为"合适"的定价日埋下伏笔。之所以这么说，是因为大股东不仅能够为上市公司输血，更能利用其控制权优势从上市公司抽血，也即利益掏空行为，而这类的案例已经不胜枚举。正是由于定价的这种弊端，2017 年再融资新规对定价进行了重新规定，大大缩小了操作空间，保护了广大中小投资者利益。

第三，审核程序简单。基于定向增发一级市场发行且存在 12 个月或 36 个月禁售期的发行特点，上市公司增发后不会立即引起二级市场的扩容，对二级市场的冲击较小。通常情况下，大股东认购定向增发新股意味着公司的成长性较高，前景较为乐观，因而宣告后股价往往上涨，此时若不限制禁售期，容易导致认购者抛售股票获取差价，加之中小投资者的跟风与模仿行为，容易造成股市震荡。因此，在定向参与人且其长期持有股票的情况下，定向增发意味着公司股价的长期稳定，也因此容易获得证监会的支持。

4.1.1.4　公司债券

从字面意思来讲，公司债券是一种债务，因而符合银行借款等债务的一般特点。其与银行借款的显著不同是，公司债券是公司和所有债券持有人之间的契约关系，而银行借款只是公司与银行之间的借贷关系。我国公司债券起步较晚，于 2007 年才正式颁布《公司债券发行试点办法》，并规定了发行主体只能是股份有限责任公司，且公司债券的发行必须经过相关信用评级，这点与银行借款有相似之处，但信用评级更为严格，需要经过专门从事证券服务业务资格的信用评级机构认定。据此，我们可以总结出公司债券的一般含义：符合一定信用评级的股份制公司所发行的一种具有债权债务契约关系的证券，该证券要求在未来约定的时间内，债券持有人按照事先规定的利率收取利息，并有权利要求公司按期偿还本金，其实质是一种凭证。它的出现推动了我国资本市场的发展，对于调整公司资本结构、拓宽融资渠道、缓解融资约束、强化公司内部治理及完善资本市场功能都功不可没。有关数据显示，自 2007 年第一只债券发行距今，无论是融资规模还是次数，公司债券都增速较快，逐渐成为上市公司扩大再生产资金的重要来源。

实务中，债券发行不仅可以是公司，也可以是企业，因而债券也存在公司债券和企业债券，前文述及，公司债券是股份制公司发行的，但企业债券不同，企业债券的发行主体是非上市公司，二者都需要在一定期限偿还本金，支付利息。基于债务的一般性质，很多学者并不对二者加以区分，而是统称为企业债券。本书认为，二者差距较大，我们在实际分析中应该加以区分。这是因为：其一，发行时间不同，企业债券发行较早，而公司债券是在 2007 年明确的；其二，发行主体不同，公司债券的发行者为股份有限责任公司，而企业债券为非上市公司；其三，审批机构不同，公司债券的审批机构是中国证监会，而企业债券审批机构是国家发改委，基于此，在本书的实证部分主要考察公司债券。

4.1.1.5　短期融资券

短期融资券也称为商业票据，其主要特点在于"短期"，目的是拓宽非金融企业的直接融资渠道、缓解融资约束。其发行依据为 2005 年中国人民银行颁布的《短期融资券管理办法》，该办法规定非金融企业在满足发行条件的前提下，可以按照发行程序，在银行间债券市场向机构投资者发行短期融资券，并按照约定期限（1 年以内）归还本金、支付利息。同时，发行短期融资券还需要对发行、交易、兑付、托管、结算、登记、信息披露以及监督管理等事项进行明确。其发行条件为：第一，一个会计年度盈利，保证有稳定的偿债资金来源；第二，流动性较好，具有到期偿还本息的能力；第三，筹集资金用于本企业生产经营；第四，无违法乱纪情形；第五，近 3 年发行融资券无延迟支付本息的情形；第六，内部管理体系健全；第七，待偿还债券余额不超过企业净资产的 40%。由于其无须抵押，用信用担保，因而门槛较低，发行流程简单，是公司债务融资的主要补充方式。虽然 2008 年的"福禧事件"曾一度让短期融资券低迷,但是自 2009 年以来,短期融资券发展迅速,逐渐成为我国企业债权融资的一个重要渠道,有效推动了我国企业债务融资工具的多元化进程。

4.1.1.6 中期票据

中期票据是一种具有独特性质的公司债务工具,期限介于公司债券和短期融资券之间,有 9 个月到 1 年的,还有 18 个月到 2 年的,更有不超过 30 年的,该票据对银行中期借款具有明显替代效应,国外中期票据起源较早,而国内是 2008 年正式将中期票据纳入管理范畴,其依据为《银行间债券市场非金融企业债务融资工具管理办法》。该办法规定,具有法人资格的非金融企业可以在银行间债券市场发行一定期限(1 年以上)的中期票据,并按照约定在一定期限内还本付息。

由于中期票据是量身定制金融产品的重要载体,这就意味着金融中介机构的角色不可小觑。虽然中期票据的主要作用是为非金融企业提供资金支持,但中期票据发展的则是金融部门,包括投资银行和其他金融中介,当然更离不开各种规章制度的引导和规范,如中国银行市场间交易商协会颁布的《银行间债券市场非金融企业债务融资工具注册规则》及《银行间债券市场中期票据业务指引》等部门规章,他们共同推动了中期票据市场的发展,便利了企业融资,并为投资者提供了各种形式的量体裁衣式的投资工具。其主要优势为:其一,一次注册,分期发行,发行方式灵活;其二,传递企业良好的信誉;其三,比同期贷款利率低。

据有关资料显示,仅 2008 年中期票据正式推出一年的时间,中国核工业集团公司等 24 家企业就发行了 39 只中期票据,融资规模高达 1672 亿元,远超当年 IPO 融资总额度。而在 2018 年当年,我国共有 761 家企业累计公开发行 1400 期,同比增长 55.56%,发行规模高达 16799.35 亿元,同比增长 63.38%,由此可见,中期票据发展之迅速,对促进银行脱媒、提高金融市场整体效率、通过市场化解金融风险以及资本市场资源配置具有重要意义。

4.1.1.7 可转换债券

可转换债券是可转换公司债券的简称,是指发行主体按照法定程序公开发行的、在未来某一时期能够转换为发行债券公司的股票,其转换比率一般会在发行时确定的一种有价证券。从定义可以看出,可转换债券不仅是一种债券,而且还具备股票的特征,是一种混合性债券。可转换债券具有三个特征。其一,债权性,可转换债券与其他债券一样,需要按期偿还本金和利息。其二,股权性,可转换债券在转股之前属于债券,但在转股之后就有了股权的性质,债券持有人也由债权人变为股东，可以参与经营决策和分红，同时还会改变公司的股权结构和资本结构。其三，可转换性，可转换性决定了可转换债券由债到股的特点，是债券持有人依据约定的条件将债券转换成股票的权利。这项权利也是可转换债券有别于其他债券的权利，是其他类型的债券所不具备的，发行公司不得随意取消。由此可知，可转换债券要比一般债券复杂得多，其复杂主要体现为转股节点上。因此，可转换债券究竟什么时候是债券，什么时候是股票，什么时候可以转股，这都与可转换债券的基本要素有关。一般来说，可转换债券包括五项要素。其一，有效期限和转换期限，与一般债券相同，可转换债券的有效期限是指债券从发行之日起至偿清本息之日止的存续期间，转换期限则是指可转换债券由债转换为普通股票的起始日至结束日的期间。其二，股票利率或者股息率，可转换公司债券的票面利率是指可转换债券作为一种债券时的票面利率，发行人根据当前市场利率水平、公司债券资信等级和发行条款确定，一般低于相同条件的不可转换债券。可转换公司债券应半年或 1 年付息 1 次，到期后 5 个工作日内应偿还未转股债券的本金及最后 1 期利息。其三，转换比例或者转换价格，转换比例是指一定面额的可转换债券能够转换为多少普通股，转换价格及为债券转换为股票的价格。其四，赎回条款与回售条款，这项要素是针对发行人而言的，指债券发行人在发行后一定时间后，可以按照规定提前赎回未到期的发行在外的可转换公司债券。其五，转换价格修正条款，它是指发行公司在发行可转换债券后，由于公司尚未送股、配股、增发股票、分立、合并、拆细及其他原因导致发行人股份发生变动，引起公司股票名义价格下降时而对转换价格所做的必要调整。

可转换债券的发展离不开相关政策的支持，我国于 1996 年开始可转换债券的发行试点工作，紧接着于 1997 年、2001 年先后颁布了《可转换公司债券管理暂行办法》和《上市公司发行可转换公司债券实施办法》，不仅使得可转换债券有据可依，而且极大地促进了可转换债券的发展。相比于其他债券，可转换债券的优势表现为两方面：一方面，可转换债券的持有人能自主决定是否转股，成为股东，如果转股，则降低了偿还本金的压力；另一方面，相较于其他类型债券，可转换债券的利率要更低，能够减缓发行人的利息压力，降低发行人的资金成本。需要说明的是，尽管可转换债券属于债券的一种，但是其最终能够转换成股票，而大多数实证文献将其归纳为股权融资方式，本书将其作为混合性融资单独列示。

4.1.2 创业板上市公司融资结构现状及特征

相较于成熟市场上市公司的资本结构，我国上市公司的融资结构呈现出长期负债比重偏低、权益资本比重偏高及杠杆水平较低的特性，甚至相对国内非上市公司，未上市公司股东及经理人具有最大程度争取与创造机会通过 IPO 上市的强烈动机，并具有利用上市红利进行公开发行新股和非公开发行新股等股权再融资的强烈意愿，致使我国上市公司融资方式选择与西方融资优序理论相悖，表现出不同的股权融资偏好。尤其是创业板上市公司，定向增发几乎是唯一的股权再融资方式，尤其在 2014 年至今，定向增发规模都远超过企业债、中期票据及短期融资券等债权再融资规模总和，成为公司最主要的融资方式。这是由于 2014 年证监会颁布《创业板上市公司证券发行管理暂行办法》以及配套颁布的各项准则，不仅为创业板上市公司再融资提供了制度依据，拓宽了融资渠道，而且适应创业板的特点，降低了非公开发行准入门槛，对融资效率的提高及融资成本的降低有极大的帮助，极大地促进了非公开发行的繁荣。然而，上市公司定向增发融资的"示范效应"所带来的并非资本市场回报率的增长，相反，表现出盲目性、跟风与"圈钱"，融资需求与融资目的相分离，致使公司股价长期表现弱势，投资者利益受损，而这不仅与融资制度有关，而且更与定向增发自身的特性及公司治理密切相关。2017 年再融资新规、减持新规及 2018 年资本市场融资乱象再次为这种融资倾向的盲目性提供了证据，也为我们探究融资方式选择偏好的内在原因提供了现实素材。

4.1.2.1　再融资方式分布

创业板成立于 2009 年，自 2011 年便逐渐开始进行再融资募集所需资金，图 4 - 2 呈现了创业板成立以来的股权再融资及债权再融资规模及分布。从图 4 - 2 可知，2011～2017 年创业板上市公司主要存在三种融资方式：定向增发、可转债及债权再融资，尤其是定向增发规模及次数逐渐增多，且在 2016 年增速达到 87.05%，成为定向增发的爆发年，也为 2017 年再融资新规及 2018 年融资乱象埋下伏笔。虽然 2017 年再融资新规及减持新规使得定向增发增速有所下降，但也达到了 29.37%。相较而言，债权再融资在 2011～2017 年也发展迅速，其中，2013 年之前，债权再融资远超过股权再融资规模，体现了我国债权市场的迅速发展及政策支持红利，但创业板上市公司的杠杆水平依然较低。然而，在 2014～2017 年，融资偏好发生反转，股权再融资规模远超过债权再融资，这也是我国创业板上市公司融资偏好与西方融资方式选择理论的最大背离之处。尤其是 2016～2017 年，虽债权融资规模相较于之前得到了大幅提升，优化了公司资本结构，但这依然未扭转创业板上市公司股权再融资偏好的现状，其主要原因是以定向增发为主的股权融资方式门槛较低，风险较低，股权融资的便利性使得上市公司再融资方式的选择不仅容易受政策指引，而且容易产生从众与盲目性，致使股权再融资一路飙升，甚至引发过度融资、融资资金利用率低的后果。

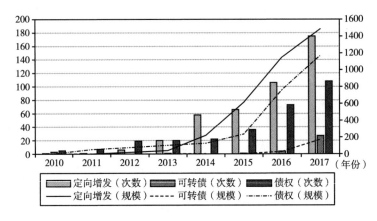

图 4 - 2　再融资方式分布情况

而在创业板上市公司股权再融资的快速发展中，定向增发又成为几乎唯一的融资方式，不仅没有配股和公开增发，而且可转债的次数与规模也较小，在2013 年、2015 年和 2016 年仅出现 1 次、1 次和 4 次，但在 2017 年达到 27 次，说明再融资新规及减持新规后，可转债突飞猛进、异军突起，得以迅速发展，同时公司债等债权融资也得到了发展，不仅体现了再融资政策的积极作用，而且也体现了资本市场的完善性。

总体来看，资本市场的完善发展推动了我国创业板上市公司融资规模的增大，尤其是再融资政策的不断完善，使得融资方式趋向多元化和均衡化发展，可转债及债权融资规模的增大使得资本结构不断改善，同时对公司治理效率的改善也大有裨益。

4.1.2.2　资本结构

上述融资方式的分布体现了近年来创业板上市公司对股权再融资的偏好，但这种偏好却也导致了资本结构的不合理，使得公司资产负债率水平偏低，无法体现负债的治理作用和杠杆作用。为直观呈现创业板上市公司的融资结构现状，本书利用 Wind 资讯数据库中 2010～2017 年我国创业板上市公司的基本财务数据，对初始样本按照下列标准进行筛选。其一，剔除金融类上市公司，金融类上市公司的会计制度和财务报告制度与工业企业等存在明显区别，其收入支出形式较为特殊，并使得自身财务杠杆水平显著偏高，与工业企业不具备可比性。其二，剔除 ST 类、PT 公司，这类公司自身经营状况较差，存在财务危机，已达到资不抵债，因而资产负债率都已超过 1，会对其他正常经营状况公司的杠杆水平造成影响。其三，剔除数据缺失样本。通过上述数据筛选与处理，并运用描述性统计分析方法，进而归纳总结我国创业板上市公司的融资特征。

表 4 - 1 列示了创业板上市公司 2010 ~ 2017 年融资结构情况。从表中可知，创业板上市公司年度平均资产负债率在 13.19% ~ 32.08%，平均在 24.39%，呈现逐渐上升趋势，是对我国政策引导、扶持与资本市场不断发展的肯定。同时，在负债结构中，除 2016 年以外，非流动负债比例在 12.49% ~ 14.59%，整体波动不大，说明非流动负债在企业长期投资中贡献不大，企业长期投资主要依赖股权融资，而且这种依赖度在 2016 年达到最大，这与 2016 年定向增发数量大幅上涨、募集资金规模大幅攀升的情况相一致。再看权益乘数，平均在 1.15 ~ 1.47，虽有小幅攀升，但是数值较低，表明权益资本在公司资产中的比重较大，公司整体负债率较低，虽然相应的财务风险较低，但与成熟市场较高杠杆水平差距最大，也低于我国资产负债率的适宜水平 40% ~ 60%（如图 4 - 3 所示），不利于发挥税盾效应和公司治理作用，也充分说明我国创业板上市公司更依赖股权融资。

表 4 - 1　　　　　　　　　创业板上市公司融资结构

年度	样本数	非流动负债/总负债（%）	资产负债率（%）	权益乘数
2010	153	12.51	13.19	1.15
2011	280	12.49	17.01	1.20
2012	354	12.61	20.24	1.25
2013	354	13.29	24.39	1.32
2014	404	13.85	28.47	1.40
2015	493	14.17	29.64	1.42
2016	571	7.52	30.11	1.43
2017	722	14.59	32.08	1.47

4.1.2.3　盈利能力

随着证券市场的快速发展以及政策的不断完善，股权再融资在公司中的地位与日俱增，其规模及次数都屡创新高。理论上来讲，融资约束的缓解及资金的支持应对企业的经营发展有较大的帮助，然而诸多研究表明，这种资金力度的增大却没有带来相应的支持，公司业绩不升反降，且上市公司在进行融资时，往往根据政策上限进行融资，而不是根据公司实际投资需求筹集资金，导

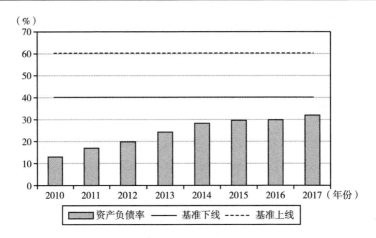

图 4 - 3　创业板上市公司资产负债率示意图

致资金利用率低下，被理论和实务界称为"圈钱"行为。表 4 - 2 列示了创业板上市公司 2010 ~ 2017 年度的平均净资产收益率和每股收益。

表 4 - 2　　　　　　　　　创业板上市公司盈利能力

年度	样本数	净资产收益率（%）	每股收益（元）
2010	153	10.56	0.77
2011	280	10.04	0.60
2012	354	8.33	0.47
2013	354	6.89	0.35
2014	404	8.21	0.38
2015	493	8.43	0.37
2016	571	8.93	0.41
2017	722	8.57	0.46

　　表 4 - 2 中数据显示，2010 ~ 2013 年公司净资产收益率逐渐下滑，且下滑幅度较大，在 2014 ~ 2016 年净资产收益率又有小幅上升，与 2012 年基本持平，但是仍低于 2010 年和 2011 年。同时，公司每股收益趋势与净资产收益率趋势保持同步，呈现先下降后上升的趋势，但上升幅度微乎其微，且未超过 2012 年的每股收益。然而，一个值得关注的地方在于学术界所秉持的"公司资本结构的提升有助于提高公司价值"的观点并未在上述现状分析中得以诠释。换言之，以上市公司资本结构为出发点，公司债务水平的逐年上升并未带来盈利水平的提高。这种与理论相悖的事实悄悄反映出现阶段公司融资结构的改变可能并非出于公司价值提升的决策惯例，其背后往往蕴含着更多"诱导"

市场的机会主义倾向。因为，公司资本结构的改变很可能成为撬动市场资源的利好消息，并带来远高于负债所创造的公司价值。不仅如此，公司在大量通过吸收社会财富进行权益融资的同时，并未给投资者带来相应的回报，相应股权回报率较低，有损中小投资者利益。结合上市公司权益融资的宣告效应及股权融资后的盈利状况来分析，可能存在以下原因：公司为顺利进行股权融资，事前进行了不恰当的报表粉饰与盈余管理，致使股权融资后资产收益率下滑。当然，由于盈利能力和公司融资方式选择存在内生性，不仅融资方式选择会影响公司盈利能力，而且盈利能力预期也会反过来影响融资方式选择。如果预期企业的息税前收益较低，不足以支付预期债务利息，那么债务融资不仅不能够发挥杠杆作用，相反企业利润会因债务融资减少，并使得股东权益和收益分配减少，因此，预期上市公司盈利逐年下滑的情况下一般不会选择债务融资。同时，当经理人在预期公司盈利能力较低时，为固守职位及控制权私利，存在管理防御的经理很可能放弃风险较大的债权融资而选择较为安全的股权融资，这也可能成为当前股权融资盛行的重要原因之一。

通过前面对融资结构及融资方式的分析，创业板上市公司对股权融资存在明显的偏好，不仅表现在对 IPO 的强烈热情，还表现在 IPO 后偏好配股、增发等方式，导致债券市场受冷落且发展缓慢，不利于资本市场及再融资市场的发展。回溯再融资政策的初衷，通过再融资平台缓解融资约束，满足企业扩大再生产所需资金以持续发展，为国造福是第一要务。然而在实际操作中，背离实际经营目的的再融资却演化成为大股东、经理"开小灶"的工具，导致资本市场价值发现功能被弱化、过度融资严重、资金利用率低下，不仅浪费了资本，而且严重阻碍了资本市场的健康发展。

4.2　创业板上市公司股权融资偏好成因分析

我国创业板上市公司再融资有债权融资和股权融资两种方式，根据前面融资结构的分析可知，多数公司偏好股权融资，这与西方国家普遍认同的融资优序理论相悖。事实上，融资优序理论成立的一个重要前提是融资方式选择理性，企业在任何时候都可以筹集到所需资金，且融资渠道可以任意选择，这与我国融资约束严重的情况不相吻合。在我国，资金仍属于稀缺资源，受制度背景、政策监管、企业资源、公司质量和内部治理等诸多因素的影响，表现与国外不同的融资行为。

4.2.1 制度因素

我国资本市场尤其是创业板上市公司融资结构长期呈现出一种不平衡状态，表现出重股权轻债权的态势，而且随着资产负债率的提高，公司业绩不升反降，这使得债权融资地位并不显著，造成这一现象的主要原因在于制度安排的不成熟（袁天荣，2003）。相比于其他发达国家的资本市场，我国金融市场仍存在诸多不完善的地方，尤其是处于转轨期的证券市场，市场机制运行低效，需要借助行政的监管、政策的引导来维持平衡。

4.2.1.1 市场有效性

根据现代资本结构理论，企业内外的信息是对称和无干扰的，企业的全部信息都可以被准确反映，因此，企业市场价值是企业信息的函数，资本市场自然也是强有效和完美的。在理想资本市场状态下，企业可以根据公司的实际情况自由选择适合企业价值最大化的融资方式，但不管选择债务融资还是股权融资，都不会增加企业的融资成本，在此状态下，企业存在最优资本结构，也存在最佳融资方式。但是，信息不对称是广泛存在的，资本市场并不是理想的，企业的市场价值并不能有效反映企业全部信息，投资者对公司的估值也往往表现为过于乐观或者悲观，加之内外信息的干扰，资本结构的确定变得更加困难。尤其是在资本市场不发达的地区，信息不对称也相对严重，搜寻信息成本较大，跟风与模仿行为使得未来不确定因素更多，无形中增大了投资成本，同时，市场的瞬息万变及股权投资的交易成本使得未来收益很难确定。相较来说，债务资本成本固定，受外界干扰较小，因而债务资本的市场价值与预期实际价值差异较小，但债务资本的缺点在于偿还压力较大，据此，我们可以推断，选择何种融资方式与资本市场的完善程度和财务压力有关，若股票市场发达，则权益资本的优势较为明显，不仅股价可以反映公司真实价值，而且财务压力较小；但若股票市场不发达，股价与真实价值偏离幅度较大，此时选择债务资本为优。

从我国资本市场的发展历史来看，时间短，配套政策不健全等特点使得股票市场和债券市场的完善程度有很大差异，主要表现为准入条件的不同，债券比股权的准入条件相对苛刻，这就使得股权融资和债券融资的融资成本差异较大，并导致了债市和股市的结构失衡：债市萧条而股市繁荣。但是，由于股市也并不完善，存在公司信息及股票价格长期受到操纵，中小投资者"搭便车"、不作为的现象，加之追涨杀跌行为，市场泡沫膨胀及泡沫破裂现象交替出现，导致股市震荡明显，因此，未来还需要更多关注股市的价值发现功能，更好地发挥其作用。

4.2.1.2　再融资监管制度的变迁

证监会监管政策及支持力度的不同，使得各种融资方式的融资条件、门槛存在很大差异，进而引起各融资方式间融资成本的不同，并最终引起上市公司融资偏好的改变。当然，我国政府对再融资进行监管所采取的政策法规经过了一系列的完善过程，并逐渐形成体系，包括为什么监管、用什么监管以及监管目标是什么等主要内容，进而优化资源配置、促进社会繁荣、公平与公正。就历史发展现状来看，配股方式是我国上市公司较早采用的一种方式，但在后续政策的引导下定向增发成为最常用的再融资方式。回顾历史，自 1993 年至今，再融资监管政策经过了多次修订和完善，促进了再融资的不断繁荣发展。

1993 年，证监会规定的配股条件相对宽松，只需要满足财务状况"连续两年盈利"即可，但随后的一年，证监会就提高了配股的门槛，要求配股公司需要"连续三年盈利"，并对盈利能力做了要求，即"公司三年平均净资产税后利润率不得低于 10%"，部分行业如能源、原材料及基础设施类公司可以略低于 10%。但经过三年，也即 1996 年，配股门槛再次抬高，表现在将 1993 年的三年平均盈利条件提高至每年盈利条件，同时将部分行业"能源、原材料及基础设施类"的融资条件修改为不低于 9%。当然，配股条件的提高能促使上市公司更加努力工作，也是对股东的负责，但由于融资方式的单一，很多公司即使再努力，也无法通过正常生产经营达到配股的条件，于是便有了机会主义行为，通过利润操纵、盈余管理以达到配股条件，导致配股后公司业绩下滑、变脸。然而，在这一时期主要的融资方式为配股，所以即使配股问题多多，也还是上市公司最主要的融资途径。

证监会对融资条件的设定不是一成不变，更不是只升不降，而是结合市场环境变化，例如在 1999 年，配股的盈利条件就修订为"三年平均 10% + 每年6%"组合的方式，这是因为当年国内经济萧条，各行业盈利能力普遍下降。随着资本市场的不断完善，新的更多的融资方式被推出，典型的是 1998 年推出的增发方式，由于其增发门槛较低，一经推出就备受青睐。当然，增发条件也几经修订，从 2000 年的"连续三年盈利，且发行完成当年的净资产收益率不低于同期银行存款利率水平"到 2001 年的"前三年加权净资产收益率超过 6%，且发行后当年加权净资产收益率仍高于 6%，或者前三年加权净资产收益率不高于6%"，再到 2002 年的"三个会计年度加权平均净资产收益率不低于 10%，且最近一年度加权平均净资产收益率不低于 10%"。增发条件的提高不仅与保护投资者利益有关，更与增发公司的数量相关，其目的依然是合理融资，避免盲目跟风。

在增发政策不断加紧的情况下，随后两年增发公司有所减少，而混合性融资可转换债券此时正渐渐被投资者和上市公司所关注，其为成熟资本市场所理想的融资方式也逐渐在中国资本市场崛起，并很快成为继配股和增发后上市公司的首选融资工具。此外，企业债的发展也很迅速，最初，只有国有企业才有资格发行企业债，但自 1993 年《企业债券管理条例》颁布以后，一切有法人资格的企业就都有资格发行企业债，这无疑推动了企业债的发展，拓宽了一般企业的融资渠道。不仅如此，《公司法》还对企业债做了进一步规范，包括发行（主体）规模、偿债能力以及债券利率，规定发行企业债的股份有限公司净资产额不低于人民币 3000 万元，累计债券总额不超过净资产额的 40%，最近 3 年平均可分配利润足以支付公司债券 1 年的利息，筹集资金的投向符合国家产业政策，债券的利率不得超过国务院规定的利率水平。

　　从上述可以看出，我国上市公司再融资工具由配股单一方式逐渐发展为配股、增发、债券多种方式并行，但由于政策的倾斜，我国债券市场发展缓慢，股票市场相对繁荣，导致我国企业的债券发行额与股票发行额的差距呈逐年扩大趋势，部分年份企业债的发行额度甚至不足股票发行额度的 10%。这一现象形成的原因部分归咎于政府对企业债券发行的严格管理，包括发行规模、结构、利率、发行时间，等等。与股权再融资相比，发行债券限制条款多、筹资难度较大，且金额少、风险大，因而企业发行债券的动力和积极性不足，这也是企业债券市场发展缓慢的主要原因。

　　尤其是 2006 年 5 月 8 日《上市公司证券发行管理办法》首次将非公开发行股票纳入规章之后，定向增发操作有了明确的依据、有法可依，定向增发从个别公司的"特权"转变为一种普适性的融资渠道，这虽然开启了定向增发的辉煌进程，但是却导致其他融资渠道受冷。紧随其后，2007 年国家又颁布《公司债券发行试点办法》，为符合债权融资条件的上市公司提供了又一融资途径，在提高上市公司债权融资积极性的同时，大大提升了国内的债券融资规模。随着债权市场的快速发展和不断完善，创新融资方式如短期融资券和中期票据的涌现，我国上市公司债券融资规模曾一度超过股权融资规模。然而，政府对各种融资方式监管的差异促使了公司在融资方式选择上的偏好不同，主要表现为股权融资相对债权融资表现为软约束，相对宽松的政策环境使得公司弃难逐易，不仅逐渐偏好股权融资，而且偏好股权融资中约束性最小的非公开发行。

　　回溯我国债券发行的历史进程，2011 年中国证监会正式启动创业板上市公司非公开发行债券工作，这也是创业板持续融资一系列制度安排的破题与开创性工作，其目的是结合创业板公司的特点，在确保股东持股比例不变的前提下优化公司资产负债结构，适应其持续融资需求并实现公司良性发展，按照 2007 年《公司债券发行试点办法》的有关规定，公司发行债券需要满足以下条件：信用评级良好、最近三个会计年度实现的年均可分配利润不少于公司债券一年的利息、本次发行后累计公司债券余额不超过最近一期末净资产额的40%。在上述政策的鼓励下，我国创业板上市公司债券发行初具规模，对企业、社会发展提供了有力的支持，这在创业板上市公司2011～2013年融资方式选择上有所体现。然而由于我国创业板上市公司资产规模小，轻资产及资产负债率低的特性，债券市场的发展虽改善了上市公司的资本结构，从13.19%增长到24.39%，但整体而言，该阶段的资产负债率水平仍然较低。

与债券发行相对的则是股票发行，2014年证监会颁布《创业板上市公司证券发行管理暂行办法》以及配套颁布的各项准则，不仅为创业板上市公司再融资提供了制度依据，拓宽了融资渠道，而且适应创业板的特点，降低了再融资准入门槛，相较于债券发行有盈利性的要求，增发、非公开发行及可转债融资则仅要求最近两年盈利，且无连续盈利要求，对上市公司非公开发行募集资金用于兼并收购的，还豁免盈利要求，这大大降低了非公开发行的难度并使得定增并购一度盛行，这也是创业板上市公司选择股权融资而放弃债权融资的一个重要原因。与此同时，对于公开增发的还要求最近一期的资产负债率高于45%，无疑很多创业板上市公司难以达到，然而，对于非公开发行股票则不需要较高的资产负债率，这势必又成为创业板上市公司青睐定向增发而冷落公开增发的原因之一。除此之外，《暂行办法》还规定，创业板上市公司发行可转换债券无净资产收益率的要求，无最长期限且无须担保，虽门槛较低但可转换债券相较于非公开发行还存在偿还本息的潜在压力，因此，在定向增发无障碍门槛的更宽松条件下，可转换债券市场发展缓慢，但一旦定向增发门槛受阻，可转债则继而成为优选方案，这也是继2017年再融资新规后，可转换债券得到快速发展的重要原因。

基于图4-2的数据分析与国家监管政策的回溯，创业板上市公司的融资方式选择变化趋势能够较好地回应国家政策的变化，这一点也被部分学者通过实证分析得以证实。由此可见，政策的引导和完善是我国创业板上市公司青睐股权融资的诱因之一，尤其是以定向增发为主导的股权再融资软约束的特征，使得股权融资的制度环境较债权融资相对轻松。从再融资监管政策的实践来看，这种制度环境主要表现为对业绩要求的差异，当然2017年还增加了发行间隔时间。因此，业绩如净资产收益率是证监会考核的重要指标，同时也成为再融资公司重点关注的指标，而在信息不对称情景下，上市公司披露的业绩很显然就成为政策监管的缺口。不仅如此，在发行间隔时间限制下，定向增发规模的缩水以及债券市场的快速发展是否仅为政策下的"对策"行为，仅靠政策的引导及规制是否可以让融资行为真正回归理性等问题都是需要关注的。

4.2.2 非理性偏差

根据标准公司金融理论的假设前提，不论是与公司再融资行为有关的外部投资者还是内部决策者都是完全理性的。然而事实并非如此，内部决策者与外部投资者都非完全意义上的理性人。我们知道，投资者参与投资的前提是"投资者认知"，即投资者更愿意持有具备吸引力的股票，然而由于信息不对称的存在，潜在的交易者并不知道在其交易前，何种投资者买进或卖出股票，也不知道买进或卖出的数量，导致交易盲目性，进而引起股价高估（Allen and Gorton，1993）。而在观察到前面决策者的行为后，投资者做出了跟随前者的交易行为（Hirshleifer and Bikhchandani，1992），这种模仿行为通过一定的传导机制迎合了投机者的虚假需求，推动股价持续上涨并偏离资产的内在价值，造成股市的虚假繁荣，也推动了股权再融资的发展。与此相反，施莱弗和维什尼（Shleifer and Vishny，1992）认为机构投资者分析能力相对较强，其大量参与能够发挥稳定市场的作用，并引导中小投资者进行理性交易，股价波动较为平稳。换言之，当机构投资者认为股价应围绕资产内在价值波动时，其属于价值投资者，遵循资本市场运行规律，理性地根据股价波动趋势进行交易，高价卖出并低价买入，公司股价也因而小幅偏离其内在价值并趋向回归内在价值。然而现实情况是，股票内在价值的估值较为复杂且不确定程度较高，内在价值也常常处于波动中。根据前面对价值投资者交易的分析可知，不管价值投资者对市场的反应状况如何不理性，其均会迅速调整。为直观说明，本书首先借鉴梁震中（2009）的方法分析价值投资者的决策规则，其次借鉴主体（Agent）股市建模进行推理。

假定资产内在价值的变动符合独立同分布，t 时期资产的内在价值为 P_t，$t+1$ 时期资产的内在价值为 P_{t+1}，θ_t 为引起资产内在价值变动的因素，则满足：

$$\ln(P_{t+1}) = \ln(P_t) + \theta_t \qquad (4-1)$$

其中，$\theta_t \sim (\mu, \sigma^2)$，$\mu$ 为内在价值的真实变化，但当价值投资者对 θ_t 的反应不足或过度反应时，其对 μ 的估计会产生偏差 $\Delta(-1 < \Delta < 1)$，此时价值投资者认为的内在价值为 $(1+\Delta)\mu$，并且会根据市场收益变化调整 Δ。如 $t-1$ 时期买入，t 时期市场收益降低，投资者亏损，则投资者认为对市场反映过度乐观，降低 Δ，即 $\Delta_i(t+1) = \alpha\Delta_i(t) + \beta\gamma(t)$。但若 $t-1$ 时期卖出，t 时期市场收益增加，投资者认为对市场反映不足，增大 Δ，即 $\Delta_i(t+1) = \alpha\Delta_i(t) + \beta\gamma(t)$。从上述分析可知，不管是哪种决策，投资者对 Δ 的调整函数是一致的。当价

值投资者根据其估计的内在价值 $P_t + (1+\Delta)\mu$ 投资时，若市场价格 $P_{(i,t)} > P_t + (1+\Delta)\mu$，则看跌，反之看涨，据此可知价值投资者的决策规则是：

$$S_{(i,t)} = M\{\ln(P_t) + (1+\Delta)\mu - \ln P_{(i,t)} > 0\} - M\{\ln(P_t) + (1+\Delta)\mu - \ln P_{(i,t)} \leqslant 0\}, 1 \leqslant t \leqslant T$$

当 $\{\}$ 内条件满足时，$M\{\}$ 取值为 1，反之为 0，且 $S_i = 1$ 表示看涨，$S_i = -1$ 表示看跌。而当价值投资者进行投资时，最常用的价格调整方式为：

$$\ln(P_{t+1}) = \ln(P_t) + \sum_{i=1}^{N} S_i(t) / \lambda N + \varepsilon_t \qquad (4-2)$$

然而国内外学者对机构投资者的相关作用的观点因所处的情境不同而存在分歧，施东晖和孙培源（2002）认为，由于政策干预和信息不对等原因，我国股市从众行为较为严重，并成为股价大起大落的重要原因（袁建辉和邓蕊，2011），尤其是境内机构投资者并非价值投资者，与中小投资者一样进行投机行为，成为市场波动的"领头羊"（程天笑和刘莉亚，2014）。换言之，机构投资者的交易行为并不是依据股票内在价值，而只是追涨杀跌、盲目跟风行为（Lux，1995），且这种行为的根源依然在于从众心理和信息不对称。一方面，机构投资者将其他机构投资者的行为动向作为其交易的依据，其从众行为同时成为个人投资者交易效仿的依据，形成追涨杀跌的态势并导致股价波动较大，资本市场震荡和泡沫化（Topol，1991）。另一方面，机构投资者投资的投机性加剧了散户的逆向选择风险，降低了股票流动性并提高了投资者要求的风险回报率，导致股票价格偏离内在价值的幅度增大。简而言之，机构投资者的投机和非理性交易行为加剧了股市的波动。为探讨非价值投资者对股票价格波动的影响，依然借鉴梁震中的方法分析非价值投资者的决策规则。

假定非价值投资者 i 受其他投资者的影响程度为 $K_i(K_i > 0)$，K_i 随着周围投资者决策的变化而变化，而周围决策者会根据市场收益的变化而调整决策，用公式表示为 $K_i(t) = \alpha K_i(t-1) + \beta \gamma(t-1)\lambda(t-1)$。分析可知，$i$ 会根据参考上一期周围投资者作出决策正确与否而调整 K_i，若邻居决策带来正收益，则提高 K_i，若带来负收益，则降低 K_i。同样的，i 受市场环境进行决策的影响程度为 $b_i(b_i > 0)$，b_i 随着市场收益的变化而变化，$b_i(t) = \alpha b_i(t-1) + \beta \gamma(t-1)$。由此可知，若市场收益为正，则调高 b_i，反之，调低 b_i。值得注意的是，模仿行为需要建立在其他交易者上期的行为基础上，因此，非价值决策的决策为：

$$S_{(i,t)} = M\{K_i(t)S_j(t-1) + b_i(t)r(t-1) > 0\} - M\{K_i(t)S_j(t-1) + b_i(t)r(t-1) \leqslant 0\}, 1 \leqslant t \leqslant T$$

当 {{ 内条件满足时，M{{ 取值为 1，反之为 0，且 $S_i = 1$ 表示看涨，$S_i = -1$ 表示看跌。

通过上述分析，不难发现投资者尤其是机构投资者在资本市场中所扮演的重要角色，即机构投资者对公司股价具有较强影响，一方面通过引导股价回归内在价值而发挥市场稳定器的作用，另一方面却扮演了"股价加速器"的作用，成为市场波动的领头羊，并使得市场出现错误定价，股市的虚假繁荣进一步促进创业板上市公司股权再融资的发展。陆蓉和徐龙炳（2004）、王美今和孙建军（2004）同样依托行为金融理论，证实在资产价格形成过程中确实存在非理性因素。类似地，支晓强和邓路（2014）、邓路和刘然（2012）、邓路和王化成（2014）结合中国资本市场特殊制度背景，从投资者异质信念视角实证检验了投资者异质信念对定向增发折价、长期股价表现及融资决策的影响。换言之，投资者异质信念会对股价产生影响。

基于投资者异质信念对资产定价和股票收益的影响，巴亚尔等（Bayar et al.，2011）运用理论研究阐述了异质信念对于融资决策的影响，该观点假定在融资成本及破产成本忽略不计时，公司融资方式选择取决于外部投资者的平均信念以及信念的离差。若外部投资者情绪高涨且离差较大，则发行股票对公司较为有利；若外部投资者情绪平稳且离差较小，则发行债券与发行股票对公司同样有利，然而按照这一观点，公司单纯地选择发行债券或发行可转债都是不可取的。同样地，卡曼纽尔等（Chemmanur et al.，2010）也认为，公司融资决策与投资者异质信念有较大关系，表现为异质信念越大，公司发行股票的意愿越强。实证发现，分析师预测分歧与发行股票概率正相关，表现为前者每增加 1%，后者增强 6.5%；而异常换手率对融资的影响则更大，表现为前者每增加 1%，后者增加 20%。然而根据迪特马尔和撒克（Dittmar and Thakor，2007）的观点，异质信念不仅存在于外部投资者中，管理层同样具有异质信念，表现为投资者的预期回报率会对管理者情绪产生影响，管理者对项目情况的掌握与投资者无异时，管理层优选股权融资；反之，则为负债融资。进一步地，荣格和萨拉曼尼亚（Jung and Subramanian，2010）考察了上述二者异质信念对融资选择的数量效应并得出结论，管理层情绪越高涨，发行股票和短期债券越多，长期债券越少。徐枫和刘志新（2011）也基于异质信念视角探讨了融资方式选择的原因。除此之外，卢闯和李志华（2011）、徐枫和王洪川（2012）探究了投资者情绪对定向增发股价的影响，而正是由于投资者非理性偏差对上市公司股价的影响，使得追求资本利得等短期收益成为股市暴涨暴跌的导火索，也成为创业板上市公司乃至中国上市公司股权融资偏好的重要原因。

综上所述，运用行为公司金融理论的分析框架对上市公司股权再融资偏好的研究多集中于投资者认知、投资者情绪及投资者异质信念与股价的关系,并进而探讨及解释管理层和投资者非理性行为对融资决策的影响,也为股权再融资偏好之谜等诸多异象提供了一个更为合理的解释。然而,投资者的非理性信念来源于对公司内部信息的反应,而公司管理者是内部信息产生的本源,因此,从公司内部治理着手,探究其选择股权再融资的缘由是对行为金融分析框架的进一步延伸与完善。

4.2.3 内部治理

上市公司融资方式选择是对现有资本结构的动态调整,影响并决定公司的杠杆水平及控制权结构,因此,拥有公司融资决策控制权的主体势必会干扰融资方式的选择,换言之,公司融资方式选择受控制权主体价值取向及决策动机的影响。因此,在探究公司股权再融资偏好的成因时,需要且必须考虑公司融资决策控制权主体的影响力及其决策动机,而这是由公司治理结构所决定的。本质上讲,公司治理结构是一系列涉及股东与股东、股东与经理人、股东与债权人之间的契约安排,通过明确各自的权利、义务以及激励监督制度措施,实现各利益主体的利益目标。基于此,公司治理结构实际是公司控制权结构,决定于公司的实际控制人,而在公司控制权结构中占优的一方,对融资方式选择等财务决策具有较大的自主权,公司再融资方式选择自然因治理结构或控制权结构的不同而不同。在创业板上市公司中,由于IPO前多为家族企业,大部分公司股权结构较为集中,股权制衡度较低,且管理者持股比例也较高,其特殊的股权结构决定了其对融资方式选择的影响。创业板上市公司2010~2017年的股权结构均值见表4-3。

表4-3 创业板上市公司股权结构表

年度	样本数	第一大股东持股比例(%)	股权制衡度	总经理持股比例(%)
2010	153	33.57	1.12	15.08
2011	280	34.30	1.04	14.96
2012	354	33.97	1.00	14.47
2013	354	33.23	0.92	13.35
2014	404	32.56	0.94	12.93
2015	493	31.33	0.97	18.50
2016	571	32.73	0.89	11.43
2017	722	29.80	1.05	13.42

表 4-3 数据显示，在不考虑一致行动人等显隐性关系股东的前提下，创业板上市公司第一大股东持股均值在 33% 左右，尚未达到绝对控制，股权制衡度均值在 0.98 左右，制衡度小于 1 且一度呈现下滑趋势，换言之，创业板上市公司其他股东对第一大股东的监督力度较弱，第一大股东虽不具备完全控制，但却不受其他股东的约束，其实质掌握了公司的决策控制权。而总经理持股比例均值达到 14.39%，持股比例较高，不仅成为公司的大股东，而且具有了委派董事的权力，又担任公司总经理掌握经营管理权，监督机制的缺失以及高额持股比例使得总经理权力膨胀，自主权较高。在这种股权结构下，大股东在融资决策中占主导地位，其他股东投票表决权分散，相对参与决策与监督的收益而言，成本较高，缺乏实际动力，因此，大股东干预并达成自己利益目标的融资决策成本较低。同时，总经理具有融资决策的提议权与自主权，有足够的动力在满足自身经理管理防御目标前提下选择融资方式，即创业板上市公司处于大股东及总经理的双重控制中，其融资决策体现为双方利益博弈的结果。

为此，学者们多从股权集中度、制衡度及经理持股视角探讨创业板上市公司股权融资偏好的成因。袁国良等（1999）认为，当前我国资本市场不够成熟，股权融资成本对企业几乎不能构成约束，这使得股权实际融资成本远远低于债权融资成本，企业会热衷于这种低成本甚至"免费幻觉"的融资方式，同时相对集中的股权结构又使得企业更加青睐股权融资。基于此，王乔和章卫东（2005）从股权结构视角探讨了股权融资偏好的深层原因，认为内部人控制使得上市公司内部通过股权融资获取私利行为严重，并导致公司热衷于股权融资，这一观点得到了后续学者的广泛认同，不仅认为股权再融资中大股东存在强烈的利益动机，而且认为控股股东存在利用信息不对称向市场传递积极信息，进而提升股票价值的动机。虽然各学者对大股东选择股权融资的动机的研究结论不同，但可以肯定的是，股权融资偏好与大股东及公司实际控制人有关。

由此可知，现有研究对股权融资偏好成因的解释丰富，从制度因素到基于行为金融学研究框架的非理性偏差，再回归到公司内部治理特征，形成了较为完整的研究体系，也为股权融资偏好之谜提供了合理的解释。然而，学术界借助制度、非理性偏差以及内部治理视角对股权融资偏好诱因要素的推演能够在一定程度上揭示融资偏好的触发机制，但是如何影响这种复杂的公司决策行为还需要从"可操作"的视角将上述研究框架加以衍生。与此同时，根据公司融资决策分析框架，公司融资方式的选择是在公司内外环境影响下由拥有融资决策权的主体作出的，而融资决策主体却是由公司控制权安排决定的，且融资方式本身是资本结构的动态调整，会引起公司控制权及治理效率的变化，发挥着信息传递作用。因此，探究公司控制权配置状况与股权融资偏好的内在关系不仅是对非理性偏差等外在因素的延伸，而且也是解释公司股权融资偏好之谜的本源。

4.3　创业板上市公司再融资方式与控制权配置的内在关系

由图 4 - 2 可知，自 2011～2017 年，创业板上市公司中主要再融资方式体现为定向增发、可转债及债券融资（公司债、中期票据和短期融资券）[①] 三种方式并行，而尤以定向增发居多，但 2017 年再融资新规的发布却印证了以往定增市场的乱象丛生。学者们一方面将这种乱象归咎于资本市场的不完善，另一方面锋指公司内部治理，并指出其根源在于融资决策的真正动机和实质所在。王乔和章卫东（2005）等学者较早建立起了股权结构与股权再融资行为的内在关系，并指出股权集中是股权融资偏好的根源。

随着研究的深入，学者们逐渐认识到第一大股东或控股股东并非公司融资行为的最终决策者，终极股东的控制权特征成为新的解释源头，其对公司的治理效应同时表现为激励效应和堑壕效应（Claessens et al.，2000），如持股比例的提高使得其更有动力及能力监督管理者行为，有效避免管理懈怠并实现资本结构的动态调整（徐向艺等，2018），但这种激励效应却存在一定的门限，当持股比例达到一定程度时，堑壕效应将替代激励效应占据主导地位（Liu and Tian，2012），尤其当控制权与所有权出现分离时，会显著影响再融资方式及资本结构的动态调整，降低债券融资水平（肖作平，2012）。根据前面对控制权配置指数构建的理论分析，在终极股东两权分离度较低时，控制权的提高以及适度的股权制衡有助于形成激励监督效应，融资方式的选择动机与公司价值最大化目标越接近，而过高的股权制衡则降低了其选择公利行为的积极性，且现金流权越高，股权制衡的这种不利影响越明显。由此，在分析股权融资偏好或再融资方式选择的内在动因时，应综合考虑上述控制权配置三要素的匹配性，单独考虑某一要素所得到的结论仍只是基于经验主义的论断。

前面述及，公司治理结构决定再融资方式选择。当公司内部人自利行为如"侵占行为"和"管理防御"等较为严重时，其更愿意选择门槛低、约束性

---

① 基于本研究目标，主要是对采用债权、股权及混合型融资的治理结构进行辨别，因此本研究不再具体区分债券融资，且创业板上市公司存在强烈的定向增发融资偏好，几乎不存在其他股权融资方式，本研究最终将债券融资、定向增发和可转债作为研究对象。

小、操控空间大的定向增发融资方式（李秉祥等，2011），且研究表明，股权融资偏好是管理者的内生偏好和内外部治理失效共同造成的结果（黄国良和程芳，2007），这也是当前定向增发盛行的一个重要原因，负债融资为我们约束经理人提供了有益的思路，债权人的相机控制权对经理人形成了巨大的激励和约束，有益降低股东与管理者之间的利益冲突，但缺点同样在于股东对债权人利益的侵占，超额负债融资所形成的财务风险易激励股东与经理进行高风险投资，而项目的不确定又加大了债权人的风险。与定向增发及负债融资方式不同，可转换债券则不仅可以很好地克服单纯的债务融资所产生的"资产替代效应"，而且可以避免股权融资的"内部人自利"等道德风险，相较于债务融资具有低利率优势，相较于股权融资又具有"税盾效应"和缓慢的"稀释效应"（黄格非，2006），可谓黄金融资手段，因此，公司选择可转债融资的同时也意味着其治理效率较高，控制权配置较为合理。

表4-4报告了创业板上市公司2011~2017年公开宣告再融资预案公司的控制权配置状况与融资方式的对应关系。数据显示，预进行定向增发融资的样本公司P值最小[1]，预进行债权融资的样本公司P值较小，而可转债的P值最大，说明预发行可转债公司的控制权配置情况较优，债权其次，而预进行定向增发融资的公司控制权配置不甚理想。比较各层面的控制权配置情况，采用定向增发融资公司股东大会层面P_s的控制权强度$CDIV_s$和分离度$DDIV_s$都较高，但制衡度$PDIV_s$较低，未形成较好的匹配，终极股东的控制权威及控制权私利动机使得其更愿意选择对自身利益最大化的融资方式。虽然，董事层面P_d的$CDIV_d$适中，且$DDIV_d$较低，但制衡度$PDIV_d$较低，董事会难以形成一致的决策并容易导致监督效率的降低；经理层面P_m出现了同样的问题，终极股东在经理层的控制度$CDIV_m$不高，未完全掌握经理层，且经理层的制衡度相对较高，不利于融资决策的形成，这些不仅使得公司控制权配置指数较低，而且也使得掌握公司控制权的终极股东的价值取向成为影响融资方式的主要动因。

表4-4　　　　　　　　　融资方式与控制权配置指数的对应关系

再融资方式	P_s			P_d			P_m			P
	$CDIV_s$	$PDIV_s$	$DDIV_s$	$CDIV_d$	$PDIV_d$	$DDIV_d$	$CDIV_m$	$PDIV_m$	$DDIV_m$	
定向增发	0.5004	0.2560	0.0638	0.3696	0.5364	-0.0669	0.3445	0.5887	-0.0920	2.538
可转债	0.4628	0.1886	0.0665	0.4074	0.4629	0.0033	0.3505	0.2620	-0.0457	7.880
债券	0.4165	0.2871	0.0124	0.1920	0.5333	-0.2042	0.4006	0.2258	-0.0034	3.108

---

[1]　为方便进行比较，此处将P值乘以100。

相较而言，采用可转债融资公司的股东大会层面 P_s 的控制权强度 $CDIV_s$ 弱于定向增发公司，尚不能形成控制权威，因而其不能利用控制地位为所欲为、谋求控制权私利，同时，其在董事层面与经理层面的控制地位略有提升，但仍未达到绝对控制地位，而且其他股东委派的董事及经理的制衡度不低，能形成较好的监督与制衡，并使得董事会的独立性更强，对经理层的监督效果更好，且由于终极股东在经理层的控制权地位较低，不能主宰或干预经理决策，融资决策体现为各股东利益主体博弈的均衡结果。因此，可转债公司的控制权配置指数较高。与可转债形成对比的是债权融资公司，比较而言，债权融资公司股东层面、董事层面和经理层面的分离度都更低，然而制衡度却较高，且债权融资公司的控制度都略低于可转债公司的控制度，更为重要的是，债权融资公司中，终极股东在各层面的控制强度均未达到绝对控制地位，不能形成"一言堂"的控制局面，这不符合制衡度取决于分离度和控制度的原则，也使得债权融资公司的控制权配置指数低于可转债公司。事实上，根据前述文献，终极股东及管理者倾向于通过债权融资谋取控制权私利，此时，债权融资可能已经失去了约束治理作用，而只是公司内部人获取私利的手段，这与公司不完善的控制权结构有关。

为进一步说明公司控制权配置状况与再融资方式选择之间的关系，本书还对当年进行再融资的公司控制权配置指数与融资规模进行统计，结果见表 4-5。为消除公司规模的影响，融资规模用当年各融资方式增长率表示。其中定向增发融资增长率＝当年定向增发融资总额／上期末资产总额；可转债融资增长率＝可转债融资总额／上期末资产总额；债券融资增长率＝债券融资总额／上期末资产总额。由表 4-5 可知，创业板上市公司中主要的再融资方式为定向增发，其对公司规模扩张的贡献较高，其次为债券，而可转债融资对公司规模扩张的贡献最小。而对进行再融资公司的控制权配置指数进行统计，发现定向增发公司的控制权配置指数最小，而可转债最大，结果与表 4-4 一致，说明公司再融资方式选择与其控制权配置之间存在着必然的内在联系。

表 4-5　　　　　　　　　融资规模与控制权配置指数的关系

再融资方式	融资总额增长率	控制权配置指数
定向增发	7.233	2.467
债券	5.647	3.065
可转债	0.545	6.784

基于上述逻辑，本书认为公司控制权配置的优劣是再融资方式选择的根本

决定因素。随着公司控制权配置的逐渐优化，再融资方式的选择将不仅限于定向增发，债权融资及可转换债券融资成为可能，即控制权配置差的公司更多地选择定向增发，控制权配置中等的公司可选择债权及定向增发，控制权配置较好的公司可以选择三种方式。而由于再融资方式的选择不仅是公司质量信号的反映，同时能够动态影响公司控制权结构，公司再融资方式选择可能成为相关利益主体传递公司质量信号的载体，并成为公司控制权配置状况的矢量工具。

4.4 本章小结

本章在对再融资相关概念界定的基础上，确定了本书中所聚焦的再融资方式，通过对 2011~2017 年创业板上市公司主要再融资方式分布的描述性统计，为创业板上市公司股权融资偏好尤其是定向增发提供解释依据，进而对上市公司的资本结构和盈利能力状况进行分析，佐证我国创业板上市公司的再融资异象，即上市公司在大量股权融资的同时，却没有为投资者带来相应的回报，而随着公司资本结构的提升，公司价值并未同步提升，这使得公司融资方式的选择不仅背离公司价值最大化原则，而且与西方理性的融资优序理论相悖。究其始末，置于我国情境下，上述不理性的股权再融资偏好不仅与融资制度有关，而且与外部投资者与内部决策者的非理性偏差密不可分，更为重要的是，公司内部治理的不完善是股权融资偏好的关键要素和根本诱因。基于控制权理论，内部治理取决于公司控制权安排，因此，公司控制权配置状况与再融资方式选择间存在必然的内在联系，体现为一一对应关系，即公司控制权配置指数的高低是决定公司选择特定融资方式的依据。通过理论分析及对二者关系的描述性统计，本书初步认为选择可转债融资的公司控制权配置指数较高，债权其次，而定向增发融资公司的控制权配置指数最小。因此，随着公司控制权配置的逐渐优化，再融资方式的选择将不仅限于定向增发，债权融资及可转换债券融资成为可能。但需要注意的是，公司再融资方式的选择在成为相关利益主体传递公司质量信号载体的同时，也会引起公司控制权配置状况的改变。

第5章

再融资方式选择机理分析：
控制权配置视角

5.1 控制权配置直接影响再融资方式选择的理论分析

根据前面控制权配置与再融资方式选择二者内在关系的构建过程和理论阐述，控制权配置不仅会对公司的战略决策和导向产生影响，而且也决定了公司股东与股东、股东与债权人、股东与经理人的利益格局，同时形成强弱不同的激励约束效应，进而影响并决定公司再融资决策主体及其决策动机。在股权集中公司，控制股东存在利用控制权威剥夺公司利益的动机，中小股东、债权人不能平等的分享公司收益，致使控制股东的控制权私利成为影响再融资方式选择的主要因素。而在股权分散公司中，由于股东监管的缺失以及股东与管理层间的利益冲突，经理人控制权私利逐渐演变为再融资方式选择的主要决策动机。由此可知，不同的控制权安排治理效应不同，对再融资方式选择所产生的直接影响不同，合理的控制权配置有助于降低企业内部的代理冲突，改善公司治理效应，促进企业融资决策目标回归公司价值最大化。

理论来讲，控制权配置通过以下途径影响再融资方式选择：第一，控制股东出于控制权利益而选择对自己利益最大化的融资方式，控制权配置的优化会增强竞争性股东的制衡度，形成内部牵制，降低控制股东对公司及中小股东、债权人的利益侵占行为，促进控制股东选择公利行为的积极性，进而形成"利益协同效应"，促使融资方式选择向公司价值最大化靠拢；第二，控制股东出于稳固或加强控制权的考虑，采用不降低控制权的融资方式以提高控制权竞争的能力；第三，通过影响股东对经理人的监督效应，降低经理人的自利行为，进而影响经理人的融资决策意向；第四，通过对经理人实施股权激励形成长效机制，实现经理人与股东的利益协同，缓解股东与经理间的代理冲突，进而提高融资决策效率。简言之，公司控制权配置作为激励约束机制，对公司实际控制人的利益取向产生影响，从而对融资方式产生影响。

5.1.1　控制权激励的双重性

控制权配置的初衷是平衡各契约主体的利益冲突，促使公司各项经营活动及财务决策以公司价值最大化为原则，即控制权的合理配置有助于降低公司内部的代理冲突，促进公司价值提升。然而，控制权的这种激励不仅存在上述积极作用，而且也为控制权主体留下了机会主义空间，存在一定的消极作用。

5.1.1.1　解决代理问题的手段

根据委托代理理论，在企业组织这一契约集合体中，各利益主体都存在自身的利益诉求，追求自身利益最大化而不是企业价值最大化，而信息不完备及市场的先天缺陷又为各利益主体的机会主义行为倾向留下了可乘之机，导致各契约主体利益冲突严重，即我们所讲到的公司内部代理问题，而公司控制权配置的目的就是通过赋予利益主体具有经济价值的控制权，进而达到有效的激励约束，降低代理成本。在 GHM 不完全契约理论下，上述控制权被分解为特定控制权和剩余控制权，如果说特定控制权是刚性的，那么剩余控制权则是柔性的。谁掌握了剩余控制权，谁就有决定公司经营活动及财务决策的话语权，所以说剩余控制权充满诱惑且在公司所有权安排中占据支配地位，也成为利益相关者争夺的对象。

现代公司通常存在两种类型股权特征，股权集中和股权分散。股权集中公司的控制股东通常拥有公司的实际控制权，该实际控制权衍生于控制股东的股权，具有激励作用。而股权分散公司的实际控制权通常被经理人所掌控，准确来讲，由于监管机制的缺失，股东的剩余决策权被让渡给了具有自主决策权的经理人，形成"内部人"控制，这种控制权并不依赖于所有权，而是由于公司控制权结构安排所致，这种控制权激励同样具有一定的积极作用。

首先，股东可依据其实际拥有的股份比例分享公司的收益，持股比例越高，公司利益越多，则分配的收益越高，学术界将其称为控制权共享收益。由于公司经理人掌握公司的经营控制权，是经营活动的实际主宰者，其努力程度决定公司获取利润的多少，因此，股东可获得控制权共享收益的多少取决于经理人对公司的付出程度和努力，而由于经理人自利、偷懒的本能，与股东利益目标存在差异，需要股东及董事进行监督，确保经理人以公司价值最大化进行投融资决策。然而，监督是会产生成本的，需要调查获取信息，因此，股东付出成本监督经理人的前提是现金流权所分享的共享收益足够大，这就使得控制股东及其他大股东成为主要监管者，而不具备控制权的中小股东则通常都采取"搭便车"行为。换言之，现金流权所衍生的控制权激励具有价值增值作用，在降低公司股东与经理人之间代理冲突的同时提高公司价值，具有积极作用。

其次，相较于监督，激励不失为一种更有效的手段，尤其是当股权分散监管缺失时。一般来说，激励包括短期薪酬激励和长期股权激励两种形式。短期薪酬激励容易促使经理人为了短期利益而出现财务决策"短视"行为，导致过度投资、盈余管理等问题的产生，从而被认为激励效果不佳。股权激励则被视为一种能改变经理人短期倾向，促使经理人与股东利益一致的长效激励方式，主要原理是赋予高管控制权地位与股东角色，高管不仅可以获得作为代理人应得的薪酬，还可以获得所有权人的共享收益，从而减少并消除股东与经理人之间的利益冲突，达到经理人"心甘情愿"为公司效力的目的。当然，需要注意的是，不管是薪酬激励还是股权激励，其有效性取决于高管对公司价值创造的贡献和高管所获得的薪酬激励之间的对称性。已有研究证实，高管持股低于一定水平时，公司价值会随着高管持股比例的增大而提高，但随着高管持股比例的增大，经理权力增大，外部监督弱化，高管持股的利益协同效应逐渐减弱，管理防御效应增强，经理自利动机增强。而当高管持股比例高至外部力量难以约束时，利益协同效应消失，管理防御占据主导地位，此时公司决策及经营活动将完全以高管行为动机为导向。换言之，控制权激励的有效性存在一定的阈值。

5.1.1.2　代理问题的重要来源

所谓"成也萧何，败也萧何"，合理的控制权激励能降低代理问题，不恰当的控制权激励则是代理问题的重要来源。从现代企业控制权主体来看，控制权配置模式分为股东控制、经理人控制及利益相关者控制三种方式。而由于我国不成熟的市场环境，公司要么是由控制股东控制，要么由管理者控制。但由于上市公司复杂的股权结构，控制股东的实际控制权往往与现金流权相分离，或者控制股东过于集中的股权形成"垄断""独裁"及"一言堂"，控制权威使得控制股东追求与控制权地位相当的私人收益，致使中小股东及债权人利益受损，加剧第二类代理问题。而在股权分散公司，作为最终代理人的管理者，不仅被赋予了特定经营管理权，而且被赋予了部分甚至全部剩余控制权，放大了经理人的权利空间。而正是由于拥有对未来不确定事项的决策权，使得经理人具有自由决定公司投融资活动的权力，并成为经理人实施自利行为的权力基础与保障，增大其与股东之间的代理问题。

首先，控制股东与其他股东一样，也会在意与其股东身份一致的现金流权所带来的共享收益，且控制股东会借助其控制权威捍卫自己的现金流权益，即控制股东追求与其所有权相适应的正常收益。然而，控制股东却不满足于作为中小股东代理人所获得的代理薪酬与作为股东所获得现金流权益，往往存在利用控制地位获取控制权私利的动机，从而损害中小股东利益并实现自身利益最大化。当然，控制股东由于监督经理人付出控制权成本，而中小股东坐享其成其监督所带来的增值收益，获取控制权私利以弥补监督成本本身无可厚非，然而一旦控制股东所获取的控制权私利不能让中小股东保持沉默，超出控制权私利的合理范围，就会导致公司运行效率的降低。换言之，控制权成本是控制权私利的刚性边界，也是不引起公司效率降低的约束条件。但实际情况却是，控制股东倾向于利用控制地位最大限度地占用公司资金、进行关联交易和内部交易，违背债权合约，选择效率较低、风险较高，但却有利于他们自身攫取更多控制权收益的投融资项目，从而损害了中小股东及债权人利益，这是由于相对于共享收益，私有收益的数额更为庞大且更有吸引力。虽然，获取控制权私利会降低控制权共享收益份额，但当为获取控制权私利能够弥补所减损的共享收益，或者减损每一份共享收益可获得更多的私有收益时，控制股东便不会放弃控制权私利，且会用控制权威最大限度地攫取私利。因此，只要控制股东的持股比例而不是实际控制权强度未达到 100%，控制股东都存有追求自身利益最大化的动机，并成为第二类代理问题的重要来源。

其次，由于我国上市公司特殊的股权结构，大部分公司股权处于相对集中的状态，大股东现金流权比例并未达到绝对控制区间，对管理层的监督力度不足，这使得管理层不仅依法享有股东大会及董事会赋予的特定控制权，同时也使得管理层掌握部分剩余控制权甚至全部剩余控制权，致使管理层权力较大，并成为其机会主义行为顺利实施的保障。具体来说，管理者作为代理人，有确保自身职位稳固及追求个人利益最大化的管理防御动机，这使得经理的一切决策都以不威胁职位稳固为前提，尤其是在我国经理人市场不成熟时，经理的工作转换成本较高，使得经理投融资选择不是以企业价值最大化为原则，而是以是否会威胁公司控制权稳固为根本前提。倘若公司控制权发生转移，经理地位将难以保证，这也是在面临收购时，经理选择债务融资提高自身控制权比例并增加收购难度的主要原因，而在职位稳定时，经理又倾向于选择保守的财务决策以避免企业陷入财务危机，确保公司正常经营，从而最大程度享受在职的各种惠利。由于经理个人利益取决于公司价值，经理要实现个人利益最大化，则必须付出努力实现公司价值最大化，然而激励与监督并不总是有效的，我国上市公司经理的薪酬收入并非收入的主要来源，经理人员更倾向于获取非货币性收入，即在职收入，而这依赖于经理决策的自由裁量权，自主权越大，越不容易受股东及董事会的监督，代理问题越严重。

从上述控制权激励的积极作用和消极作用来看，对相关主体授予控制权既可以实现监督效应和激励效应，促使控制股东履行代理人义务勤勉尽责，又可以促使经理人努力工作，减少偷懒与自利，降低公司内部两类代理成本，进而促进公司融资决策目标以公司价值最大化为原则。但控制权激励发挥积极作用存在一定的"度"，过犹不及。过度的激励容易形成股东"一言堂"局面，干扰公司正常经营活动，公司财务决策体现为大股东的私利最大化而不是全体股东财务最大化。不仅如此，对高管过度激励会一方面使得高管自主权过大，另一方面使得股东对高管的约束失控，高管得以掌握公司的剩余控制权，对公司财务决策的自由裁量权使得财务决策目标以其个人利益最大化为原则，从而加大其与股东间的代理冲突。由此来看，公司内部代理问题是在控制权激励的"利"和"弊"中相互博弈并达到均衡的，并最终通过公司投融资决策及其他经济活动体现，如图 5-1 所示。不仅如此，控制权激励的双重性也是研究控制权配置对公司经营活动、财务决策及公司价值影响的逻辑起点和终点，通过探析公司内部控制权激励的主要作用识别契约主体之间的主要利益矛盾，进而通过调整融资结构、股权激励等措施优化控制权配置，尽量避免控制权激励的消极作用，提高控制权激励的积极作用，达到激励最优。

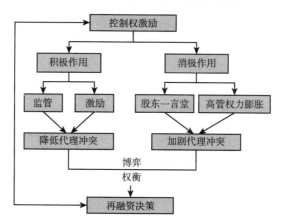

图 5-1　控制权激励的双重性对再融资决策的影响

5.1.2　控制权配置影响再融资方式选择的途径

关于控制权的研究，多数文献从现金流权、控制权和两权分离度三个方面切入和拓展。从已有研究成果来看，控制权配置对再融资方式选择的影响根源在于控制权结构决定了融资决策主体和目标。其机理是公司剩余控制权的掌握者由特定控制权结构决定，进而影响公司的治理方式及价值取向，并由此对再融资决策目标产生影响。因此，控制权结构是这一影响机理的源头。基于上市公司层层赋权的经营方式，企业所形成的三层权力运行结构，正是委托人对代理人的制度性监管与激励约束机制，其目的是平衡利益相关者之间的利益冲突，维护企业的正常经营运转，并促使经营活动以公司价值最大化为原则。换言之，再融资方式的选择取决于公司治理效率，而控制权结构恰恰是决定公司治理效率的最核心的关键因素。但由于我国上市公司控制股东通常采用"金字塔"股权结构强化自己的控制权，导致公司的终极控股股东与直接控股股东有所区别，将控制权结构追溯到上市公司的终极控制人能够更好地理解所有权、控制权及股权制衡结构之间的关系，这样才能把握融资决策问题的关键。

5.1.2.1　终极控制权与再融资方式选择

股东控制企业的前提是掌握一定的投票表决权，对于终极控制股东来说，控制权不仅包括通过股权控制而形成的直接控制权和间接控制权，还包括通过社会资本控制链而形成的隐性控制权。根据哈里斯和拉维（Harris and Raviv，1988）的"廉价投票权"观点，由于投票权与其现金流权的风险收益是不对等的，当拥有100%的投票权却只需要承担40%的收益风险时，行使投票权后产生的60%经济后果都被外部化为由中小股东承担，而终极股东则只需要承担40%的风险。尤其是终极股东通过显隐性关系股东获得更多控制权选票时，终极股东的权力空间被放大地更多，此时，终极股东所做出的各项财务决策便不会是以公司价值最大化为原则，而往往是有助于自己攫取更多的控制权私利，并与没有投票表决权的中小股东利益相悖。但终极股东的这种掏空行为存在一定的条件，即控制权收益与成本存在差值。随着终极股东现金流权集中度的增加，终极股东的利益与公司利益一致性增强，风险收益"外部性"减弱，其掏空的动机也减弱。此时，终极股东为维护自己的利益，加强对管理层的监督力度，促使管理层的财务决策方案以维护股东利益为原则。

然而，控制股东获取控制权私利的动机始终存在，只要终极股东的投票权超过一定比例，就拥有了绝对控制上市公司的能力，也为实施控制权私利创造了条件。根据上市公司决议制度，当实际控制人拥有超过1/2以上的投票权时，股东大会的其他大股东及中小股东的投票权对实际控制人是没有约束力的，那么此时，实际控制人对公司具有完全控制权，可以通过资金占用、关联交易等获取更多利益，因此，终极控制权比例并不是越高越好，在降低第一类代理问题的同时可能引发第二类代理问题。

需要注意的是，终极股东在进行自利性的融资决策时不得不考虑的一个重要前提是控制权的稳固性。根据韩亮亮和李凯（2008）关于直接控制权和间接控制权的关系对资本结构的影响分析，当终极控制权取决于上市公司直接股东控制权时，股权融资会对终极控制权造成稀释，而债权融资不会稀释终极控制权，此时，若股权融资的代价是影响到终极股东的控制地位，则终极股东更倾向于选择债权融资；但若终极股东的控制地位相当稳固，股权融资的稀释效应并不影响其实际控制地位时，终极股东依然愿意选择能增加其控制资源的股权融资。毋庸置疑，控制资源的增加有助于终极股东获取更多的控制权私利。那么，在终极股东控制权不由直接控制权决定时，股权融资自然与债权融资一样具有非稀释性效应，但股权融资却相较于债权融资的约束条件及风险性更小，能有助于终极股东获取更多的控制资源和控制权私利。基于此，再融资方式选择的一个必要约束条件是终极股东对其控制权稳固的敏感性，并最终体现为现金流权与控制权激励引导下的价值博弈，如图 5-2 所示。

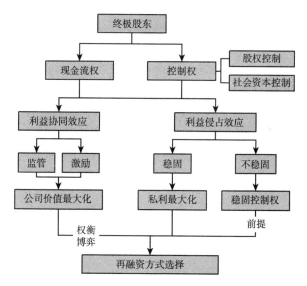

图 5-2　终极控制权对再融资方式选择的影响机理

5.1.2.2　两权分离度与再融资方式选择

与其他国家的民营上市公司相比，我国创业板民营上市公司终极股东控制权与现金流权分离度较高，主要是由于创业板上市公司前身多为家族企业，终极股东往往通过金字塔股权结构和关系网络强化实际控制权。金字塔股权结构的显著特点是控制链层级不止一条，终极控制权与上市公司直接控制权无直接关系，且一般大于终极股东自身的现金流权，而且随着控制链层级和复杂性的加大，终极股东的隐蔽性更强，两权分离度更大，关系网络更为繁杂，利用控制权获取私利越不容易被发现，成本越低。因此，两权分离加速了股权集中产生的代理问题。分离度越大，终极股东借助控制权获取私利所承担的损失成本越低，越会刺激控制股东转移公司利益。为直观反映，本书绘制图 5 – 3 进行简单说明（只考虑股权控制链）。

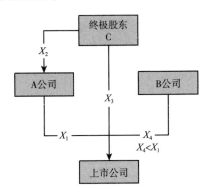

图 5 – 3　金字塔股权结构示意图

如图 5 – 3 所示，假设 A 公司持有上市公司 X_1 的股份，B 公司持有 X_4 的股份（ $0 < X_4 < X_1 < 100\%$ ），C 直接持有上市公司 X_3 的股份，同时持有 A 公司 X_2 的股份，为上市公司的终极股东。此时，终极股东 C 通过金字塔股权结构对上市公司的实际控制权为 $\min\{X_1, X_2\} + X_3$ ，现金流权为 $X_1 \times X_2 + X_3$ 。显然，实际控制权 $\min\{X_1, X_2\} + X_3$ 大于现金流权 $X_1 \times X_2 + X_3$ ，终极股东两权发生分离。假定上市公司当年实现利润为 P_1 ，A 公司当年实现利润为 P_2 ，则终极股东不进行利益侵占时，可获得收益 P 为：

$$P = X_2 P_2 + X_1 X_2 P_1 + X_3 P_1 = (X_1 X_2 + X_3) P_1 + X_2 P_2 \qquad (5-1)$$

若终极股东进行侵占，侵占比例为 t ，则可获得收益 P_0 为：

$$\begin{aligned} P_0 &= X_1 X_2 (P_1 - t P_1) + X_3 (P_1 - t P_1) + X_2 (P_2 + t P_1) \\ &= X_2 (P_2 + t P_1) + (X_1 X_2 + X_3)(1 - t) P_1 \end{aligned} \qquad (5-2)$$

则终极股东因利益侵占所获得控制权私利 P' 为：

$$P' = P_0 - P = (X_2 - X_1 X_2 - X_3) t P_1 \qquad (5-3)$$

由上可知，当不考虑关系股东时，终极股东因两权分离而进行利益侵占可以获得超额控制权私利，且控制权私利的大小与终极股东对上市公司的第一大股东的持股比例正相关，与终极股东对上市公司的现金流权成反比，即与两权分离度成正比，同时与上市公司当期利润和侵占程度成正比，而在考虑关系股东的叠加效应时，终极股东的两权分离度会更大。在这种情况下，有利益侵占动机的终极股东所作出的融资决策不仅要考虑其对管理层的监管程度，还要考虑两权分离程度，因为监管程度或者说管理者的自利行为是影响公司当期利润的主要因素，而两权分离度越大，终极股东为获得控制权私利所损失的共享收益就越小。基于上述分析，两权分离度是影响融资方式选择的又一决定性因素，其主要原理在于干扰了融资决策目标，使得融资决策目标偏离公司价值最大化轨道。

5.1.2.3　股权制衡与再融资方式选择

如果说终极股东的控制权和两权分离为其实施利益侵占提供了机会和保障，那么其他股东的制衡则对上述利益侵占构成了约束。研究表明，除股权高度集中公司外，多个股东形成共同控制也是普遍存在的控制权结构形式，简单地理解为股权均衡结构。现有研究关于股权制衡的治理效应并未得到一致结论，主要有制衡的积极影响、消极影响和非线性影响等三种结论（陈德萍和陈永圣，2011；Faccio and Lang，2002；阮素梅等，2014；隋静等，2016；焦健等，2017），其主要原因是基于控制人的直接股权结构而不是终极股东并不能准确判断一致行动人、共同发起人等显隐性关系股东，在此基础上所判断的股权制衡或者联盟显然意义不大，且缺乏可信度。因此，从终极控制人视角，挖掘终极股东的显隐性关系网络，找出终极股东依托股权控制链和社会资本控制链达到全面控制的控制权，进而讨论其竞争性股东对其的权力制衡，才能更好地把握终极股东对上市公司的实际自由决策权以及融资决策问题。

根据吕怀立等（2010）的研究结论，股权制衡能够实现对控股股东的制约，进而改善委托代理关系、降低代理成本，是公司治理的一个重要手段。赵景文和于增彪（2005）通过克鲁斯卡尔－沃利斯检验（Kruskal-Wallis）得出结论，相较于"一股独大"公司，股权制衡公司的业绩更好，这一论断为引入多个竞争性股东降低第一大股东持股比例进而形成股权制衡的做法给出了合理性解释。然而事实是，股权制衡作用的发挥依赖于控制股东的所有权状态，不能一概而论。一般来说，当控制股东处于绝对控制时，其他竞争性股东的制衡力量微弱，股权制衡无效；但当公司存在数个终极大股东且其持股比例相差较远时，其制衡效果不如多个终极股东持股比例相当的股权结构，且制衡效应会因终极股东现金流权和控制权是否分离而不同（毛世平，2009）。按照毛世平（2009）的分析，分离型金字塔控制结构具有很强的权益杠杆效应，赋予了终极控制人侵占公司利益的能力和动力，财务决策等自然是以终极股东利益最大化为标准，因此，终极股东的两权分离能够抵减股权制衡的正面治理效应；相较来说，非分离型金字塔控制结构不具备权益杠杆效应，因此，终极控制人为获得私有收益实施隧道行为而产生的成本便会内部化，这将削弱终极控制人获取私利的动机，因为获取私利将导致承担更多的损失，股权制衡治理效应得以体现。简言之，股权制衡的有效性取决于现金流权、控制权及两权分离程度。

综上所述，控制权配置对再融资方式选择的影响，主要取决于控制权激励双重性的权衡以及终极控制权结构特征中现金流权、控制权、两权分离度及制衡度的相互作用，其实质是对公司内部代理冲突的激化或弱化。基于此，公司特定控制权配置模式下的代理问题是揭示控制权配置对再融资方式选择影响机理的关键。

5.1.3　控制权配置与再融资方式选择关系逻辑框架

基于前述控制权激励的双重性和控制权配置对再融资方式选择的影响路径分析，公司控制权结构安排的合理与否是决定再融资效率高低的关键。在我国乃至世界上大部分国家，上市公司都是通过股东大会、董事会及经理层逐层赋权、监督、激励与约束并行的方式运行，以达到平衡契约主体利益冲突的目的。归纳来看，公司内部主要存在四类利益主体：终极股东、中小股东、债权人及经理人，利益目标的不一致使得终极股东与中小股东、股东与债权人及股东与经理人存在代理冲突，这也是再融资决策目标偏离公司价值最大化的根本原因。

首先，终极控制股东位于公司权力金字塔的塔顶，拥有剩余决策权，不仅掌握股东大会层面的剩余控制权，而且通过向董事会、经理层委派董事、安置经理进而掌握战略决策权、监督控制权和经营管理权。换言之，终极股东的权力边界发生膨胀，由股东大会逐步扩展到董事会和经理层，权力的转移使得终极控制股东对上市公司的实际控制权已经远远超出了一股一票下的名义控制权，使得对终极股东控制权配置的研究需要深入股东大会、董事会及经理层三个层面（角雪岭，2007）。

其次，超额控制权使得终极股东有动力、有能力侵占中小股东及债权人的利益，如违背债权合同进行高风险投资、资金占用及关联交易等。尤其是金字塔股权结构及复杂的关系网络所引致的两权分离加剧了终极股东的侵占动机，并降低了侵占成本。终极股东在对管理者进行监督降低第一类代理问题的同时，其侵占行为加剧了第二类代理问题，而当终极股东控制权及现金流权较低不能对管理层形成有效监督时，其侵占能力也有所降低。由此可见，第一类代理问题与第二类代理问题会相伴而生，互相影响。研究发现，通过引入竞争性股东形成多个大股东共同控制局面，进而降低终极股东的控制权力及影响力可以抑制第二类代理问题，同时，通过股权激励等长期激励及增强董事会的独立性来抑制第一类代理问题，在形成激励约束相容的治理机制的同时，引导融资决策目标回归公司价值最大化。

由此可见，终极股东控制权结构是控制权配置对再融资方式选择影响机理的本源变量，其所形成的激励约束机制是代理冲突激化或弱化的关键，并成为揭示再融资行为异象症结所在，提高再融资效率的突破口。基于此，本书绘制控制权配置与再融资方式选择关系逻辑框架图，如图 5 - 4 所示。

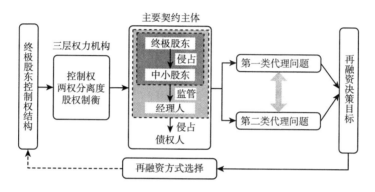

图 5 - 4　控制权配置与再融资方式选择关系逻辑框架

5.2　控制权配置间接影响再融资方式选择的理论框架：引入经理管理防御

根据上节控制权配置对再融资方式的直接影响机理，终极控制权在公司治理中同时发挥着利益协同效应和利益侵占效应。控制权配置的不同状况，必然会形成不同的激励约束机制，对公司内部可能的代理冲突产生不同的影响，继而形成不同的融资决策理念。研究表明，合理的控制权安排能够平衡公司内部利益冲突，提高决策效率。而由于管理层是再融资议案的提议者以及决策的执行者和风险控制者，其风格会左右公司的发展目标和战略方向，同时，由于信息不对等，经理人往往比股东掌握更多与融资决策相关的关键信息，并凭借专业能力和市场信息在这场信息博弈中占优势，从而享有部分甚至全部融资决策剩余控制权。理论上来讲，好的融资决策机制应该是决策权配置与决策信息分配最大限度地匹配，然而经理层掌握大部分的决策信息，却并不为此承担相应的风险和收益，致使经理缺乏以股东利益最大化进行财务决策的积极性。基于此，本章重点关注股东与经理之间的第一类代理问题，引入经理管理防御作为传导机制，分析控制权配置对再融资方式选择的间接影响机理。

5.2.1　控制权配置间接影响再融资方式选择的传导机理

5.2.1.1　引入"S—M—C"分析框架

行为动机理论为控制权配置、经理人与公司融资方式选择的关系提供了崭新的视角，是对基于委托代理理论探索再融资方式选择影响因素的重要补充。依据行为动机理论，一切行为由动机引起。延循这一思路，经理人基于投资行为选择相应的融资方式是出于经理人融资决策目标与意愿，经理追求自身利益最大化动机是引发融资决策目标偏离公司价值最大化的根源。然而，经理同时处于外部市场环境及股东监督之下，并不能完全按照自己意愿行事，其行为动机受到上述外部条件的约束。换言之，外部市场与股东监督是经理内在动机转化为行为的机会与约束条件，只有当外部条件激活经理人的内在动机时，经理融资决策动机才得以实施。因此，如果经理有较强的自利动机，且外部约束条件较小时，公司再融资方式的选择将以经理自身利益最大化为原则。基于公司逐层赋权的经营方式，股东、董事及经理都处于公司控制权安排的大框架下，在所授予的控制权权利及监督下对公司经营活动产生影响，以平衡利益相关者利益，保证公司健康发展。由此可知，在经济人假说前提下，公司控制权配置最根本的目的就是通过激发所有者的支持行为与提高经理人积极性，防止所有者的机会主义行为和经理人的自利、偷懒行为，达到激励与约束的均衡。

回溯已有研究，学者们也多将公司控制权配置视为平衡利益相关者利益的重要机制，而控制权配置又是以终极股东为顶端的权力金字塔，因此，股权结构安排是控制权配置的外显形式。研究表明，股权集中度对企业的融资决策产生影响，且股权集中度往往通过企业管理层的行为决策产生影响（Coles et al.,2001），因此，如何设计良好的股权结构以同时激发股东、董事和经理对融资决策目标及效率的积极影响，是探究公司控制权配置对融资行为作用机制、揭示再融资异化症结所在及提高融资效率的关键。为此，本书以传统"S（结构）—C（行为）—P（绩效）"分析框架为依据，结合代理理论及行为动机理论，对这一模型进行细化，得到控制权配置、经理管理防御动机及再融资方式选择三者关系的理论框架，即"S（结构）—M（动机）—C（行为）"

模型。不同的控制权配置模式对经理管理防御动机的影响不同，并同时形成不同的激励约束条件，可能助长经理的管理防御动机，也可能抑制经理管理防御动机；经理管理防御动机的不同，又使得其风险态度、自利倾向不同，进而产生不同的融资决策议案。结合 GONE 理论，控制权配置实际是经理管理防御产生的机会因子（激励）和暴露因子（约束），而管理防御是经理融资行为的内在动机，本书所指"S—M—C"分析框架如图 5-5 所示。

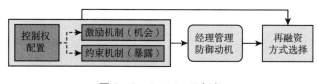

图 5-5　S—M—C 框架

5.2.1.2　引入经理管理防御

再融资方式选择是融资决策所要解决的最核心问题，不同融资方式选择所导致的融资结构变化会对公司所有者与管理者的控制权、索取权及收益权产生影响，其实质是融资方式选择关系到股东与管理者的利益。因此，股东与管理者的价值取向会对融资方式选择产生干预。依据公司三层权力机构之间的分层融资决策机制，股东大会和董事会掌握公司的融资战略决策权，经理人掌握公司日常融资决策权，并负责最终融资决议的执行，同时经理负责为董事会制订融资战略决策拟订方案。因此，在现代公司中，公司主要经营管理权由经理层掌握，经理也顺理成章地成为公司治理机制激励约束的主要群体。

但从现代公司治理机制来看，外部市场所形成的监督更多的是一种事后监督，且信息不对称、不及时及滞后性又使得监督效果不佳，内部股东监管虽然大大降低了信息成本，但掌握主要经营管理权及经济命脉的经理极易通过其权力在公司内部构建利益共同体，从而降低股东及董事对其的监督力度，使得经理权力边界膨胀、外溢。根据经济人假设，公司各个契约主体都希望实现个人利益最大化，因此，经理人作为代理人的目标效用函数与股东的利益函数不同，经理人自利动机也成为决定融资效率的前置因素，包括确保职位稳固、货币薪酬与非货币薪酬最大化、声誉提升及公司正常经营发展等。虽然上述部分自利动机同时也会促进公司价值的提升，符合利益一致原则，然而大部分的自利动机都不是以提高公司价值为目的的，学术界将这种自利行为动机称为经理管理防御，意指经理人出于职位安全和自利的考虑，而做出的背离公司价值最大化目标的行为决策。现有研究也认为，经理人偏好低风险的股权融资而不热衷于对公司价值有利的债权融资，但当公司面临接管风险而危及职位稳固时，经理会倾向债权融资以增加接管难度。

由此来看，公司融资方式选择等决策行为充分体现了经理管理行为动机，但融资决策也同时是由以终极股东为首的三层权力机构相互制约与协调而形成的，引入经理管理防御动机作为中间传导机制，能进一步揭示控制权配置对再融资方式选择的影响机理，同时符合"结构—动机—行为"的研究范式。

5.2.2 控制权配置对管理防御的影响路径

控制权配置作为公司制度安排，用于支配若干在企业中有重大利害关系的股东、董事、经理及债权人之间的利益关系，并确保利益主体获取最大利益。从现代公司治理结构安排来看，公司是由以终极股东为首的股东大会、董事会及经理层组成的权力金字塔组织结构，在这一权力金字塔结构中，各层权力机构相互制衡，并依据授权行使契约性权力。因此，对经理人来说，控制权配置的作用主要体现为激励和约束，然而公司治理结构中的激励因子和约束因子对经理管理防御的影响程度并不相同，包括股东与董事会对经理管理防御行为动机的监督弱化，以及经理自主权的扩大形成的壁垒效应对经理管理防御的强化加剧。

5.2.2.1 股东的监督效应

股东作为公司的所有者，是对经理管理防御行为的主要监督力量，通过有效的公司控制权配置模式，股东可以及时了解企业的经营活动和财务决策，判断经理的努力程度，并以此分析是否符合股东财富最大化原则。尤其是在我国经理人市场不成熟时期，外部监管的缺失使得内部监督格外重要，若经理管理防御动机过大，则股东利益受损严重进而导致股东退出市场，公司融资困难并导致投资萎缩，不利于公司可持续发展。

诸多研究表明，第一大股东持股比例、股权集中度的提高有利于提高经理的努力程度，降低管理防御水平，这是因为股东持股比例与剩余索取权相对应，持股比例越高，利益协同效应越显著，因而股东想要分享的共享收益越大，越有动力监督管理者努力工作，并减少自利行为。而当股东持股比例较低时，监督所获得的增值收益并不足以抵减监督成本，使得股东监督动力不足，这也是中小股东"搭便车"行为的主要原因。白重恩等（2005）认为，除了控股股东以外的大股东持有股份越集中，越会加强对管理层的监督，并且能够增强对控制权的有效竞争，这一观点在肯定其他竞争性大股东积极作用的同时，也暗含了控股股东的消极影响，一方面，控股股东权力过大所引致的利益侵占效应会使得其与管理层合谋侵占公司利益，不仅放大了管理层权力，增大了其管理防御行为，而且降低了薪酬—业绩敏感性，使得管理者罔顾公司利益而乐于实施对控股股东和其自身有利的财务活动；另一方面，相对控股大股东来说，非控股大股东属于竞争、制衡性股东，制衡性股东的制衡力度越大，控股股东的自由裁量权越小，实施自利行为的成本越大，同时对管理层的监督力量越大，管理防御程度越低，但需要警惕的是，制衡性大股东可能联盟形成新的控股股东，同样可能出现与管理者合谋侵占公司利益、加大经理管理防御行为的动机。

上述研究表明，股东对管理层的有效监督是有条件的。一般来说，公司股权集中拥有控股股东并在位，且该公司经理人并不是控股股东本人、不由控股股东提名、不依附控股股东时，控股股东有动力监督经理人努力工作，从而最大化其自身利益，但也容易出现股东利用其控制权威干预经理人工作，从而使得经理立场发生变化。而当股权分散不存在控股股东时，股东对经理人的监督就变为一个难以实施的事情，一方面，较小的监督收益不足以弥补较大的监督成本，使得股东放弃监督；另一方面，经理拥有了直接干预经营活动的权力，其过高的权力空间使得股东无法有效监督。但与前述股权过于集中和股权高度分散的结构不同，股权相对集中公司则可以形成较好的制衡和监督，既不会出现股权分散时的"搭便车"行为，也不会出现由于股权过于集中的独裁而导致的管理层合谋。基于此，股权集中公司更容易形成股东对管理层的有效监督，管理防御程度较低。在此，我们仍需要注意的是，国有控股公司控股股东的长期缺位，与股权分散公司无异，并不能真正实施有效监督，致使出现"内部人控制"，超弱控制与监督使得经理管理防御程度较高，如图 5－6 所示。

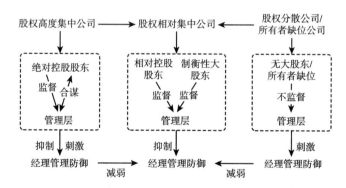

图 5－6　股东监督与经理管理防御的逻辑关系

5.2.2.2　董事会的监督效应

董事会经由股东大会选举产生，按照股东授权享有战略决策权和监督管理权，负责任免经理层人员，被视为解决股东与管理层之间代理冲突的重要治理机制（祝继高等，2015），尤其是独立董事制度的引入，使得我国上市公司董事会的人员构成越来越凸显董事会的独立性，平均独立性已超过35%，单从形式来看，董事会的独立性已使其足以能保护中小股东利益。但是，在实践中上市公司终极股东或控股股东侵吞公司财产、管理层过高薪酬、关联交易、虚构利润等公司治理失败案例却屡见不鲜，大量研究将其归咎于董事会治理的软约束，这种看似独立实则不独立导致的直接后果是监督效果参差不齐、波动较大，独立董事并未发挥其治理作用，经理管理防御问题依然表现明显。

面对董事会治理失败的现实问题，代理理论认为，应该通过提高董事会的独立性进而增强董事会的监督能力（Hillman and Dalziel，2003），可以采取的方法有：提高独立董事的比例、确保董事长与经理两职分任、保持适当的董事规模。实践证明，在上述措施下，董事会的勤勉尽责效应逐渐显现，相关成效在南开大学已发布的公司治理指数中有所体现，董事会内部结构及权力配置的逐年优化使得经理层的权力和利益空间得到压缩。尽管如此，我国部分上市公司高度集中的股权结构现状，使得独立董事并不独立，常常由控股股东或管理层推荐，这种选聘机制会使独立董事代表控股股东或管理层的利益，从而损害独立董事的独立性（周建等，2016），除此之外，由于独立董事获取关键信息的渠道主要是管理层提供给董事会的财务信息，而独立董事并不能把握财务信息的真实性与可靠性，该局限性也使得独立董事的独立性并不完全。基于现有文献对独立董事运行效果的评判，独立董事对管理者自利等管理防御行为的影响存在不确定性，或是不发挥作用，或是抑制作用，也可能助长管理者自利行为。但从独立董事无效或者消极监督的根源来看，能够肯定的是，通过采取一定措施加强独立董事的"独立"，对管理防御具有治理效应。

虽然独立董事被认为是较为有效的监督机制，但在股权制衡结构下，非控股股东所委派的董事治理作用不容忽视。祝继高等（2015）的研究表明，在对管理层的监督行为上，非控股股东董事和独立董事作用不同；与控股股东董事和内部董事相比，非控股股东董事监督作用更强，更有可能投非赞成票，这在国有企业及业绩差的公司中更为显著；同时，独立董事更不可能投非赞成票，同样在国企中更为显著；然而，独立董事在业绩差的企业中却更有可能投非赞成票。换言之，在业绩差的企业和国有企业中，独立董事监督作用较弱，风险规避倾向较强，相较而言，非控股股东董事的监督作用更为明显，这为股权集中公司非控股股东的监督作用提供了较好的证据。为此，在我国当前股权相对集中且投资者保护较弱的情况下，单纯提高独立董事比例未必能够达到较好的监督效果，相反，引入竞争性大股东，提高非控股股东委派董事席位比例，同时限制控股股东委派董事的席位以形成较好的制衡和监督，不失为一种较好的监督机制，不仅可以达到降低控股股东侵占行为的目的，而且可以实现对经理管理防御的有效治理。基于此，董事会对经理层的监督作用主要表现为以董事会内部结构为主形成的权力配置对经理管理防御的治理效应，如图5-7所示。

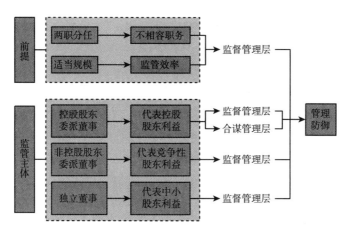

图5-7　董事监督与经理管理防御的逻辑关系

5.2.2.3　经理权力的激励效应

经理天价薪酬、薪酬与业绩不挂钩及薪酬只升不降等现象使得"最优契约理论"遭受质疑，学界转而从经理能动性出发探讨契约效率低下的根源，"经理权力理论"随之产生（王新等，2015）。该理论认为，薪酬契约作为缓解代理问题的手段，同时也是代理问题的来源，表现为委托人不能时时、准确地检测契约合同的执行，为管理层私利行为留下空间，同时管理层会利用其自身权力及影响力干预合约的执行，降低薪酬与绩效的敏感性（吴士健等，2017）。也就是说，经理权力为管理层自利行为提供了条件，使得其成为GONE理论中所讲到的经理管理防御行为产生的机会因子。一方面，经理特殊的职位使得其处于市场与公司信息连接的中枢地位，使得股东对其的依赖程度较高，同时在一定程度上增大了股东的解雇成本，形成壁垒效应；另一方面，拥有较强权力的经理可以"俘获"董事会，削弱董事会和股东对其的监督与约束效应，并通过调整公司具有自由裁量性的投融资行为博取股东以及公众的赞成，进而谋取私利。

经理权力源自经理对组织关键资源的自由支配权以及经理的能力、声誉等非组织权力，是管理层对企业经营管理活动和财务决策行为的影响依赖于权力的表现，是经理自身意愿得以实现的能力。经理对组织资源的自由支权配，是经理地位与作用的体现，更是股东监管弱化及经理自主权的体现（赵健梅和任雪薇，2014）。基于此，当经理权力不受内外界环境约束或干预程度较小时，经理的权力就上升为一种自主权，容易诱发经理利用自主权从事最大化自身利益而损害股东利益的机会主义行为。特别是当经理持股比例较大，任期较长、股权分散且经理兼任董事长时，经理已实质掌握了公司的大部分剩余控制权，对于具有自利倾向的经济人来说，经理人会充分利用其自由裁量权实施有利于自身利益最大化的经济活动。换言之，经理权力越大，管理防御行为动机越强，公司治理中要谨防经理控制权过大造成的不利影响，过犹不及的原则依然适用于公司治理中的权力配置，经理权力对经理管理防御的影响路径如图 5-8 所示。

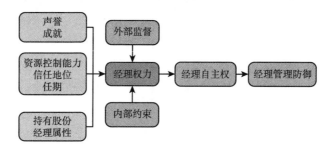

图 5-8 经理权力与经理管理防御的逻辑关系

综上所述，控制权配置对经理管理防御的影响主要表现为股东和董事会层面的监督和经理层面的激励作用，符合 GONE 理论中机会主义行为的产生路径。其中，经理权力对应于机会因子，股东与董事会监督对应于暴露因子。然而，监督与激励是否有效取决于公司内部权力配置状况，且这在不同股权结构和性质下有所不同。因此，在分析控制权配置对经理管理防御的治理作用时，不仅要考虑公司股权结构，而且要考虑股权性质。同时，我们注意到股东、董事对经理管理防御的治理作用与经理权力对经理管理防御的激励作用并不是孤立存在的，而是相互联系共同发挥作用，因此，后续研究中还应考虑三要素对管理防御的合力影响，如图 5-9 所示。

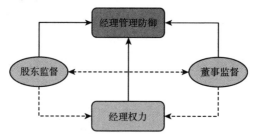

图 5-9 控制权配置对经理管理防御的作用路径

5.2.3　管理防御对再融资方式选择的影响路径

代理理论认为，管理者固守职位及自利特性使得其与股东间存在代理冲突，学术界进一步将其细化，并将其上升为管理防御假说。其实质是，管理者作为经济人，利用自身拥有的控制权实施对自身有利而损害公司利益的经济活动。尤其是创业板上市公司，家族企业比例较高，所有权、控制权及家族三者重叠现象普遍存在，使得高管自主权在以家族企业为基础的经营活动中迅速膨胀（洪峰，2018），能够对公司战略决策和战略选择自主影响的空间和范围较大，同时以高管自主权为基础的经理管理防御程度也较高。不同的融资方式约束条件及风险不同，在稳固职位及获取控制权私利的前提下，具有管理防御动机及高管自主权的经理人既可以通过影响公司风险承担水平而采取有利于职位稳固的融资决策，又可以通过过度投资及盈余管理选择有利于获取控制权私利的融资方式。

5.2.3.1　风险承担

风险承担是影响公司决策行为的取向，投资行为与融资行为的互动使得公司风险承担水平成为影响再融资方式选择的重要因素。行为决策理论认为，在复杂的决策环境和信息不对称情况下，公司决策权力越集中，公司业绩波动越大，风险承担水平越高；决策权力越分散，业绩波动越小，风险承担水平越低（李海霞和王振山，2015）。按照这一逻辑，当经理权力较大时，公司风险承担水平较高，这一观点得到了学者克里斯塔和莫琳（Krista and Maureen，2012）、权小锋和吴世农（2010）、张三保和张志学（2012）的支持，其主要原因是CEO 权力过大时，权力的膨胀使得持有异议的董事没有能力进行干预，由此产生的决策会增加极端业绩出现的可能性，同时使得公司风险承担水平增大，公司的杠杆水平增加。因此，在行为决策理论的分析框架下，股权分散公司的CEO 权力往往较大，所对应的公司资本结构应呈现出一种高负债。显然，这一说法并不符合实践，相反，与股权融资偏好及低杠杆水平的现状相悖，换言之，行为决策理论的分析框架未必适合我国上市公司管理者的融资决策。

代理人风险规避假说为我们提供了更好的分析框架，该假说指出，为了降低自身职位和财富面临的风险，作为股东代理人的管理者倾向于在决策过程中优先选择低风险项目，尤其是当管理者拥有较大的自由裁量权时，这种风险规避倾向更加明显。通俗来讲，公司经理自主权及管理防御水平较高时，管理者更可能出现的是厌恶风险而不是偏好风险，并由此使得其偏好股权融资，这是因为若公司业绩波动较大，预期不确定风险较高，偿债压力等可能危及公司管理层职位稳固及其对自由现金流量的操控。米斯拉（Mishra，2011）指出，一旦公司面临财务危机破产或被接管，管理者很可能被更换，不仅丧失其人力资本专用性，而且丧失其管理层控制权地位带来的货币性薪酬与非货币性薪酬。因此，具有防御动机的管理者会尽可能采取保守的投融资策略，降低公司风险承担水平，以避免上述现象的发生。

此外，根据高阶管理理论可知，管理者的个人特质如性别、年龄、学历背景、认知模式、风险态度都会对企业的政策形成干预（Hambrick and Mason，1984），进而影响企业的风险承担水平。从这个角度来说，企业风险承担水平由政策制定者的风险偏好决定，是内部控制人承担风险态度的集中体现（王菁华和茅宁，2015）。李秉祥等研究团队也认为，管理者能力、任期、晋升、持股比例会在一定程度上影响管理者的风险偏好，进而影响公司风险承担水平，决定公司的杠杆水平，高能力管理者风险承担能力较强，较低能力管理者更易选择债权融资。在我国现代公司，通过终极股东的层层授权，管理层已实际拥有了经营管理权，因而经理层风险偏好内生地决定公司的风险承担。在管理防御动机下，经理固守职位及获取控制权私利的倾向使得其偏好稳健的、保守的投融资方式，并由此决定公司的风险承担基调，也决定了公司最终的杠杆水平。然而，风险承担水平对公司的成长和经营发展影响较大，适度的风险有利于刺激管理者努力工作，促进资源的优化配置，一味地规避风险不仅不能形成有效的激励约束，而且只会导致"温水煮青蛙"的悲剧。由此，设计合理的控制权配置成为当务之急，不仅有助于形成有效的激励与监督机制，降低经理管理防御水平，而且有助于提高企业风险承担能力，优化公司融资结构。

5.2.3.2 过度投资

在企业正常的经营活动中，融资的目的都是为了满足企业投资项目的需求或补充公司流动资金的需要。史密斯和沃茨（Smith and Watts，1992）研究指出，公司融资决策显著地受企业投资机会集的影响；西蒙（Simon，2004）也同样认为，投资机会集对公司融资决策有很强的解释力。不仅如此，齐寅峰等（2005）通过调查问卷表明，从企业融资动机看，多数企业认为投资预算是决定企业是否融资的最重要因素，换言之，融资的先决条件是投资。然而，在当前我国经理管理防御水平较高的企业中，过度投资、投资不足等非效率投资行为严重，在此基础上的融资决策也呈现出效率低下的特点。

基于新古典主义投资理论，詹森（Jensen，1986）提出的"自由现金流假说"是解释股东与管理层之间委托代理问题所引致的过度投资行为的重要理论，其基本观点为，当企业自由现金流量较高时，即使企业不存在好的投资机会，代理冲突的存在也会使得自利的经营管理者将闲置资金投向负净现值项目而不是分配给股东以获取在职消费、构建职场声誉等非货币收益，并导致过度投资行为的发生。延续上述过度投资思想，具有管理防御动机的经理在预期到未来投资项目收益下滑、净现值为负及风险性较高的情况下，仍坚持进行投资时所选择的融资方式则需要满足偿债压力小、风险低且不危及个人职位安全的方式。显然，这是具有防御动机倾向的最基本融资要求。当然，从现存公司资本结构及融资方式来看，不管公司进行何种投资，是否真正存在投资需求，公司都倾向于选择股权融资。

相较于过度投资与股权融资之间的逻辑关系，负债"相机治理假说"的基本观点是，负债在一定程度上对企业的过度投资行为具有缓解作用。其主要原因是负债还本付息的硬约束对企业构成了一定程度的压力，若资不抵债导致破产清算，企业的控制权将转移至债权人，经理不得不面临职位威胁以及丧失控制权的种种损失，在上述潜在压力下，经理不得不选择、追求净现值为正的投资项目，即合理的负债可以有效约束经理追求私利的非效率投资行为。从这个角度来说，当经理能够合理预计投资项目的净现值，其为投资所需资金选择融资方式时，尽管面对选择负债为较好方式的情况，具有防御动机的经理依然会选择股权融资，其主要原因是债权融资限制了经理可以控制的资源，降低其控制权私利，即使公司不存在破产危机，经理也因不能拥有较多的自由现金流而放弃选择债权融资。

上述理论从"自由现金流假说"与负债"相机治理假说"两方面阐述了经理管理防御通过过度投资影响再融资方式选择的理论框架，其实质是投资收益决定融资方式。当经理人进行过度投资时，其所引致的未来不确定风险使得惧怕风险的管理者有意识地规避有风险的融资方式，一方面避免公司陷入财务困境，威胁自身职位，丧失控制权收益；另一方面低风险、低压力的股权融资使得经理人掌控更多的公司资源，拥有更多自由现金流量，而这都放大了其获取非货币性收益的空间。

5.2.3.3　盈余管理

认为理想状态的企业能够根据自身需要获取资本。然而，现实情况是，该理想状态并不存在，尤其是在信息不对称及不完全情况下，公司从外部资本市场获取资金需要支付更多的交易费用，内外部融资成本的差异使得公司普遍面临融资约束。尤其在我国，资金仍属于稀缺资源，融资存在一定的门槛，融资约束使得其与盈余管理的关系成为学者们关注的焦点，大量学者将股权再融资后业绩下滑的原因归咎为盈余管理活动，不仅包括应计项目盈余管理活动，而且包括真实盈余管理活动。

　　罗伊乔杜里（Roychowdhury，2006）等研究发现，在股权再融资之前，公司倾向于进行应计盈余管理，股权再融资之后会发生应计利润的转回，从而导致业绩下滑。随着研究视角的进一步拓展，学者们发现股权再融资行为中存在大量的盈余管理现象。科恩等（Cohen et al.，2010）的研究表明，股权再融资过程中不仅存在应计盈余管理行为，而且存在真实盈余管理行为，表现为股票增发前后，公司的资产收益率（Return on Assets，ROA）呈现出先升后降的变化趋势。同时，与应计项目操控的经济后果相比，真实活动操纵对 ROA 的不利影响程度更大。这一研究成果为我们探究经理管理防御通过盈余管理影响再融资决策的作用机理提供了较好的思路。由于信息不对称，股权再融资过程中潜在投资者不能清楚地了解公司的真实经营状况并导致逆向选择风险，作为风险补偿，公司也往往需要给予投资者较高的发行抑价，而为迎合投资者的心理需求及股权融资的顺利实施，盈余操纵、抬高股价就成为经理人的惯用手段（李增福等，2011）。尤其是当经理存在较强的防御动机时，融资的成功会带来资源规模的扩大，有利于其未来获取更多的在职消费等非货币性收入。因此，经理管理防御动机下，经理人有动力通过盈余管理促使融资的顺利实施。

　　对我国上市公司而言，由于资金的稀缺性及政策规制性，上市公司的融资行为需要满足一定的条件，即达到股权再融资及债权再融资资格。相较而言，债权融资的门槛更高，约束条件更为复杂，且债权融资还本付息的压力缩小了经理人掌握自由现金流量的空间，且盈余转回的风险加剧了经理人的还款压力，更为严重的是，使公司陷入财务危机而危及经理人职位安全。因此，防御型经理更可能通过盈余管理达到证监会要求的融资条件，这也是当前股权再融资后股价长期市场表现弱势、业绩下滑的重要原因。而在政策制度日益完善的情况下，利用应计盈余操纵的空间日渐缩小，经理转而采用真实盈余管理，这种看似正常实则更为隐蔽的操纵方式扭曲了公司的持续生产和经营行为，改变了公司的现金流量，不利于公司长期股价和业绩的向好发展（Cohen et al.，2010）。即便如此，防御型经理依然倾向于通过真实盈余管理以确保再融资的顺利实施，当然，这也符合防御型经理追求短期业绩忽视长期业绩的特性。

　　为了促使再融资的顺利实施，确保再融资方式选择符合防御型经理追求职位稳定、短期收益、控制权私利的目标，防御型经理倾向于通过选择保守的、低风险的股权融资而避免高风险的债权融资，不仅管理者的这种风险规避特性对公司的风险承担水平产生影响，而且管理者获取私利的动机使得其存在过度投资倾向并选择与过度投资效率低下相匹配的股权融资。与此同时，为确保融资的顺利实施，获取更多的可控资源，防御型经理存在强烈的盈余管理动机，不仅包括应计盈余管理活动，而且包括更为隐蔽的真实盈余管理活动，最终达到最大化融资规模、最小化融资风险及最小化财务压力的目的（如图 5 - 10 所示）。这一系列的方式不仅使得公司的可持续发展和经营活动遭到破坏，而且从长远来说，对经理自身的发展并不利。因此，加强上市公司治理机制及政策的完善，在保证经理自身利益的前提下，促使经理人以公司利益目标为重，降低经理管理防御行为动机，不仅能够提高公司风险承担水平、减少非效率投资与盈余管理行为，而且能够提升公司再融资决策效率，促进公司健康发展。

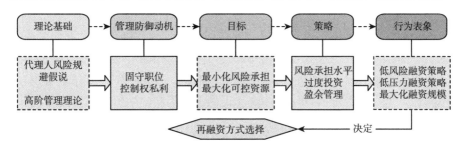

图 5 - 10　管理防御与再融资方式选择的逻辑关系

上述控制权配置通过经理管理防御对再融资方式选择的间接影响机理的揭示，是对股东与管理者之间代理冲突与再融资行为关系的辨析，更是基于公司内部治理对经理管理防御激励约束机制的探讨。可以明确的是，通过优化公司控制权配置，形成有效的激励约束机制，降低经理管理防御行为的动机，增强经理人与股东的利益协同效应，有助于促进投融资的良性互动，提高融资决策效率，在保护中小投资者利益的同时，促进公司可持续发展。

5.3　理论模型

基于前述对控制权配置对再融资方式选择的直接影响机理与管理防御对再融资方式选择的间接影响机理的分析，控制权配置的合理与否不仅是决定管理防御水平高低的重要因素，而且是决定公司再融资行为价值取向的关键。对我国家族企业占据半壁江山的创业板上市公司而言，金字塔股权结构以及复杂的股东关系网络使得终极股东的控制权力不仅限于股东大会层面，而且向董事会及经理层延伸，权力边界膨胀的同时，也使得公司控制权配置模式向终极股东超额控制模式发生转移，这与公司控制权配置的初衷相背离。而理论上，公司控制权配置的核心是实现三层权力机构之间权力的制衡与协调，达到降低公司内部代理成本，促进股东财富最大化的目的。因此，通过探究终极控制股东在股东大会、董事会及经理层面的控制度、制衡度及分离度的合理性和匹配性，有助于还原公司控制权配置的真实情况，评价公司内部激励约束机制的有效性，进而了解公司内部经理管理防御水平，在揭示控制权配置、经理管理防御与再融资方式三者之间内在关系的同时，为提高公司再融资决策效率、优化公司控制权配置提供靶向依据。

（1）在委托代理关系中，持有少量股份或不持有股份的经理人与股东之间存在利益冲突，同时信息不对称及决策自主权的存在使得具有经济人属性的经理人存在规避风险、固守职位、获取控制权私利的防御动机，并引发严重的非效率投资、非效率融资及盈余管理等管理防御行为，以获取代理冲突收益、信息不对称收益和控制权收益，在降低公司风险承担能力的同时，使得公司再融资方式出现重股权、轻债权的异化现象，因此，公司再融资方式本身也存在代理问题，是决策者价值取向的体现。正是由于不同的融资方式所附带的代理成本不同，所具有的信号功能不同，对公司控制权的调整作用也不同，再融资方式选择不仅是对内部代理问题的调整，关系到公司内部的代理成本，而且是对公司内部激励约束机制的重塑，关系到公司股东与股东、股东与经理人之间的利益格局。

（2）从不完全信息下资本结构决策理论发展历程来看，以控制权理论为基础的融资方式选择理论是公司控制权配置、经理管理防御与再融资方式选择之间关系的理论基石。早期理论认为，由于缺乏促使管理者选择最优资本结构的激励约束机制，所以即使存在最优资本结构，在自利动机驱动下，管理者并不一定会选取能够达到公司最优资本结构的融资方式。后期理论认为，在管理者职位稳定的前提下，具有决策自主权的经理人会尽可能地选取低风险的股权融资而避免债务融资，以规避风险并掌握更多的可控资源。而在职位不稳定时，又以职位稳定为前提，选择能够稳固自身控制权的融资方式。

（3）根据控制权理论，控制权激励存在双重性，不仅是解决股东与代理人、终极股东与小股东之间代理问题的重要手段，而且是引发股东与代理人、终极股东与中小股东之间代理问题的重要来源。作为激励约束机制，公司控制权配置是影响经理人选择融资方式的重要因素，有效的控制权配置能抑制经理人的自利倾向，促使经理人选择对公司而不是对其自身有利的融资方式，不仅如此，再融资方式的信号功能促使公司所选择的融资方式是基于内部治理的帕累托最优。简言之，公司特定控制权配置是评价公司内部代理问题的重要手段，合理的控制权配置能够有效降低代理问题，促进管理者选择对公司有利的融资方式，而最优融资方式是基于公司控制权配置的帕累托最优。

(4)公司控制权配置是以终极股东为首的权力金字塔结构,终极股东现金流权的监督效应和两权分离的侵占效应使得其他竞争性大股东的制衡力量处于关键的地位。制衡过强容易导致监督效应的降低,制衡过弱不利于降低侵占效应。因此,股权制衡是连接第一类代理问题与第二类代理问题的纽带。为了避免公司内部代理问题过高而引发治理效率低下等问题,终极股东在三层权力机构之间的权力配置应满足控制权、两权分离及制衡度之间的均衡,既能够有效监督经理层行为,又能够抑制终极股东对中小股东的利益侵占。换言之,公司控制权配置的理想状态是能够解决两类代理问题,降低代理成本,提高公司业绩。基于此,在帕累托最优解下,控制权配置状况较好时,公司代理成本较低,所选取的再融资方式内含的代理问题也较小;反之,公司控制权配置状况较差,代理问题较为严重时,所选取的再融资方式内含的代理问题也较严重。上述理论分析框架如图5-11所示。

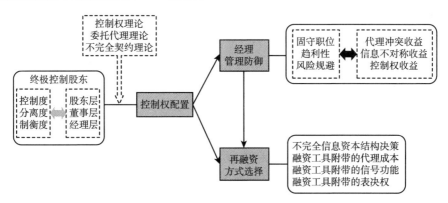

图5-11 理论分析框架

5.4 本章小结

本章在前述控制权配置与再融资方式选择二者内在关系的构建过程和理论阐述基础上,对控制权激励的双重性进行辨析,进而说明控制权配置不仅是降低公司内部代理问题的治理机制,而且是引发公司内部代理问题的源头,为本书提供了较好的理论支撑,控制权激励的双重性也成为研究控制权配置对公司再融资决策行为影响的逻辑起点和终点。在此基础上,结合我国创业板上市公司金字塔股权结构及复杂的股东关系网络,从终极股东控制权、两权分离度及竞争性股东的制衡度三个方面阐述了控制权配置对再融资方式选择的影响路径,并说明控制权激励双重性的权衡以及终极控制权结构特征中现金流权、控制权、两权分离度及制衡度的相互作用，是公司内部代理冲突激化或弱化的根源，因此，公司特定控制权配置模式下的代理问题是揭示控制权配置对再融资方式选择影响机理的关键。

正是由于传统委托代理冲突以及经理人在公司中的权力地位，经理管理防御成为揭示控制权配置对再融资方式选择影响机理的传导机制。为此，本书引入"结构—动机—行为"分析框架，对经理管理防御的引入缘由进行阐述，进而结合 GONE 理论中促使经理管理防御动机转为行为的机会因子和暴露因子，从股东监督、董事会监督和经理权力三个方面厘清控制权配置对经理管理防御的激励约束作用。但由于股东、董事对经理管理防御的治理作用与经理权力对经理管理防御的激励作用并不是孤立存在，而是相互联系共同发挥作用，因此，后续研究中还应考虑三要素对管理防御的合力影响。除此之外，本书还结合管理防御的本质——规避风险和趋利性，从风险承担、过度投资及盈余管理三个方面探究了管理防御对再融资方式选择的影响路径，进而说明管理防御动机存在的弊端。最后，基于上述直接影响机理与间接影响机理，构建了本书的理论模型，为接下来假设提出和实证分析提供逻辑框架。

第6章

控制权配置、经理管理防御对再融资方式选择的影响及假说提出

6.1 控制权配置对再融资方式选择的直接影响及研究假说

基于第4章对创业板上市公司再融资现状及特征的分析，2011~2017年创业板上市公司再融资方式选择表现为定向增发、可转债及企业债（以下简称"债券"）融资三种方式并行，尤以定向增发居多，债券其次，可转债于近两年发展较快，明显增多。作为公司内涵式发展与外延式成长的动力机制与存续基础，再融资为创业板注入了新鲜活力，保障了资金需求，促进了企业的研发投资、并购交易等的快速发展并一度形成"示范效应"。然而，再融资尤其是定向增发规模及次数屡创新高的同时，公司业绩并未同步提高，相反，一路下滑，尤其在融资完成后一年内下滑幅度较大。公司在大量融资并热衷于股权融资的同时，却没有给投资者带来相应的回报，公司再融资行为呈现出"圈钱"特性，过度融资、募集资金使用随意性大等现象使得资金供求失衡，引发严重的结构性矛盾与系统风险。2017年再融资新规、减持新规的出台及2018年融资渠道的断崖式下跌、债务爆雷及排队违约现象再次印证了以往定增市场的乱象丛生。追根溯源，终极股东或控股股东的利益侵占及经理人自利使得公司脱离实际情况而选择不恰当的融资方式并致使企业风险一路攀升，财务状况恶化，商业生态扭曲，而这正是由公司治理结构所决定的。由于公司战略决策与目标产生于公司内部，因而当公司内部治理高效时，战略导向也将趋向公司最高财务目标，从而保证财务决策行为的高效性。

基于定向增发、可转债及债券三种融资方式的融资管制、融资门槛、融资成本及融资风险等不同，好公司、中等公司及差公司的再融资方式选择不同

（Stein，1992；刘娥平等，2014）。根据斯坦（Stein，1992）的观点，公司内外信息存在不对称，内部人处于信息优势地位，外部投资者并不能准确地知晓公司情况，但可以利用融资方式的信号功能去判断公司的情况，认为债券的风险较高、压力较大，代理成本低，具有相机治理和抵税效应，因而选择债券融资的公司是好公司；相较而言，可转债的风险较低，还款付息压力较小，具有转股功能，发行可转换债券的公司为中等公司；然而，当公司采用无还款压力、无风险的股权融资时，所传递的信号则是公司经营状况较差，不仅达不到债券融资的门槛，而且未来有可能更差，因而发行股票的公司属于差公司。按照这一逻辑，好公司选择次优方案发行可转换债券或股票会被认为是中等公司或差公司，导致投资者情绪消极，股价下跌，从而公司产生发行损失；但差公司迎难而上选择发行可转债或债券则会带来投资者情绪的高涨，股价上升从而产生发行收益，有所不同的是，中等公司或差公司违背公司实际财务状况选择财务压力更大的债权融资或可转债融资，很有可能让公司陷入财务困境，减少公司的可支配资源，其增加的财务困境成本将抵减其发行收益（Stein，1992）。因此，好公司可能模仿中等公司或差公司选择次优方案发行股票或可转债，但差公司一般不会模仿好公司和中等公司发行债券或可转债。然而需要注意的是，由于融资方式自身所具有的代理成本，当好公司选择次优方案如发行股票时，会增大终极股东或控股股东以及经理人寻租的可能性，进而增大公司内部代理冲突，降低公司内部的治理效率，不仅如此，还失去了债务治理作用和抵税效应，降低管理者的主观能动性，不利于公司业绩提升。由此可见，公司在进行再融资方式选择时，应遵循帕累托最优解，即再融资方式的选择应与公司质量相匹配。

按照何佳和夏晖（2005）的解释，上述代表公司质量的"好""中""差"体现在其创新能力、盈利能力、管理水平及信誉等级等方面。而根据"结构—行为—绩效"的分析框架，公司绩效、管理水平取决于公司治理结构，同时控制权配置又是公司治理结构的外显形式，因此，公司质量取决于控制权配置。从前面的控制权配置指数设计来看，当终极股东在股东层、董事层及经理层三个层面的控制度、制衡度、分离度相匹配时，控制权配置指数较高，公司内部人自利行为如"利益侵占"和"管理防御"得到抑制，代理成本较低，公司质量较好，那么依据帕累托最优解，最优的融资方式应既以能够满足公司利益最大化为原则，又以至少不增加公司两类代理成本为原则；当终极股东在股东层、董事层及经理层三个层面的控制度、制衡度、分离度匹配度较低时，控制权配置指数较低，公司内部人自利行为如"利益侵占"和"管理防御"不能得到较好地抑制，代理成本较高，公司质量较差，最优的融资方式则应以不使公司陷入财务困境为原则。

比较三种融资方式可知，定向增发因其门槛低、约束性小及操作空间大的特点而容易诱发内部人的机会主义行为，不仅易成为终极股东或控股股东关联交易、资金占用、高额派现的载体，而且易成为经理人稳固自身职位、降低财务风险及控制更多资源、获取更多控制权私利的工具，因此，当公司控制权配置指数较低、内部治理较差、两类代理问题较为严重时，公司内部控股股东或管理者更易采用定向增发融资方式以获取控制权私利。相较而言，债券融资门槛较高，约束性较强，对公司融资前及融资后的盈利能力要求都较高，其相机治理作用能够对经理人形成巨大的激励和约束，激励经理人努力工作，约束其自觉减少控制权私利，有益降低股东与管理者之间的利益冲突，提高公司业绩。然而，近些年研究表明，控制股东能够利用金字塔股权结构形成集中股权结构，从而以较小的现金流权取得较大的控制权，形成超额控制，进而愿意采用风险性债务融资以从被控制公司转移资源，侵占风险性融资的大部分资源，同时控制股东却只需要承担较小的损失，且金字塔的隐蔽性使得破产风险不会对终极股东的声誉造成太大影响，但债权人和中小股东却需要承担大部分的风险和损失（闫增辉等，2015），不仅如此，金字塔的层级结构加剧了终极控制人的攫取动机，为其利用债务融资掏空公司资源提供了便利（闫华红，2013）。在上述高收益低成本的驱使及激励下，股东及经理存在较强的动机利用债权人资金进行高风险投资，项目的不确定性又加大了债权人的资金风险。简言之，相较于债务资金对经理人的监督作用，债务资金已成为股东及经理人共同侵占债权人和公司利益的手段，加剧了公司的代理冲突。一方面，经理的自利动机虽然会因为负债还本付息的硬约束有所减少，但当经理人对控制权私利如可控资源的增大以及自身地位的提升所带来的在职消费欲望更强时，其对负债所带来的威胁关注度就会下降很多；另一方面，负债有效发挥治理效应的前提是其约束功能，假如其约束作用失效，负债自然也不再具备治理效应（张海龙和李秉祥，2010）。

近些年，黄金融资手段"可转债"融资发展迅速并成为一种潮流，深受上市公司的青睐。可转换债券兼具债权和股权的性质，不仅能够发挥债权相机治理作用，约束经理自利行为，而且能够很好地克服单纯的债务融资所产生的"资产替代效应"。同时，由于可转换债券的期权性质，当债券持有人看好发债公司股票增值的潜力时，在宽限期之后可以行使转换权，按照预定转换价格将债券转换成为股票，并成为公司的股东。但若公司股价下滑，债券持有人不看好发债公司股票增值的潜力时，情绪消极，此时债权持有人可不行权，发债公司需要按照约定本息到期还款，产生较大的财务压力，并使得公司的可控资源减少，很有可能使公司陷入财务危机，不符合可转换债券的发行初衷。因此，为了避免公司股价下跌，促使债券持有人顺利转股，控制股东及公司有动力维护股价，通过努力经营公司、自觉减少"内部人自利"等机会主义行为达到市值管理的目的，进而促进股价持续平稳增长。即可转换债券不仅能够避免股权融资和债券融资的"内部人自利"等道德风险，而且能够发挥相机治理作用，相较于债务融资具有低利率优势，相较于股权融资又具有"税盾效应"和缓慢的"稀释效应"（黄格非，2006），是一种代理成本较低的融资方式。基于此，发行可转换债券需要较高的内部治理效率，公司选择可转债同时意味着其治理效率较高，控制权配置较为合理，而公司选择定向增发则意味着其控制权配置较差。由此，提出如下假设（如图6-1所示）。

H1：公司控制权配置指数越高，越倾向于选择可转债，其次为债券；公司控制权配置指数越低，越倾向于选择定向增发。

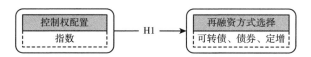

图6-1　控制权配置对再融资方式选择的直接影响模型

6.2　控制权配置对再融资方式选择的间接影响及研究假说

6.2.1　控制权配置对经理管理防御的影响及研究假说

承续前面对控制权配置指数构建及控制权配置对经理管理防御影响的机理分析，公司控制权安排是以终极股东为首的权力配置，终极股东位于权力金字塔的塔顶并依托股权控制链和社会资本控制链实现对上市公司的全面控制，且其权力配置是按照控制、治理和经营管理的目的在三层权力机构股东大会、董事会及经理层间进行配置（潘清，2010；关鑫，2010），主要体现为在三层权力机构间权力的制衡和协调，表现为控制权强度、权力制衡及两权分离度的匹配，影响并决定企业的经理管理防御程度。

第一，终极股东在股东大会的权力配置主要为终极股东在股东层面的投票表决权，包括产权安排所形成的投票表决权及一致行动人、亲属、共同发起人等显隐性关系股东投票表决权产生的叠加效应。在我国家族企业占据半壁江山的创业板上市公司中，金字塔股权结构较为普遍，这使得终极股东现金流权与投票表决权往往不一致，多数情况下呈现分离状态，且终极控制权往往高于现金流权。权力的集中使得终极股东有能力去干预经理人的经营决策，两权分离使得终极股东有动力去实施侵占行为，这不仅与其较高的控制权收益、较小的损失成本有关，而且与终极股东在公司的控制地位及隐蔽性有关。因此，学者们常将两权分离视为利益侵占大小的代名词，而将控制强度视为其实施侵占行为能力大小的代名词（Edmans and Gustavo，2011）。由此可见，终极股东的控制权存在两面性，监督经理人和利益侵占。

为了抑制终极股东的侵占行为，提高监督效应，竞争性股东的制衡力量就显得格外重要。克隆克维斯和尼尔森（Cronqvis and Nilsson，2003）指出，引入多个大股东形成共同控制、提高竞争性股东的持股比例形成制衡可以达到有效监督、制约终极股东的侵占行为，其原理是消除终极股东的"一言堂"，减弱其控制权威，降低其侵占动机及侵占能力，并使得追求共享收益成为共同目标，进而提高对管理者的监督力度，促使公司业绩的提升。本尼森和沃尔芬森（Bennedsen and Wolfenzon，2000）认为，相较于单个大股东控制，多个大股东能够形成控制联盟，股份的增加使得控制联盟的成本内部化，成本的增大削弱了侵占的动机，因而多个大股东共同控制较单个股东控制更为均衡，股权制衡使得掠夺其他中小投资者利益的行为发生概率降低；除此之外，股东之间结成控制联盟的好处在于，不仅可以共享公司控制权，而且由于股东之间制衡力量的存在，能够大幅减少公司内部的机会主义行为，提高公司价值。与此同时，若公司内部仍存在未结盟的大股东，则其会对控制联盟的控制权形成竞争与制衡，促使公司内部有益的控制权竞争，形成利益协同效应，有助于公司价值的提升。可见，股权制衡具有一定的积极作用，不仅能够降低经理人自利行为，而且还能抑制公司内部的利益侵占行为。

然而，莫里和帕雷（Maury and Pajuste，2005）、刘伟等（2010）研究指出，非控股股东持股比例增加却并不能对控股股东的机会主义行为形成约束，相反，可能因为制衡度过高导致决策难以一致并产生内耗。关于股权制衡的利弊，学界进行了大量研究并形成了不同观点，代表学者孙永祥和黄祖辉（1999）研究指出，股权制衡度高的公司业绩显著低于股权制衡度低的业绩，股权制衡并非越高越好。学者安灵等（2008）也得出类似结论，认为虽然股权制衡有助于减少大股东利益主导下的过度投资行为，但过度的股权制衡则会导致投资不足，股权制衡在减缓企业非效率投资上存在最优区间。实际中，尤其是在股权相对集中的公司，大股东之间的相互牵制使得任何一个股东都无法单独掌握公司的控制权，股东内部形成相互制衡、相互监督的均衡关系。但股权制衡效果取决于其他竞争性大股东与控股股东的相对力量，股权制衡度过高或过低都不能达到权力的均衡。若竞争性大股东控制权较低，控制股东控制权较高，则竞争性股东无法抗衡控制股东，控制股东的控制权威使得公司财务决策呈现出"一言堂"，股权制衡的民主作用遭到破坏，不利于监督股东的利益侵占和经理人自利，相反，经理还可能出现迎合控制股东侵占公司利益的可能。随着股权制衡度增加，控制股东的控制地位被削弱，竞争性股东抗衡大股东和管理者的能力增强，在增大控制股东掏空风险和成本的同时，抑制了其自利动机。然而当股权制衡度过高时，其他股东超强的制衡效果往往会增大股东内部的矛盾并形成内耗，难以形成有效率的决策，导致控制股东对管理者的监督效应大大降低，不仅如此，股东之间的内耗又为经理人谋取自己的利益留下了可乘之机，不利于经理管理防御的降低。由此可见，两权分离度较低时，控制权的提高以及适度的制衡有助于形成激励监督效应，降低经理管理防御水平，而过高的制衡则降低了控制股东选择公利行为的积极性，不利于管理防御的降低，且现金流权越高，制衡的这种不利影响越明显。

第二，公司控制权配置的第二层为董事会，向上对股东大会负责，向下对经理层实施监督，是股东与经理人信息传递的桥梁和纽带，因而董事会的勤勉诚信至关重要，董事会监督也一直被视为解决股东与管理层及控制股东与中小股东之间利益冲突的重要机制（祝继高等，2015）。随着独立董事制度的正式建立，董事会内部人员安排、领导结构也日趋合规，凸显董事会的"独立性"。然而，公司治理失败案例频频出现却说明董事会表面的独立并非真正发挥了独立性，其原因不仅在于独立董事"失独"，而且更在于董事会内部结构和权力配置的不合理。一方面，独立董事通常难以改变董事会决议，且与控制股东之间存在信息不对称；另一方面，相当部分公司的独立董事和内部董事由控制股东提名，在我国特殊的"关系"及"人情"文化背景下，董事会独立性难免不受独立董事和上述内部董事与控制股东"私人关系"的影响（鲁桐，2002），而这也将同时决定董事会内部的权力配置。

依据中国上市公司选举或委派董事的实务操作，终极股东及其他大股东均有委派董事的权利。理论上来讲，不管董事由谁委派，其都应履行客观、公正的职责，代表公司利益。然而，依据政治学理论，在存在自由决定空间，且内外部监管存在缺陷时，董事首先考虑的是推举人利益而不是公司利益（段盛华，2004）。由于董事会由控制股东委派、非控制股东委派、经理委派及独立董事人员构成，因此，董事会的价值取向实际上是不同利益团体博弈的结果，不仅反映了终极股东与中小股东之间的利益关系，而且反映了股东与经理之间的代理问题。换言之，在行使决策控制权及监督管理权时，不同推举人的董事实际是代表不同利益团体行使权力。原则上，股东按照其拥有的现金流权委派董事，所委派的董事人数越多，其在董事会中的话语权越大，相同利益的股东之间又会形成联盟，其所委派的董事利益自然一致，且由于关系股东等圈子文化的存在，股东在董事会的话语权往往又与其实际现金流权不一致。这样一来，在董事会内部也同样形成了控制权、制衡度和分离度三个特征，且股东都倾向于委派更多的董事以获取对董事会的控制权。

基于终极控制股东的控制权和现金流权优势，其往往能够通过直接或间接的方式委派更多的董事并实现对董事会的间接控制。而当其通过亲属、亲信及好友派驻更多的董事时，其委派董事很可能超过其拥有的现金流权，形成超额控制。正是由于控制股东在董事会的超额控制，容易诱导其机会主义行为，不仅促使董事会作出有利于其个人利益最大化的财务决策，而且处于强监管下管理层也会迎合控制股东的决策。与股东层面的权利制衡一致，非控制股东委派董事则对控制股东委派董事形成制衡，祝继高等（2015）研究指出，非控股股东可以通过非控股股东董事的投票行为来发挥公司治理作用，非控股股东董事在业绩差的企业和国有企业中更有可能投非赞成票，以制约控股股东和管理层的行为，这为非控股股东董事在董事会中的制衡有效性提供了直接证据。同时，该研究指出，中国上市公司董事会中独立董事比重远低于发达资本市场，但非控股股东董事比重却较大，而且非控股股东董事比独立董事发挥了更加积极的监督作用，应予以充分重视。但仍需要注意的是，制衡过强或过弱都不利于形成有效的激励约束，其原理与股东层面一致。换言之，董事会权力配置的合理性依然取决于终极股东对其的控制度、分离度和制衡度的匹配性。权力配置合理，能够形成有效的监督，使得管理防御水平较低。

第三，在公司控制权配置体系中，股东大会的剩余控制权来自产权安排，同时也是公司控制权配置的基础和核心，具有最终决策权；董事会的决策控制权是在股东大会剩余控制权上分离出来的，从属于剩余控制权范畴；然而经理层的经营控制权则属于董事会的授权，本质属于特定控制权，是一种从属权利。从公司控制权配置的过程来看，终极股东位于权力金字塔顶端，依次形成股东大会、董事会到经理层的权力传导链条，经理层处于权力金字塔的底层，是连接公司内外的中枢纽带，同时掌握着公司经济命脉，受股东大会及董事会的制约。因此，股东大会或董事会的意志就成为经理层决策的依据。

依据前述分析，公司内部主要存在两大有影响力的利益团体，终极控制股东和非控制股东，那么谁在实质上掌握了公司经理层主要经理人员的任命权，谁就在实质上掌握了经营控制权。传统观点认为，总经理处于经理层的核心地位，决定公司的经营活动，然而，在现代公司中，公司的高阶职位共同决定公司的经营决策。其中，首席信息官（CIO），主要负责制定公司的信息政策、标准、程序的方法，并对全公司的信息资源进行管理和控制；首席执行官（CEO），主要负责企业日常经营管理决策；首席财务官（CFO），全面负责企业财务管理；COO是公司的首席运营官，具体负责公司的日常运营；首席知识官（CKO），主要负责企业内部的知识管理等相关工作，等等。上述高级经理人员通常上达下传、相互配合与监督，共同在管理中发挥作用。因此，对经理层控制权的掌握不仅需要关注总经理的来源，还需要关注其他高级管理人员的来源。换言之，经理层内部的权力配置不仅需要关注终极股东委派经理人员（CEO、CFO、COO、CIO等）或者动用关系股东等社会资本影响其他经理人员的决策意向所形成的控制权，还需要关注非控制股东委派经理人员所形成的权力制衡。同样地，控制度过高将带来垄断或独裁，分离度又加速了其对上市公司的剥夺，而不同来源的经理则能够对其形成制衡或干预，但制衡是否有效依然依赖于终极股东在经理层的控制强度，制衡是否必要则取决于其价值取向和两权分离度。

基于上述逻辑，公司控制权配置实际是终极股东在三层权力机构中权力的体现，任何单一层面的权力配置都不能取代整体，只有三层权力配置有机整合，达到制衡与协调的均衡，才能有效降低公司内部代理问题。因此，在分析管理防御水平时应综合上述三个层面即控制度、制衡度及分离度所形成的合力以还原真相，且三个维度的匹配性越高，控制权配置越合理，越有利于代理成本的降低，公司治理效率越高。由此，提出如下假设（如图6-2所示）。

H2：公司控制权配置对管理防御具有负向影响。

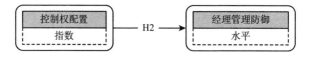

图6-2　控制权配置对经理管理防御的影响模型

6.2.2　经理管理防御对再融资方式选择的影响及研究假说

依据默克等（Morck et al.，1988）的管理防御假说，管理者在决策时未必采取最大化公司利益的策略，而倾向于采取有利于其职位稳定及控制权收益的决策，即大部分经理存在风险厌恶及自利性，尤其是当经理在财务决策中具有自由裁量权时，自利的经理通常不会选择限制自己经营的资本结构。利用这一特性，张海龙和李秉祥（2010）在企业融资决策模型中引入经理管理防御假说，通过模型分析得出，经理管理防御是企业股权融资偏好产生的基本原因，当经理和股东目标无显著差异时，股权融资是经理的首选方案，除非经理认为未来投资项目的回报率足够大并且能够非常确定，债务融资才成为可能；当经理和股东利益目标存在显著差异时，即在经理管理防御动机下，经理将想方设法通过股权融资，直至最大限度的均衡。从这点来看，只要经理存在职位安全诉求、在职消费诉求、声誉及职位晋升等利益诉求，经理的管理防御动机行为就会存在，那么其对融资方式的选择就会始终受到上述因素的影响。随后，李秉祥等（2011）针对不同股权再融资方式的特性，运用不完全信息下信号博弈模型实证检验了经理管理防御动机下经理人对股权再融资方式的选择顺序，发现防御型经理的融资方式选择顺序为非公开发行、配股和可转债。不仅如此，经理能力越低、权力越大，转换工作成本越高，高管团队异质性越低，对负债风险的敏感性越强，管理防御程度越大，越有动机选择低定价策略的定向增发。然而，研究发现，当公司的股价已经达到较高水平时，经理却仍然倾向于采用权益融资筹集资金而不愿意提高杠杆比率，致使公司不能达到资本结构平衡（Kayhan，1998），表现出规避风险的强烈动机。究其原因，各融资方式的风险性及约束性是管理防御动机下经理融资决策考虑的首要因素。

通过前述对创业板上市公司三种再融资方式的对比分析可知，定向增发因其发行门槛低、操作简便、效率高、定价方式灵活、节约交易费用和时间等优点而成为融资规模最大、预案次数最多的融资方式。而债券融资相对于股权融资来说约束性更强，其定期还本付息的特性不仅会减少管理者可支配的现金流量，还会增加企业的破产风险，对公司与管理者的能力要求较高。虽然可转换债券的利息压力较小，但也存在不转换及回售的财务压力，例如，在转换期内公司股价处于恶化性的低位，很可能造成公司因集中兑付债券本金而带来的财务压力。因此，作为内部人的经理人更偏向于股权融资而厌恶债券融资，且当经理人市场和控制权市场缺失时，经理层的股权融资偏好更强烈（王乔和章卫东，2005）。即在经理具有融资决策自主权的基础上，管理防御动机的存在使得经理更加偏好定向增发，其次为可转债，而债券融资方式则在一定程度上体现了管理者的高能力、低转换工作成本及风险偏好。由此，提出如下假设（如图 6 - 3 所示）。

H3：管理防御越高，越倾向于选择定向增发，其次为可转债，而管理防御较低的公司选择债券融资为最优选择。

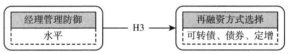

图 6 - 3　经理管理防御对再融资方式选择的影响模型

6.2.3 经理管理防御的中介效应及研究假说

对再融资方式选择的研究源于对再融资决策效率和融资顺序悖论的关注，以及再融资资金在支持企业内涵式发展、外延式成长和维护资本市场稳定的不可替代性。再融资决策作为公司三大财务活动的核心，是公司创新投资的前提，是一系列关系到公司控制权重置、内部代理问题、治理效率的集合，更是公司可持续发展的重要保障。因此，研究再融资决策机制对分析再融资异化成因及提高再融资决策效率至关重要。但如何将再融资决策效率纳入再融资决策机制研究框架中进行规范性分析，特别是如何从再融资决策机制研究框架中寻找再融资方式选择异化成因的症结所在，仍需要从融资决策主体及决策目标出发深入细化探讨，而这些取决于公司治理结构安排，从而形成本书所构建的控制权配置与再融资方式选择关系的逻辑研究框架，这不仅是对再融资决策效率研究框架的完善，还是对结论外部效度的提升，更是对"结构—行为—绩效"分析范式的应用。

然而，上述简单二元变量线性关系研究对再融资决策效率或再融资异化的成因分析无法继续深入，公司内部权力配置的复杂性使得这一研究过程依然是在"黑箱"下进行，对"黑箱"的打开成为寻找新的研究视角的突破口。经理管理防御作为组织运转过程中股东与经理人委托代理关系中不可忽视的问题，对公司再融资方式选择和资本结构造成了一定的影响和干预，成为公司治理中亟待解决的重要问题。基于此，将经理管理防御纳入控制权配置与再融资方式选择关系的逻辑框架中，分析控制权配置、经理管理防御动机及再融资方式选择三者之间的作用机理，更符合公司治理与再融资决策的践行情境，同时更能体现公司经理的重要地位及公司控制权配置的激励约束作用。

控制权配置的合理性是组织正常运转的保障，同时也是平衡契约主体利益冲突的关键。从控制权配置的内部权力传导链条来看，经理的动机和价值取向是影响再融资决策的重要因素，再融资方式本身所附带的激励约束效应及寻租效应是具有防御型经理决策的主要考虑因素，因此，再融资决策本身体现了经理的融资动机和目标。然而，处于委托代理链条的末端，经理人的行为动机会受到委托代理链条上端股东和董事的制约，制约是否有效则取决于权力安排，包括监督力度及经理权力激励力度的互动。因此，公司控制权配置作为激励约束机制，是经理行为动机的前置影响因素，同时，经理作为公司内外信息传递纽带，其行为动机对公司融资决策影响机理的揭示成为提高再融资效率的关键。

前面的理论分析表明，控制权配置通过影响经理管理防御，抑制或刺激了公司股东与经理人间的代理冲突，进而对再融资决策产生间接影响。首先，在不同控制权配置激励约束作用下，公司内部代理冲突的严重性不同，这构成经理管理防御动机强弱的基础；其次，控制权配置的激励约束机制使得经理管理防御水平处于动态平衡状态，但正是由于再融资方式的寻租效应，使得公司内部已有代理冲突与再融资方式的寻租效应出现对接与耦合，并成为控制权配置通过影响经理管理防御水平，进而间接影响再融资方式选择的逻辑基础。根据行为动机理论，人的行为产生的重要原因是动机，而根据 GONE 理论，动机是在一定的机会和约束条件下产生的。控制权配置作为动机产生的条件，不仅成为间接影响行为的要素，也成为控制权配置、经理管理防御与再融资方式选择关系成立的前提。

综上所述，本书认为经理管理防御在控制权配置影响再融资方式选择路径方面具有中介作用，由此，提出如下假设（如图 6-4 所示）。

H4：经理管理防御在控制权配置与再融资方式选择间具有中介作用。

图6-4　经理管理防御对控制权配置与再融资方式选择关系的中介效应模型

6.3　概念模型构建

为了构建创业板上市公司再融资方式选择过程中终极控制权配置的角色图谱，对双重代理问题下二元互动关系内在机理的揭示还需要关注管理防御和利益侵占行为。延续现有研究，遵循实质重于形式的原则，本书在以下假设基础上构建模型。

首先，终极控制权作为公司控制权配置的逻辑起点与终点能够影响并决定公司的治理效应及公司质量，其权力配置的合理性与公司控制权配置的优劣相吻合，并且其合理性主要由股东大会、董事会及经理层三层权力机构的控制度、制衡度和分离度的匹配度决定，同时，各层权力配置合理性对终极控制权配置的贡献度不同。正因如此，各层权力配置及三维度之间的动态关联关系及匹配性可通过构建终极控制权配置指数来反映。

其次，网络关系、圈子等社会资本对控制权配置的修正作用主要体现为一致行动人、亲属及产权纽带等显性关系以及共同发起人、自公司成立起连续任职三年以上、内部升迁等隐性关系所形成的超额权力，并且产权及各类社会资本对各层控制权配置的贡献度不同。因此，研究融合社会资本理论，结合产权关系追溯上市公司终极控制人，并以此构建终极控制权权力配置指数。

最后，公司内部两类代理问题同时存在且任何一种代理成本过高都不能使得公司控制权配置达到最优，而基于经理层对再融资决策的提议权，本书以经理管理防御为中介变量检验公司内部的主要代理矛盾，以中介效应的完全与否说明揭示再融资方式选择究竟体现为经理人意志还是终极股东意志，或二者兼而有之。

随着假设基础的明晰，上述 H1、H2、H3、H4 逻辑路径能够完整且清晰的纳入同一研究框架。公司控制权配置、再融资方式以及经理管理防御间的要素角色也在研究框架的构建与假设论证的梳理过程中被明确标定。基于此，本书将深入分析公司控制权配置与再融资方式选择间的直接影响，以及通过经理管理防御所承载的传导机制，并以此目标与假设逻辑来构建上述研究要素间的概念模型（如图 6 - 5 所示）。

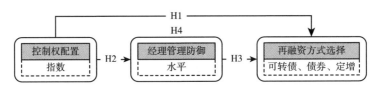

图 6 - 5　控制权配置、经理管理防御与再融资方式选择概念模型

6.4　本章小结

在承接上一章节中控制权配置对再融资方式选择机理分析的基础上，本章节进一步围绕控制权配置对再融资方式的直接影响，以及通过经理管理防御对再融资方式产生的间接影响进行辨析和论证，并围绕上述要素间的关系与传导机制提出假说。最终，在强调研究假设前提的同时，构建控制权配置、经理管理防御及再融资方式选择间的概念模型，为后续假说的检验提供逻辑支撑。

第7章

研究设计与实证结果分析

7.1　研究设计

7.1.1　样本选取和数据来源

创业板再融资从 2011 年开始大规模进行，因此，本书选取 2011～2017 年创业板上市公司公开宣告非公开发行、可转债及债券融资预案的初始样本，为避免内生性，采用样本融资预案前一年的控制权配置及其他财务数据。其中，所用全部控制权配置数据由课题组成员通过手工搜集 Wind 资讯的公司年度报告及招股说明书得到，工作量及难度相当之大；所用财务数据来自国泰安数据库。数据处理与分析采用 Excel 2007、AMOS 21.0、SPSS 19.0 和 Stata 完成。

为保证数据的有效性，对初始样本按以下标准筛选：①剔除金融类、ST 类及数据缺失的上市公司；②剔除当年上市的公司；③剔除当年控制权发生转移的公司；④剔除一年内采用多种融资方式的公司；⑤剔除控制股东、董事长与总经理合一的样本；⑥对异常值进行交叉核实，若无法核实，予以删除。最终，得到 656 个样本，其中，定向增发样本 396 个，债券样本 226 个，可转债样本 34 个。

7.1.2　变量设计与测量

（1）被解释变量。被解释变量再融资方式（*Type*）为特征变量，依据本书假设，需要对再融资方式的控制权配置状况进行两两比较，因此，定义

*Type*12 为债券融资与可转债融资的选择（发行债券赋值为 1，可转债赋值为 0），*Type*13 表示债券融资与定向增发的选择（发行债券赋值为 1，定向增发赋值为 0），*Type*23 表示可转债与定向增发的选择（可转债赋值为 1，定向增发赋值为 0）。

（2）解释变量。终极控制权配置指数 *P*，依据公式（3 - 10）计算得到。

（3）中介变量。经理管理防御（*MEI*）内生于管理者自身，由管理者的内心活动和内外部约束条件共同决定。借鉴李秉祥等研究团队对管理防御的测度思想，本书认为，终极控制权配置框架下再融资行为中的管理防御内在动机体现为高管团队的风险偏好，且管理者权力为其实施管理防御行为提供了内部机会，同时高管团队异质性构成了外部约束，三者共同决定管理防御水平，影响并决定再融资行为，各指标测度如下。

首先，借鉴卡丽塔（Kalyta，2007）、孙达拉姆和雅尔玛（Sundaram and Yermack（2007）引入资本性支出指标（*CapE*）及防御距离（*DI*），并采用自生资金满足率（*Incash*）（张铁铸，2010）进行加总形成综合指标反映管理层风险偏好（*Risk*）；其次，参考芬克尔斯坦（Finkelstein，1998）的权力模型，在借鉴谢佩洪和汪春霞（2017）等对管理层权力衡量的基础上，采用两职兼任（$Power_1$）、任职时间（$Power_2$）、在外兼职（$Power_3$）及管理层持股（$Power_4$）反映管理层权力（*Power*）；最后，采用汉布瑞克和梅森（Hambrick and Mason，1984）的方法，将职能背景按照产出型、生产型和外围型分为三类，采用赫芬达尔 - 赫希曼（Herfindal-Hirschman）系数测度高管团队异质性（*TH*）（王雪莉等，2013；Abebe，2010；Amasonet al.，2006）。运用主成分分析法得出管理防御的测度模型如下：

$$MEI = -0.2845CapE + 0.1686DI + 0.0738Incash + 0.0839Power_1 +$$
$$0.0466Power_2 + 0.0311Power_3 + 0.1492Power_4 - 0.1623TH$$

$$(7 - 1)$$

（4）控制变量。参照刘娥平等（2014）对控制变量的选取，本书控制了以下变量：①公司规模（*Size*），用公司账面资产的自然对数表示；②财务杠杆（*Lev*），即资产负债率；③融资规模（*Ismnt*），用融资总量表示；④担保能力（*Ta*），用固定资产净值/总资产表示；⑤成长性（*Growth*），即（当年销售收入 - 上年销售收入）/上年销售收入；⑥盈利能力（*Roi*），用息税前利润/平均总资产，其中，息税前利润 = 利润总额 + 财务费用；⑦行业（*Ind*）和年份（*Year*）。相关变量及定义见表 7 - 1。

表 7 – 1 变量定义

变量类型	变量名称	变量符号	变量定义与说明
被解释变量	再融资方式	$Type12$	发行债券赋值为 1，可转债赋值为 0
		$Type13$	发行债券赋值为 1，定向增发赋值为 0
		$Type23$	发行可转债赋值为 1，定向增发赋值为 0
解释变量	终极控制权配置	P	依据公式（3 – 10）计算得到
中介变量	经理管理防御	MEI	依据公式（7 – 1）计算得到
控制变量	公司规模	$Size$	公司账面资产的自然对数
	财务杠杆	Lev	资产负债率
	融资规模	$Ismnt$	融资总量的自然对数
	担保能力	Ta	固定资产净值/总资产
	成长性	$Growth$	（当年销售收入 – 上年销售收入）/上年销售收入
	盈利能力	Roi	息税前利润/平均总资产，其中息税前利润 = 利润总额 + 财务费用
	行业	Ind	归属于某一行业时取值为 1，否则为 0
	年份	$Year$	归属于某样本年度时取值为 1，否则为 0

7.1.3　研究方法与模型设定

（1）描述性统计分析。描述性统计分析是对研究项目中涉及的被解释变量、解释变量及主要控制变量的分布情况进行描述，以了解关键变量的大致趋势。为此，本书利用 SPSS 19.0 及 Excel 2007 统计软件对被解释变量、解释变量、中介变量和控制变量的均值以及 t 检验结果进行统计分析，以对假说进行初步分析。

（2）多元回归分析。多元回归通常用来探究多个自变量与多个因变量之间的关系，研究逻辑如图 7 – 1 所示。根据本书研究对象，控制权配置和经理管理防御均为连续变量，因而可以采用多元回归分析方法检验控制权配置对经理管理防御的影响。

（3）Logistic 回归分析。逻辑（Logistic）回归是一种广义线性回归，与多重线性回归分析有很多相同之处，区别在于他们的因变量通常为二分类或多分类，其回归实质是发生概率除以没有发生概率再取对数，进而从根本上解决因变量不是连续变量的问题，具有预测和判别作用。鉴于因变量涉及三种再融资方式的选择顺序，本书参照方杰和温忠麟等（2017）关于类别变量中介效应的分析方法，同时采用 Logistic 回归和多元线性回归对所提假设进行检验。

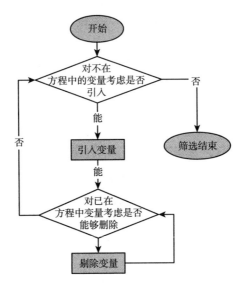

图 7 - 1　多元回归分析

（4）模型设定。根据图 6 - 5 的概念模型，本书同时采用 Logistic 回归和多元回归对假说进行检验，并建立如下回归模型。

$$\text{Logit}(Type) = \alpha_0 + \alpha_1 P + \alpha_2 Size + \alpha_3 Lev + \alpha_4 Ismnt + \alpha_5 Ta +$$
$$\alpha_6 Growth + \alpha_7 Roi + \alpha_8 Ind + \alpha_9 Year + \varepsilon \qquad (7-2)$$

$$\text{Logit}(Type) = \alpha_0 + \alpha_1 P + \alpha_2 MEI + \alpha_3 Size + \alpha_4 Lev + \alpha_5 Ismnt + \alpha_6 Ta +$$
$$\alpha_7 Growth + \alpha_8 Roi + \alpha_9 Ind + \alpha_{10} Year + \varepsilon \qquad (7-3)$$

$$MEI = \alpha_0 + \alpha_1 P + \alpha_2 Size + \alpha_3 Lev + \alpha_4 Ismnt + \alpha_5 Ta +$$
$$\alpha_6 Growth + \alpha_7 Roi + \alpha_8 Ind + \alpha_9 Year + \varepsilon \qquad (7-4)$$

其中，模型（7 - 2）和模型（7 - 3）中的 $Type$ 中分别表示 $Type12$、$Type13$ 和 $Type23$。

7.2　实证结果

7.2.1　描述性统计结果

表 7 - 2 为主要变量的描述性统计结果。从数据来看，预发行可转债融资的公司控制权配置指数高于预发行债券公司的控制权配置指数，而定向增发公

司的控制权配置指数最低，与之对应的经理管理防御指数情况则是定向增发公司最高，可转债其次，发行债券公司的经理管理防御指数最低；从单变量检验结果来看，控制权配置指数与经理管理防御变量中只有发行债券公司和可转债公司的经理管理防御差值未通过显著性检验，其余 t 值均通过 1% 的显著性检验，初步说明控制权配置、经理管理防御与再融资方式选择之间存在一一对应关系，为接下来进一步分析提供初步证据。

表 7 - 2　　　　　　　　　　描述性统计结果

项目变量	均值			t 值		
	定向增发	债券	可转债	定向增发与债券	定向增发与可转债	债券与可转债
P	2.538	3.108	7.880	-2.763	-3.446	-2.235
MEI	6.392	4.164	5.273	3.945	2.152	-1.120
$Size$	21.697	21.745	21.823	-0.413	-0.647	-0.482
Lev	0.301	0.314	0.308	-2.144	-2.376	-1.214
$Ismnt$	8.859	9.274	9.765	-0.152	-0.379	-0.217
Ta	0.289	0.315	0.343	-0.578	-0.623	-0.325
$Growth$	0.296	0.304	0.306	-2.245	-2.672	-1.989
Roi	0.064	0.065	0.067	-1.971	-2.034	-0.896

控制变量中，选择各个发行方式的公司规模虽然有所不同，但是却未通过单变量检验，初步说明公司规模对再融资方式选择的影响不显著；然而，选择各个发行方式的公司资产负债率却有显著不同，表现在定向增发公司的资产负债率最低，而发行债券公司的资产负债率最高，其实质含义为，不同融资方式的财务风险是影响经理选择融资方式的重要因素；从中仍可以得出的初步结论，有公司成长性和盈利能力也是决定企业选择融资方式的重要因素，成长性越高，盈利能力越强，公司内部治理越完善，经理管理防御程度越低，越倾向于选择对公司有利的融资方式，这与现有学者所得出的结论"企业特征是影响融资方式选择的内在因素"呈现一致。

7.2.2　假说检验

为验证控制配置对再融资方式选择的直接影响和通过管理防御产生的间接

影响，本书通过逐层回归方法对模型 7 - 2、模型 7 - 3、模型 7 - 4 进行检验，由于因变量涉及 Type12、Type13 和 Type23 三个子变量，因此，上述模型实际需要进行细化为以下 9 个模型。

模型 1：在控制相关变量的基础上，检验发行债券公司和可转债公司的控制权配置指数是否存在差异。

模型 2：在模型 1 的基础上加入经理管理防御，检验在经理管理防御作用下，控制权配置的变化对发行债券和发行可转债的选择是否发生变化。

模型 3：在控制相关变量的基础上，检验发行债券和发行可转债公司的控制权配置对经理管理防御的影响。

模型 4：在控制相关变量的基础上，检验发行债券公司和定向增发公司的控制权配置指数是否存在差异。

模型 5：在模型 4 的基础上加入经理管理防御，检验在经理管理防御作用下，控制权配置的变化对发行债券和定向增发融资的选择是否发生变化。

模型 6：在控制相关变量的基础上，检验发行债券和定向增发公司的控制权配置对经理管理防御的影响。

模型 7：在控制相关变量的基础上，检验发行可转债公司和定向增发公司的控制权配置指数是否存在差异。

模型 8：在模型 7 的基础上加入经理管理防御，检验在经理管理防御作用下，控制权配置的变化对发行可转债和定向增发的选择是否发生变化。

模型 9：在控制相关变量的基础上，检验发行可转债和定向增发公司的控制权配置对经理管理防御的影响。

7.2.2.1　控制权配置对再融资方式选择影响的假说检验

为了探究不同控制权配置公司对再融资方式的选择差异，本书对选择三种融资方式的公司控制权配置状况进行两两比较。由于因变量为二分类变量，本书利用 Logistic 回归对模型 1、模型 4 和模型 7 进行检验，数据分析过程及结果见表 7 - 3。

模型 1 结果显示，在发行可转债和发行债券之间进行选择时，控制变量资产负债率 Lev 越高，公司越愿意选择发行可转债融资而不是发行债券（$\beta = -1.612$，$P < 0.1$）；成长性 Growth 越高，公司越愿意选择可转债融资（$\beta = -0.657$，$P < 0.05$）；同时，控制权配置对再融资方式选择具有显著影响，控制权配置指数越高，公司越倾向于选择发行可转债而不是发行债券（$\beta = -0.379$，$P < 0.1$）。

模型 4 结果显示，在发行债券和定向增发之间进行选择时，控制变量公司规模越大、成长性和盈利能力越高，公司越倾向于选择发行债券而不是定向增发融资（$\beta = 0.379$，$P < 0.05$；$\beta = 1.013$，$P < 0.05$；$\beta = 3.175$，$P < 0.01$），资产负债率越高、融资规模越大，公司越倾向于选择定向增发而不是发行债券（$\beta = -4.023$，$P < 0.01$；$\beta = -0.363$，$P < 0.05$）；控制权配置指数越高，公司控制权配置状况越好，公司越愿意选择发行债券融资而不是定向增发（$\beta = 0.597$，$P < 0.01$）。

模型 7 结果显示，在发行可转债和定向增发之间进行选择时，控制变量公司规模越大、成长性和盈利能力越高，公司越倾向于选择发行可转债而不是定向增发融资（$\beta = 0.618$，$P < 0.05$；$\beta = 0.694$，$P < 0.05$；$\beta = 2.310$，$P < 0.01$），资产负债率越高、融资规模越大，公司越倾向于选择定向增发而不是发行可转债（$\beta = -5.956$，$P < 0.01$；$\beta = -0.550$，$P < 0.05$）；控制权配置指数越高，公司控制权配置状况越好，公司越愿意选择可转债融资而不是定向增发（$\beta = 0.758$，$P < 0.01$）。

综合比较模型 1、模型 4 和模型 7 的检验结果可知：控制权配置显著影响再融资方式选择，且控制权配置指数越高，越倾向于可转债，其次债券和定向增发，H1 通过检验。

7.2.2.2　控制权配置对经理管理防御影响的假说检验

依据本书模型设定，虽然控制权配置和经理管理防御同为连续变量，但限于不同融资方式自身所附带的表决权和代理成本重整作用不同，本书并未将全部样本纳入进行检验，而是分组验证，以说明不同融资方式公司内部代理成本差异，检验结果见表 7－3 中模型 3、模型 6 和模型 9。

模型 3 结果显示，在发行可转债和发行债券公司中，控制权配置对经理管理防御具有显著负向影响（$\beta = -0.253$，$P < 0.1$），控制权配置状况越好，经理管理防御水平越低；模型 6 结果显示，在发行债券和定向增发公司中，控制权配置对经理管理防御也具有显著负向影响（$\beta = -0.531$，$P < 0.01$），但不同的是控制权配置对经理管理防御的治理作用更强，且更显著；模型 9 为发行可转债和定向增发公司中控制权配置对经理管理防御的影响，结果显示，控制权配置指数越大，经理管理防御程度越小（$\beta = -0.396$，$P < 0.01$），相较于发行债券和定向增发公司，控制权配置对经理管理防御的抑制程度略有降低，但依然高于发行可转债和发行债券公司中的治理效果，同时也可以说明在发行可转债和发行债券公司中，经理管理防御程度较低，而在发行债券和定向增发中经理管理防御程度较高。

由模型 3、模型 6、模型 9 的结果可知：无论选择哪类融资方式的公司，控

表 7 - 3

模型层级回归分析结果

Variables	Type12		MEI	Type13		MEI	Type23		MEI
	模型 1	模型 2	模型 3	模型 4	模型 5	模型 6	模型 7	模型 8	模型 9
P	-0.379* (11.677)	-0.374* (12.988)	-0.253* (-1.823)	0.597*** (22.933)	0.404*** (21.087)	-0.531*** (-4.367)	0.758*** (25.647)	0.660*** (24.007)	-0.396*** (-3.425)
MEI	—	-0.096 (6.730)	—	—	-0.364** (17.112)	—	—	-0.247** (14.989)	—
Size	0.020 (5.499)	0.021 (4.848)	0.089 (0.678)	0.379** (15.330)	0.342** (15.914)	0.082 (0.634)	0.618*** (15.454)	0.632*** (15.044)	0.092 (0.842)
Lev	-1.612* (12.118)	-1.597* (13.921)	-1.234** (-2.146)	-4.023*** (19.918)	-3.897*** (20.656)	-1.246** (-2.236)	-5.956*** (21.033)	-5.879*** (19.878)	-1.243** (-2.229)
Ismnt	-0.013 (3.134)	-0.012 (3.113)	0.045 (0.436)	-0.363** (14.135)	-0.314** (16.988)	0.043 (0.434)	-0.550** (15.880)	-0.548** (15.909)	0.041 (0.430)
Ta	-1.246 (8.935)	-1.225 (9.987)	-0.857 (-1.123)	0.642 (8.199)	0.578 (9.026)	-0.832 (-1.089)	0.261 (6.334)	0.262 (6.011)	-0.843 (-1.115)
Growth	-0.657** (14.733)	-0.765** (15.003)	-0.341* (-1.878)	1.013** (14.780)	1.214** (16.905)	-0.376** (-2.014)	0.694** (15.073)	0.705** (17.006)	-0.353* (-1.999)
Roi	-2.982 (8.330)	-2.135 (8.171)	-1.982 (-1.214)	3.175*** (18.341)	3.432*** (19.933)	-1.982* (-1.723)	2.310*** (15.852)	2.167*** (15.767)	-1.943* (-1.827)
Ind/Year	控制	控制	控制	控制	控制	控制	控制	控制	控制
N	260	260	260	622	622	622	430	430	430
Nagelkerke R^2/R^2	0.196	0.197	0.182	0.223	0.236	0.194	0.225	0.233	0.188
Z	—	2.285	1.497	—	5.953	2.749	—	7.212	3.330
Sobel-Z	—	1.176	—	—	2.467**	—	—	3.000**	—

注：1. 模型 3、模型 6、模型 9 为线性回归模型，其余模型均为 Logistic 回归模型，括号中为 Wald 值；2. ***、**、* 分别表示在 1%、5%、10% 的水平下显著。

制权配置都与经理管理防御呈现显著负相关关系，控制权配置的提高有助于抑制经理管理防御，降低代理问题，H2 得证。

7.2.2.3　经理管理防御对再融资方式选择影响的假说检验

与控制权配置对再融资方式选择影响的假说检验类似，经理管理防御对再融资方式选择影响的假说检验仍然需要采用 Logistic 回归分析方法。为此，在上述模型 1、模型 4 和模型 7 的基础上分别纳入经理管理防御，检验结果见表 7－3 中模型 2、模型 5 和模型 8。

模型 2 结果表明，具有防御动机的经理在发行可转债和发行债券之间进行选择时，管理防御水平越高，越倾向于选择发行可转债而不是发行债券（$\beta = -0.096$，$P > 0.1$），但是这种影响并不显著；控制变量资产负债率越高、成长性越高，越倾向于选择发行可转债而不是发行债券（$\beta = -1.597$，$P < 0.1$；$\beta = -0.765$，$P < 0.05$）。

模型 5 结果表明，具有防御动机的经理在发行债券和定向增发之间进行选择时，控制变量公司规模越大、成长性和盈利能力越高，公司越倾向于选择发行债券而不是定向增发融资（$\beta = 0.342$，$P < 0.05$；$\beta = 1.214$，$P < 0.05$；$\beta = 3.432$，$P < 0.01$）；资产负债率越高、融资规模越大，公司越倾向于选择定向增发而不是发行债券（$\beta = -3.897$，$P < 0.01$；$\beta = -0.314$，$P < 0.05$）；管理防御水平越高，动机越强，公司越愿意选择定向增发而不是发行债券（$\beta = -0.364$，$P < 0.05$）。

模型 8 结果显示，具有防御动机的经理在发行可转债和定向增发之间进行选择时，控制变量公司规模越大、成长性和盈利能力越高，公司越倾向于发行可转债而不是定向增发融资（$\beta = 0.632$，$P < 0.05$；$\beta = 0.705$，$P < 0.05$；$\beta = 2.167$，$P < 0.01$）；资产负债率越高、融资规模越大，公司越倾向于选择定向增发而不是发行可转债（$\beta = -5.879$，$P < 0.01$；$\beta = -0.548$，$P < 0.05$）；管理防御水平越高，动机越强，公司选择定向增发融资而不是发行可转债的意愿越强（$\beta = 0 - 0.247$，$P < 0.05$）。

综合比较模型 2、模型 5 和模型 8 的检验结果可知：选择定向增发公司的管理防御程度高于发行债券公司的经理管理防御；选择定向增发公司的管理防御程度高于发行可转债公司的经理管理防御；选择可转债和债券融资的公司，经理管理防御没有显著差异。由此得出结论，管理防御程度越大，越倾向于选择定向增发，H3 部分得到验证。

7.2.2.4　经理管理防御对控制权配置与再融资方式选择关系的中介效应检验

根据刘红云等（2013）、温忠麟和叶宝娟（2014）的观点，在中介变量或因变量为类别变量的中介分析中，应当用 Logistic 回归取代通常的线性回归。在此基础上，方杰和温忠麟等（2017）给出了二分因变量中介模型详细的检验方法，如图 7-2 所示。

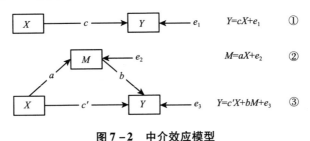

图 7-2　中介效应模型

图 7-2 表示，如果自变量 X 通过某一变量 M 对因变量 Y 产生影响，则将 M 称之为 X 和 Y 的中介变量。同时，可用图中所示三个方程①、方程②、方程③来描述变量之间的关系。由于本书的因变量（再融资方式）为类别变量，因此，方程①、方程③需要采用 Logistic 回归，但由于中介变量是连续变量，因此，方程②仍然采用线性回归（刘红云等，2013）。其中，方程①和方程③中因变量分别为：

$$Y = \mathrm{Logit} P(Y = 1 \mid X) = \ln \frac{P(Y = 1 \mid X)}{P(Y = 0 \mid X)} \tag{7-5}$$

$$Y = \mathrm{Logit} P(Y = 1 \mid M, X) = \ln \frac{P(Y = 1 \mid M, X)}{P(Y = 0 \mid M, X)} \tag{7-6}$$

根据上述学者观点，验证 M 是否具有中介效应，需要经过以下检验程序。

第一步，做自变量为 X，因变量为 Y 的 Logistic 回归，检验系数 c 是否显著；

第二步，做自变量为 X，因变量为 M 的线性回归，检验系数 a 是否显著，并得出 $SE(a)$，Z_a；

第三步，做自变量为 X 和 M，因变量为 Y 的 Logistic 回归，检验系数 b 是否显著，并得出 $SE(b)$，Z_b；

第四步，使用 $Sobel$ 法检验 $Z_a \times Z_b$ 的显著性，即 $Sobel-Z$。若未通过显著性检验，说明 M 不具备中介效应；反之，则说明 M 具有中介效应。其中，Z

统计量如模型（7-7）所示。

$$Z = \frac{Z_{a \times b}}{SE(Z_{a \times b})} = \frac{Z_a \times Z_b}{SE(Z_{a \times b})} = \frac{Z_a \times Z_b}{\sqrt{Z_a^2 + Z_b^2 + 1}} \qquad (7-7)$$

基于上述中介效应检验程序及前述部分假说检验的结果（见表7-3），对经理管理防御的中介效应进行分析。首先，模型2中的 *MEI* 未通过显著性检验，且未通过 *Sobel* 显著性检验（$Z = 1.176$），因而当公司的备选融资方案为债券融资及可转债融资时，经理管理防御不具备中介效应；其次，因变量为 *Type*13 和 *Type*23 时，自变量和中介变量的估计系数均通过显著性检验，且通过 *Sobel* 显著性检验（$Z = 2.467$，$Z = 3.000$），因而当公司的备选融资方案为发行债券和定向增发时，经理管理防御具备中介效应，同时，当公司的备选融资方案为可转债和定向增发时，经理管理防御也具备中介效应。基于此，在自变量控制权配置对再融资方式选择的影响过程中，在加入中介变量经理管理防御后，再融资方式选择顺序并未完全发生变化，体现为部分翻转，也即经理管理防御具有部分中介效应（详见表7-4）。

表 7-4　　　　　　　　　　　模型层级回归结果

路径系数	研究要素关系			验证模型	验证结果
c	控制权配置	→	再融资方式选择	1、4、7	可转债 > 债券 > 定向增发
	控制权配置指数	→	债券、可转债	1	可转债 > 债券
	控制权配置指数	→	债券、定向增发	4	债券 > 定向增发
	控制权配置指数	→	可转债、定向增发	7	可转债 > 定向增发
a	控制权配置	→	经理管理防御	3、6、9	负相关
	控制权配置指数	→	经理管理防御	3	负相关
	控制权配置指数	→	经理管理防御	6	负相关
	控制权配置指数	→	经理管理防御	9	负相关
b	经理管理防御	→	再融资方式选择	2、5、8	定向增发 > （债券，可转债）
	经理管理防御	→	债券、可转债	2	不显著
	经理管理防御	→	债券、定向增发	5	定向增发 > 债券
	经理管理防御	→	可转债、定向增发	8	定向增发 > 可转债
c'	控制权配置		再融资方式选择	1~9	可转债 > 债券 > 定向增发
	控制权配置（管理防御中介）	→	债券、可转债	1、2、3	可转债 > 债券（微减弱）
		→	债券、定向增发	4、5、6	债券 > 定向增发（减弱）
		→	可转债、定向增发	7、8、9	可转债 > 定向增发（减弱）

7.3　研究结果讨论

7.3.1　总体研究结论

再融资行为异化所衍生出的资本市场种种"乱象"不仅需要从理论层面探究两类代理问题的平衡，而且更需要来自实证层面终极控制权配置与管理者自利对公司再融资行为隐性博弈的解释。为此，终极股东在三层权力机构之间控制权配置的解构与度量，以及其对再融资方式影响过程中经理管理防御的角色定位就成为上述研究诉求得以落地的关键。基于此，本书从还原终极股东在三层权力机构中控制权配置的复杂情境入手，借鉴社会资本理论对关系价值化的解释构建权力金字塔下的公司控制权配置指数，并以经理管理防御为传导要素构建"结构—动机—行为"的研究框架，以此实证作为再融资方式选择异象根源的解释。通过上述检验过程，得出以下结论。第一，终极控制权配置指数越高，越倾向于选择可转债，其次为债券；公司控制权配置指数越低，越倾向于选择定向增发。第二，终极控制权配置对经理管理防御具有负向影响。第三，经理管理防御越高，越倾向于选择定向增发，但对于可转债和债券融资之间的选择影响不敏感。第四，经理管理防御在终极控制权配置与再融资方式选择的关系中具有部分中介效应。

7.3.2　研究结果讨论

7.3.2.1　控制权配置对再融资方式选择影响的检验结果讨论

按照再融资决策的帕累托最优解，发行可转债再融资的公司控制权配置最优，债券其次，定向增发最差。基于再融资的门槛限制、风险性、约束性及融资方式自身所附带的寻租可能性不同，三种融资工具所引起的代理冲突及所对应的公司治理结构有所不同，体现为债券融资的约束性最强，不仅是大股东监督经理人的手段，同时也能够发挥相机治理作用，但恰恰又因为负债的风险性和债权人与公司的信息不对称，控制股东与经理极易违背债务合约使用债权人资金，进行高风险项目投资和一些净现值为负的投资项目，尤其是金字塔股权结构下，控制股东"控制权真空"使得其进行利益侵占的风险和损失外部化，而自身只需要承担较小部分，致使控制股东极易联盟高管对债权人资金进行不合理地使用，从而将风险转嫁给债权人和中小股东。简言之，相较于债券作为降低股东与代理冲突的治理手段，债务资金更可能成为大股东利益侵占的工具。

相较于发行债券对公司财务的硬约束，定向增发可以说是无门槛、无约束融资。正是由于政策的放松及财务的宽松，不仅给大股东侵占小股东利益留下可乘之机，也为管理者的自利行为埋下伏笔，这在较多文献中已得到证实。一方面，定向增发前，大股东及管理者为定向增发的顺利实施，有进行时机选择、股价操纵、盈余管理的动机；定向增发中及完成后，有进行关联交易、资金占用及高派现的行为，这些使控制股东获得了大部分的收益而只需要承担较小的损失，中小股东却需要承担大部分的损失。另一方面，风险厌恶的特性使得管理者更钟情于选择无风险、软约束的定向增发，这不仅使得公司不能充分利用债务的杠杆作用，而且使得公司对经理人的约束性降低，增大了其可控资源，不仅有助于稳固自身职位，而且有助于为其在职消费等非货币性收入提供资源。尤其是当前我国创业板上市公司整体杠杆水平偏低，尚不能充分发挥负债治理效应及杠杆效应，因此，在可控风险范围内，应稳步提高公司资产负债率，适度的财务风险不仅是公司积极进行资本支出、创新投资的根本动力，更是企业出于获利目的而在决策过程中产生的必然结果。换言之，在需要通过承担适度风险来促进企业业绩及成长的基本逻辑下，只通过无风险的定向增发融资显然不利于提升企业的治理效率和公司的可持续发展。

可转债融资作为混合型融资方式，兼具债权和股权的性质，但又优于债权和股权，从本质上构成了"对赌"，对公司治理环境要求较高，能够有效避免公司内部人（包括大股东及管理者）的自利行为。其一，可转债的债权性质降低了股东与管理者间的代理冲突，约束经理人努力工作，减少自利行为，提高公司业绩。其二，可转债的股权性质实际上为持券人提供了期权，当公司经营状况好，股价上涨时，看涨的持券人将按期换股，符合发债初衷；但若公司经营不善，股价下跌，持券人一般不再转股，这使得公司财务压力骤增，也不符合公司发债初衷。为了避免公司股价下跌、公司陷入财务危机，公司内部的上述自利行为必须得以遏制，因此，可转债融资对公司控制权配置合理性要求较高。不仅如此，国外经验表明，可转换债券融资是一种较为流行和受欢迎的融资方式，成熟市场也多以可转债及其创新品种作为公司主要融资方式。可转债作为较为灵活兼具弹性的融资方式，对公司来说，不仅可以避免股权融资后股本迅速扩张、股权稀释问题，而且降低了公司的融资成本，克服了一般债券到期还本的压力；对投资者来说，是一种上不封顶、下有保底收益的创新金融工具，因此，可转债对投融资双方而言都不失为有利的选择，能够达到上市公司和投资者各取所需、各有所得的双赢局面，而这种双赢实际与前述研究结果也相吻合。

当然，控制权配置较好的公司有资格、有能力选择三种融资方式，但作为控制权配置较好公司的次优甚至逆向选择的债券及定向增发融资易于激发内部人的自利动机并成为公司治理效率下降的诱因；而对于控制权配置较差的公司而言，内部治理有效性的缺失使得公司不愿意选择约束性较强的债券及可转债融资，或者说，可能并不具备债券及可转债融资的资源，或可能成为公司陷入财务困境的导火索。但若公司进行逆向选择，将债券融资和可转债融资作为最优选择所有可能触发的相悖结果也有可能成为优化公司控制权配置的关键因素。

7.3.2.2　控制权配置对经理管理防御影响检验结果讨论

公司控制权配置对经理管理防御具有抑制作用，这不仅反映了终极股东在三层权力机构中权力配置的合理性与内部代理成本之间的关系，而且反映了终极股东权力配置的三个维度（控制度、分离度和制衡度）之间的动态关系。公司控制权配置的实质是终极股东的控制权能按照控制、监督及经营的目的在股东大会、董事会及经理层间的体现，并由此形成不同的权力边界，而股东大会、董事会及经理层之间权力的制衡和协调是决定控制权配置合理性的关键，也是保障契约主体利益最大化的关键，这种协调与制衡不仅体现在各层权力机构之间，同时体现在各层权力机构内部。换言之，只有保证了权力机构内部的制衡与协调，才可以保障公司控制权配置的稳定与有效。

基于终极股东的控制权地位，其权力不仅体现为股东大会层面的投票表决权，而且由股东大会延伸至董事会和经理层，并在三层权力机构均形成控制力。由于金字塔股权结构及复杂的关系网络，控制权往往超过现金流权形成控制权真空，导致两权分离，并由此成为机会主义的诱因，因此，权力制衡不仅是抑制控制股东机会主义的重要机制，而且是确保控制股东有效监督经理人的重要措施。由此可见，在评价公司控制权配置状况时，控制度、分离度和制衡度三者不可分割。

然而，从控制权配置指数的构建公式来看，股权制衡并未完全发挥治理效应，还有可能表现为负面的治理效应，其可能的原因是金字塔股权结构两权分离的负面效应抵减了股权制衡的正面效应。且创业板上市公司的前身多为家族企业，控制股东往往具有较大的影响力，而其他股东投票表决权较小，尚未形成完全意义上的多个大股东共同控制。这样一来，多个终极股东股权均衡状态实际上是不存在的，其他持股比例较小的大股东很有可能出现联盟而不是制衡，这也是现今上市公司中股权制衡并不总有效的重要原因。基于此，在上市公司中不仅需要降低控制股东的持股比例，同时也需要增加其他大股东的持股比例，以形成持股比例相近的股权均衡状态，不仅是抑制控制股东机会主义行为的重要举措，同时也是抑制经理管理防御，降低股东与经理间代理冲突的重要机制。

7.3.2.3　经理管理防御对再融资方式选择影响的检验结果讨论

从检验结果来看，经理管理防御程度越高，越倾向于选择定向增发，但对于发行可转债和发行债券的选择并不敏感。这一结论实际与现有研究略有不符，主要表现为发行可转债和发行债券的选择区别。理论上，对企业和经理来说，发行债券的风险要高于发行可转债的风险，因此，具有风险厌恶和获取控制权私利动机的经理更钟情于选择发行可转债而不是发行债券，以降低自身的约束条件，提高可控资源的规模。然而，根据本书的实证结果，对于经理来说，选择可转债和企业债没有显著区别，其可能是由于发行可转债公司和企业债公司的治理效率较高，股东监督力度较大，经理管理防御本身较低。其一，依据前述分析，发行可转债公司的公司内部控制权配置较为合理，两类代理成本都较低；其二，发行债券公司的内部代理问题虽然相对严重，但其主要体现为控制股东与中小股东和债权人的代理冲突，即第二类代理问题，而债务的约束与治理效应依然能够对股东与经理人之间的冲突起到很好的抑制作用。

相较而言，在经理管理防御动机下，经理对定向增发具有明显的偏好，这不仅符合现代公司对股权再融资的强烈偏好，而且体现了经理风险厌恶和趋利性。然而，大量事实表明，定向增发融资并未给投资者带来相应的回报，呈现出"圈钱"性，尤其是2015年定向增发融资的热潮以及2016年定向增发融资的爆发，过度融资、盲目融资及非理性融资使得股市波动较大，造成了资本市场的混乱和融资效率低下，2017年再融资新规的发布及2018年融资无门更是印证了以往定向增发市场的乱象。由此可见，在政策监管软约束及内部监督不力的前提下，具有防御动机的经理一味地选择定向增发而不结合公司实际情况不利于公司的长远发展，同时，定向增发自身所附带的代理成本和控制权调整效应还容易引起控制股东对中小股东的利益剥夺，增大上市公司的两类代理成本，进而导致公司内部控制权配置效率低下，并容易形成非良性循环。

7.3.2.4　经理管理防御中介效应的检验结果讨论

通过上述分析，经理管理防御在控制权配置与再融资方式选择之间发挥了部分中介效应。与一般部分中介效应不同，在本书设定的三组模型中，经理管理防御在其中两组模型中发挥了部分中介效应，但是在发行可转债与发行债券选择时并未发挥中介效应，这不仅为判别类别变量部分中介效应提供了新的方法，而且为公司再融资决策提供了新的思路，同时也为我们评价公司内部代理冲突的严重程度提供了思路。前述分析，在发行可转债与发行债券公司，股东与经理人的代理冲突得到缓和，经理管理防御程度并不高，因此，控制权配置的提高并不得益于第一类代理成本的降低，而更多地来自控制股东与中小股东和债权人之间的利益冲突。事实证明，在这两类公司中，控制股东确实存在利用债权人资金进行利益输送的行为，而这也成为公司控制权配置和再融资方式选择之间内在关系的新证据。

由此可知，当两类代理成本之和达到最小时，公司控制权配置达到最优。基于两类代理问题的动态关联关系及严重程度，公司控制权配置对经理管理防御具有抑制作用，但这种抑制并非会随着控制权配置的提高而提高，当且仅当控制股东的利益侵占较为严重，而经理管理防御行为不凸显时，公司控制权配置的提高对经理管理防御的抑制作用变得微弱，相反，此时控制权配置提高的主要目的是为了抑制第二类代理问题，这不仅成为经理管理防御发挥部分中介效应的可能原因，而且为寻找经理管理防御部分中介效应的原因分析提供了新思路。

7.3.2.5　控制变量检验结果讨论

根据控制变量的检验结果可知，资产规模越大的公司越倾向于选择可转债和债券，但是对于可转债和债券之间的选择影响并不显著，这说明公司规模越大，治理越完善，抗风险能力越强，越有能力发行风险较大的债券及可转债；而相较于债券及可转债，融资规模越大时，公司越倾向于选择定向增发。这一方面是由于定向增发融资特性所致，另一方面仍源于未来风险性，但我们没有足够的证据证明融资规模对可转债和债券之间选择的影响。

7.4　稳健性检验

对核心指标采用不同的衡量方式，有可能出现结论不一致的情况，而公司融资方式的选择容易受当地市场发展程度的影响，因此，本书采用核心指标替代并用样本分层的方式验证结论的稳健性。

7.4.1 核心指标替代

公司控制权配置状况代表公司的治理水平。依据南开大学公司治理评价课题组的研究成果，治理质量较好的公司其财务指标也显著较高，因而可以采用公司质量作为控制权配置的替代指标。由于公司质量为综合指标，本书借鉴刘娥平（2014）的做法，选择能够反映公司质量的盈利能力 F1（所有者权益报酬率 ROE、资产报酬率 ROA、长期资本收益率 ROC）、成长能力 F2（固定资产增长率 FAG、总资产增长率 TAG、营业收入增长率 RG）、偿债能力 F3（利息保障倍数 IC、流动资产负债比 CAD）、营运能力 F4（流动资产周转率 CAR、固定资产周转率 FAR 和总资产周转率 TAR）及市场价值 F5（市盈率 PE、市账比 MB）五个方面指标，运用因子分子法提取公因子，进而按照公因子的方差贡献占方差总贡献的比重构建公司质量评价指标 Q。其中，指标定义详见表 7-5。

表 7-5 公司治理质量指标

指标类型	变量名称	变量符号	变量定义与说明
盈利能力	所有者权益报酬率	ROE	净利润/年平均所有者权益
	资产报酬率	ROA	净利润/年平均总资产
	长期资本收益率	ROC	净利润/年平均长期资本
成长能力	固定资产增长率	FAG	再融资预案前两年的平均固定资产增长率
	总资产增长率	TAG	再融资预案前两年的平均总资产增长率
	营业收入增长率	RG	再融资预案前两年的平均营业收入增长率
偿债能力	利息保障倍数	IC	息税前利润/利息费用
	流动资产负债比	CAD	流动资产/年末负债总额
营运能力	流动资产周转率	CAR	营业收入/平均流动资产
	固定资产周转率	FAR	营业收入/平均固定资产
	总资产周转率	TAR	营业收入/平均总资产
市场价值	市盈率	PE	年末股票市场价格/当年每股利润
	市账比	MB	年末股票市场价格/年末股票账面价值

在上述指标定义基础上，首先，本书利用国泰安（CSMAR）数据库对前述 7.1.1 中再融资样本中的上述财务指标数据进行搜集，并对指标进行标准化处理；其次，按照因子分析法的基本步骤提取公因子（特征值>1），相关系数矩阵的特征值和方差以及旋转后的因子载荷矩阵分别见表 7-6 和表 7-7。

表 7 - 6 相关系数矩阵的特征值和方差

因子	提取平方和			旋转平方和		
	特征值	贡献率	累计贡献率	特征值	贡献率	累计贡献率
F1	2.759	23.481%	23.481%	2.522	20.924%	20.924%
F2	2.250	16.161%	39.641%	2.114	15.818%	36.742%
F3	1.890	12.481%	52.123%	1.829	11.551%	48.293%
F4	1.513	11.864%	63.987%	1.720	13.465%	61.758%
F5	1.106	9.250%	73.237%	1.331	11.453%	73.211%

表 7 - 7 旋转后的因子载荷矩阵

变量	因子				
	F1	F2	F3	F4	F5
ROE	0.798	0.162	0.040	0.070	0.152
ROA	0.706	-0.038	-0.049	-0.123	-0.132
ROC	0.819	0.069	0.102	0.027	0.200
FAG	0.319	0.761	-0.057	0.085	0.018
TAG	0.106	0.797	0.031	0.003	0.038
RG	-0.075	0.819	0.079	0.098	0.108
IC	0.313	-0.127	0.648	-0.012	-0.237
CAD	0.018	-0.062	0.719	-0.136	-0.103
CAR	-0.069	0.008	0.078	-0.570	0.016
FAR	0.201	0.021	0.098	-0.706	0.091
TAR	0.214	-0.083	0.204	-0.775	-0.129
PE	-0.026	-0.008	0.119	-0.008	-0.747
MB	0.196	0.047	0.079	0.184	-0.589

最后，依据表 7 - 6 和表 7 - 7 的分析结果构建公司治理质量综合指标，如公式（7 - 8）所示：

$$Q = 0.321F1 + 0.221F2 + 0.170F3 + 0.162F4 + 0.126F5 \quad (7 - 8)$$

利用上述公司治理质量综合指数，替换公司控制权配置指数，同时基于现有文献研究，将公式（7 - 1）中经理管理防御指标替换为管理费用率，管理费用率可以在一定程度上反映公司内部第一类代理成本，而这恰是经理管理防御行为的结果。在此基础上，分别利用逻辑（Logit）回归、概率单位（Probit）回归分析法及多元回归法对模型（7 - 2）、模型（7 - 3）、模型（7 - 4）重新进行检验，并将相关结果整合于表 7–8。由表中数据可知，不论使用 Logit 回归还是 Probit 回归分析法，Q 对 $Type12$、$Type13$、$Type23$ 的估计系数与显著性均与前述无显著差异，即当公司质量较好时，其选择再融资方式的顺序为可转债、债券及定向增发；而 Q 对 MEI 的负向影响说明公司质量越好，内部的代理成本越小。实证结果既佐证了控制权配置对再融资方式存在影响，又从理论层面解释了公司治理水平对财务质量的积极影响。

表 7–8　　　　　　　　　　　　　　　　稳健性检验

Variables	Logit 回归			Probit 回归			多元回归
	Type12	Type13	Type23	Type12	Type13	Type23	MEI
Q	− 0. 516 *	0. 679 ***	0. 770 ***	− 0. 268 *	0. 374 ***	0. 426 ***	− 0. 387 **
MEI	− 0. 061	− 0. 233 **	− 0. 129 **	− 0. 032	− 0. 128 **	− 0. 072 **	—
Size	0. 015	0. 284 **	0. 419 **	0. 009	0. 157 **	0. 231 **	0. 081
Lev	− 1. 431 *	− 3. 527 ***	− 4. 017 ***	− 0. 789 *	− 1. 945 ***	− 2. 214 ***	− 1. 077
Ismnt	− 0. 010	− 0. 161 **	− 0. 319 **	− 0. 006	− 0. 089 **	− 0. 176 **	0. 033
Ta	− 0. 729	0. 333	0. 149	− 0. 402	0. 184	0. 082	− 0. 629
Growth	− 0. 566 **	0. 537 **	0. 498 **	− 0. 312 **	0. 296 **	0. 275 **	− 0. 299
Roi	− 3. 597	6. 238 ***	5. 902 **	− 1. 983	3. 433 ***	3. 254 **	− 1. 733
N	260	622	430	260	622	430	656
Nagelkerke R^2/R^2	0. 189	0. 192	0. 203	0. 191	0. 204	0. 215	0. 179
F-value	− 9. 789	12. 312	14. 346	10. 357	13. 048	16. 158	14. 335

注：*** 、** 、* 分别表示在 1%、5%、10% 的水平下显著，表格中只列示了主要变量。

7.4.2　样本异质性的影响

为了进一步检验结论的稳健性，本书通过两种方法对样本分组，检验结论对不同性质样本的差异。

（1）按照公司所在地的市场化程度进行分组。已有研究证实，市场化程度反映公司融资的难易，若公司所在地区市场化程度较高，则自由选择融资方式的空间更大，融资方式的选择与公司内部治理水平的关联度更高；若公司所在地区的市场化程度较低，则融资约束更大、融资成本更高，公司进行融资决策更多地考虑融资难易程度而不是根据实际情况。因此，如果控制权配置对再融资方式选择能够产生影响，则这种影响在市场化程度较高的地区更为显著。借鉴高山行等（2018）对市场化程度的界定，可以采用市场化指数来测量再融资公司所在地的制度差异，以此反映公司的融资约束程度，并将再融资公司所在地的市场化指数按照升序进行排序，按照中位数将公司划分为高市场化程

度和低市场化程度两组。表7-9报告了市场化程度高低对控制权配置和再融
资方式关系的影响，结果发现，控制权配置对再融资方式选择影响的估计系数
在市场化程度高的地区依然较为显著，而在市场化程度较低的地区则显著性有
所降低，且两组的系数存在差异，表现为市场化程度高的地区控制权配置对再
融资方式选择的影响程度更大。分组研究不仅证实了结论的稳健性，而且说明
了公司所在区域的资源禀赋、融资机会及风险感知对再融资决策的影响。

表7-9　　　　　　　　　　　　　市场化程度的影响

Variables	市场化程度高			市场化程度低		
	Type12	Type13	Type23	Type12	Type13	Type23
P	-0.402*	0.625***	0.821***	-0.213*	0.434**	0.576**
Size	0.018	0.363**	0.522**	0.011	0.287**	0.314**
Lev	-1.425*	-3.486***	-4.333***	-0.936*	-1.125**	-2.385**
Ismnt	-0.009	-0.198**	-0.415**	-0.004	-0.096**	-0.246**
Ta	-0.776	0.345	0.156	-0.402	0.176	0.054
Growth	-0.668**	1.174**	0.723**	-0.432**	0.854**	0.476**
Roi	-3.043	4.267***	2.605**	-1.796	2.856***	1.239**
Nagelkerke R^2/R^2	0.198	0.225	0.228	0.187	0.197	0.200
F-value	12.345	14.189	16.124	9.465	12.119	13.328

注：***、**、*分别表示在1%、5%、10%的水平下显著，表格中只列示了主要变量。

（2）按照控制权配置高低进行分组。为了说明不同控制权配置状况对再
融资方式选择的不同影响，本书首先按照第4章4.3中的再融资规模计算方法
计算定向增发融资增长率（PPI）、可转债融资增长率（CDI）和债权融资增长
率（DFI）；其次对进行不同方式融资的公司控制权配置指数分组，由于本书
中可转债的样本较少（34个），为最大化利用样本，控制权配置指数按照均值
进行分组，并利用多元回归法进行检验，结果见表7-10。

表7-10　　　　　　　　　　　　不同控制权配置状况的影响

Variables	PPI		DFI		CDI	
	控制权配置高	控制权配置低	控制权配置高	控制权配置低	控制权配置高	控制权配置低
P	0.079*	0.271***	0.112***	0.084*	0.175***	—
MEI	0.175*	0.225***	-0.136*	-0.142**	0.023*	—
Lev	0.012*	0.097**	-0.025*	-0.043*	-0.009	—
Growth	0.257**	0.365**	0.383**	0.212**	0.483**	—
N	112	284	155	71	28	—

Variables	PPI		DFI		CDI	
	控制权	控制权	控制权	控制权	控制权	控制权
	配置高	配置低	配置高	配置低	配置高	配置低
$Adjust/Pseudo\ R^2$	0.134	0.167	0.152	0.143	0.118	—
$F\text{-}value$	8.345	10.189	9.124	7.465	6.136	—

注：***、**、*分别表示在 1%、5%、10% 的水平下显著，表格中只列示了主要变量。

由表 7 – 10 结果可以看到，无论控制权配置是高还是低，其对不同方式的融资规模均具有正向影响，区别在于影响程度和显著性不同，这也是我们判断公司融资顺序的主要依据。对于定向增发融资，控制权配置的高低对定向增发融资规模的影响不同，并且从回归系数和显著性来看差别较大，表现为较低的控制权配置下定向增发融资规模更大，且在 1% 水平下显著。对于债权融资，控制权配置较高时，其对债权融资影响路径系数较大，且在 1% 水平下显著；而由于可转债样本较少，我们暂时无法辨别控制权配置较低（样本为 6 个）时其对可转债规模的影响，但从控制权配置较高样本的影响结果来看，其对可转债融资规模具有显著正向影响。

比较上述实证结果中的估计系数及显著性，我们还可以发现，控制权配置较高时，其对定向增发融资规模的影响路径系数小于债权规模（0.079 < 0.112），而对债权融资规模的影响路径系数又小于可转债（0.112 < 0.175），说明控制权配置较高的公司更加偏好于可转债，其次为债权和定向增发；而当控制权配置较低时，其对定向增发融资规模的影响路径系数大于债权规模（0.271 > 0.084），说明控制权配置较低的公司更加偏好于定向增发，其次为债权。基于此，本书认为，虽然不同控制权配置状况的公司都会选择三种融资方式，但控制权配置较高的公司的融资顺序为可转债、债权和定向增发，而控制权配置较低的公司的融资顺序为定向增发和债权，再一次证实了主结论的稳健性。更为重要的是，该种方法很好地纠正了样本自选择行为造成的偏差。

7.5　内生性检验

样本自选择及变量因果倒置可能使研究结果出现偏差，本书通过选择配对样本及工具变量法控制内生性问题。

7.5.1　样本自选择

由于再融资方式选择是公司自选择行为，公司也可背离其实际情况选择次优融资方式，如控制权配置较好的公司选定向增发和债权融资，控制权配置中等的公司选择定向增发和可转债融资，而控制权配置较差的公司选择债权和可转债融资，这种次优选择有可能使我们对公司控制权配置状况判断出现偏颇。为降低模型偏误，确保研究结果的稳健性，本书通过选择匹配样本重新检验。由于可转债在近些年才逐渐流行，其样本量最小，因此，本书按照可转债的样本量（34 个），根据同行业、同年度、资产规模差异在 20% 以内的标准，在现有定向增发及债权融资样本中分别选取 34 个配对样本，同时进行 Logit 回归和 Probit 回归，以缩小由于样本量不同而造成的差异。表 7 - 11 报告了回归结果，数据表明，前述研究结果未发生实质性变化，且控制权配置对再融资方式选择的影响路径系数更大，这不仅证实了结论的稳健性，而且说明在控制公司固定效应的影响时，再融资方式选择受公司内部治理的影响更大，再次凸显公司控制权配置的重要性。

表 7 -11   **Logit 回归和 Probit 回归结果**

Variables	Logit 回归			Probit 回归		
	Type12	Type13	Type23	Type12	Type13	Type23
P	− 0. 490 *	0. 662 ***	0. 780 ***	− 0. 268 *	0. 374 ***	0. 426 ***
Size	0. 013	0. 314 **	0. 562 **	0. 010	0. 168 **	0. 296 **
Lev	− 1. 633 *	− 4. 279 ***	− 5. 693 ***	− 0. 902 *	− 2. 036 ***	− 3. 154 ***
Ismnt	− 0. 013	− 0. 267 **	− 0. 517 **	− 0. 008	− 0. 145 **	− 0. 285 **
Ta	− 0. 897	0. 525	0. 197	0. 501	0. 274	0. 109
Growth	− 0. 699 **	0. 678 **	0. 663 **	− 0. 389 **	0. 376 **	0. 363 **
Roi	− 4. 962	6. 219 ***	4. 966 **	− 2. 734	3. 433 ***	2. 796 **
N	68	68	68	68	68	68
Nagelkerke R^2/R^2	0. 210	0. 242	0. 279	0. 212	0. 241	0. 280
F-value	14. 536	21. 587	25. 553	13. 412	20. 158	25. 986

注：*** 、** 、* 分别表示在 1% 、5% 、10% 的水平下显著，表格中只列示了主要变量。

7.5.2 因果倒置

本书的主要目的是从公司控制权配置视角考察再融资方式选择的影响因素，并说明经理管理防御扮演的角色。但从前述回归结果来看，公司控制权配置与经理管理防御存在动态关联关系。由此形成的一个假想是：公司控制权配置状况较差的情况可能是由于公司经理管理防御程度较高，即控制权配置的优劣是由经理管理防御的程度所决定的，换言之，公司控制权配置与经理管理防御可能存在因果倒置关系。鉴于此，为了避免变量间互为因果关系对实证结果的干扰，本书尝试采用两阶段回归（2SLS）解决上述内生性问题。根据"优胜劣汰"原则，企业的生存和发展与同行业企业的发展水平密切相关，因此，同行业企业的公司治理水平会对标的企业的治理水平起到示范效应，故选取同行业企业的平均控制权配置指数（P'）作为工具变量。其不仅与公司控制权配置水平密切相关（相关系数为 0.24），而且与内生于经理人自身的管理防御水平弱相关（相关系数为 0.11），符合工具变量选取的要求。从表 7-12 的 Step1 可以看出，标的公司控制权配置与同行业企业的平均控制权配置水平高度相关（$\beta = 0.232$，$P < 0.01$），意味着公司控制权配置水平受同行业企业平均公司治理水平影响较大，符合我们对"场域"效应的一般认识。更为重要的是，利用 Step1 得到的公司控制权配置估计值进行 Step2 回归分析，发现 P 对 $Type12$、$Type13$、$Type23$ 的估计系数和显著性与前述实证结果无显著差异，说明控制权配置与管理防御互为因果的内生性问题并不会对研究的主要结论产生实质上的干扰，证明了此前结论的可靠性。

表 7-12   2SLS 回归结果

Variables	Step 1	Step 2		
	P	$Type12$	$Type13$	$Type23$
P'	0.232***	—	—	—
P	—	−0.156*	0.223***	0.174***
MEI	—	−0.023	−0.157**	0.071**
$Size$	0.011*	0.014	0.296*	0.424*
Lev	0.012*	−1.356*	−3.786**	−2.980**
$Ismnt$	0.004	−0.006	−0.215*	−0.278*
Ta	0.009*	−0.887	0.384	0.167
$Growth$	0.015*	−0.632*	0.856*	0.543**
Roi	0.007	−1.578	2.121*	1.879
Nagelkerke R^2/R^2	0.121	0.172	0.148	0.165
Z	—	2.194	4.876	5.222
$Sobel-Z$	—	1.175	2.643**	2.712**

注：***、**、*分别表示在1%、5%、10%水平下显著，表格中只列示了主要变量。

7.5.3 遗漏变量

虽然本书在验证控制权配置对再融资方式选择的影响时，控制了常见变量对上述关系的干扰，但仍可能遗漏重要变量导致实证结果"不洁净"。因此，本书采用倾向得分匹配法缓解遗漏变量造成的内生性问题。首先，根据控制权配置指数的高低对样本排序，将控制权配置较高的前 1/4 样本归为控制权配置较高组，并作为倾向得分匹配法的处理组，其他样本归为控制权配置较低组，并作为倾向得分匹配法的控制组，据此设置虚拟变量 P-dum。同时，按照倾向得分匹配法的处理原理，将控制权配置较高组的 P-dum 赋值为 1，控制权配置较低组的 P-dum 赋值为 0。其次，由于控制权配置与再融资方式选择的关系最容易受到企业年龄、流动性资产、短期贷款、长期贷款、分析师跟踪、风险投资参与、资本市场错误定价、融资约束等变量的影响，因此，以现有的对照组样本为基础构造尽可能与处理组特征最接近的新的对照组（倾向得分概率匹配）。换言之，处理组和对照组除了控制权配置指数这一变量不同外，其他特征变量基本相同。配对后，处理组和对照组各包含 153 个样本。最后，按照前述对再融资规模增长率的定义，采用配对后的样本对控制权配置与再融资方式选择的关系进行重新检验。其中，资本市场错误定价用可操控的应计利润进行衡量（修正后的琼斯模型）；融资约束为复合指标，方法为利用有序逻辑回归（Ordered Logit）模型对公司持有现金、经营现金流、股利和资产负债率回归并得出融资约束指标，检验结果见表 7-13。

表 7-13   PSM 结果

Variables	PPI	DFI	CDI
P-dum	0.134 *	0.152 *	0.186 ***
MEI	0.236 **	-0.156 *	0.034 *
Lev	0.431 ***	-0.527 **	0.078 *
Ta	-0.010	0.024	0.019
Growth	0.466 **	0.537 **	0.498 **
Roi	0.597 **	0.638 ***	0.902 **
Ind/Year	控制	控制	控制
N	44	82	27
Adjust/Pseudo R^2	0.153	0.164	0.119
F-value	9.576	10.321	6.687

注：***、**、* 分别表示在 1%、5%、10% 的水平下显著。

上述结果中，*P-dum* 对 *PPI*、*DFI* 及 *CDI* 的估计系数都为正数，且在 10%、10% 及 1% 水平下显著，说明在解决遗漏变量导致的内生性问题后，控制权配置对定向增发融资、债权融资及可转债融资仍具有促进作用，区别在于影响程度的不同。而根据控制权配置对不同再融资方式选择的影响系数可知，控制权配置的提高对可转债融资的促进作用最强，债权其次，对定向增发的促进作用最弱，再次印证了前面的结论。总之，不管采用哪种内生性检验方法，结果均表明本书研究的主结论是稳健的。

7.6　扩展分析

7.6.1　经理管理防御部分中介效应的可能原因

前述研究中，当公司的备选融资方案为定向增发和债券或者可转债时，公司控制权配置均通过降低经理管理防御而影响再融资方式的选择，经理管理防御发挥部分中介效应。然而，当公司的备选融资方案为债券和可转债时，公司控制权配置对再融资方式选择的影响并不通过经理管理防御发挥作用。换言之，经理层对上述两种融资方式所附带的财务风险及监督力度差异反应不敏感。由于再融资方式选择是经理相机而动的结果，那么一种可能的解释是，选择债券及可转债融资的公司股东监督力度较大，经理管理防御程度低，经理主动或被动选择有利于公司价值最大化的融资方式。基于我国民营企业股权集中的特征以及中国资本市场制度的不完善，终极股东或控股股东不仅具有监督动机，而且还存在较强的侵占动机，同时其控制力又为其实施侵占行为提供了保障，这一观点已得到了大量学者的证实，包括：①控股股东操控公司股价，进而获取不合理的股权融资和债权融资；②控股股东在融资实施后，进行高风险的投资，进而侵害债权人的利益；③控股股东在股权融资后将资金挪作己用；④控股股东和公司进行关联交易，转移公司资产等。然而，现有文献也证实，控制股东的侵占行为需要得到管理层的配合，因而更可能的是经理迎合股东选择有利于其控制权收益最大化的融资方式。为此，我们引入终极股东利益侵占，检验其是否在控制权配置与再融资方式中发挥中介效应，以揭示此种情况下公司内部主要代理矛盾。

首先，本书借鉴江等（Jiang et al.，2010）、李旎和郑国坚（2015）的做法，对利益侵占（*Expro*）的度量采用"非经营性资金占用"作为替代指标，计算公式如下：*Expro* ＝（其他应收款 ＋ 其他预付款 － 其他应付款 － 其他应收款）/年末总资产。其次，同样借鉴方杰和温忠麟等（2017）关于类别变量中介效应的分析方法，采用 Logistic 回归和多元线性回归对利益侵占的中介效应进行检验。鉴于本章节中介效应研究中的主效应与前述假设相同，因此，在沿用公式（7-2）的同时，构建如下新的回归模型：

$$Logit\,(Type) = \alpha_0 + \alpha_1 P + \alpha_2 Expro + \alpha_3 Size + \alpha_4 Lev + \alpha_5 Ismnt + \alpha_6 Ta +$$
$$\alpha_7 Growth + \alpha_8 Roi + \alpha_9 Ind + \alpha_{10} Year + \varepsilon \qquad (7-9)$$

$$Expro = \alpha_0 + \alpha_1 P + \alpha_2 Size + \alpha_3 Lev + \alpha_4 Ismnt + \alpha_5 Ta + \alpha_6 Growth +$$
$$\alpha_7 Roi + \alpha_8 Ind + \alpha_9 Year + \varepsilon \qquad (7-10)$$

其中，模型（7-9）中 $Type$ 分别表示 $Type12$、$Type13$ 和 $Type23$。$Type12$、$Type13$ 与 $Type23$ 中利益侵占中介效应检验结果分别见表 7-14a、表 7-14b 与表 7-14c。

表 7-14a　　　　　　利益侵占的中介效应检验结果 1

Variables	Type12		Expro
	模型 1	模型 2	模型 3
P	-0.379 *	-0.271 *	-0.312 **
	(11.677)	(13.988)	(-2.145)
Expro	—	0.345 **	—
		(16.693)	
Size	0.020	0.006	-0.245
	(5.499)	(2.367)	(-1.104)
Lev	-1.612 *	-1.597 *	0.567 **
	(11.118)	(13.325)	(2.146)
Ismnt	-0.013	-0.008	0.152
	(3.134)	(4.085)	(0.466)
Ta	-1.246	-1.312	-0.317
	(7.935)	(8.746)	(-0.786)
Growth	-0.657 **	-0.765 **	0.124 *
	(15.733)	(17.003)	(1.833)
Roi	-2.982	-2.227	-1.214
	(8.330)	(7.414)	(-0.996)
N	260	260	260
Nagelkerke R^2/R^2	0.196	0.247	0.188
Z	—	6.034	2.802
Sobel-Z	—	2.513 **	—

注：模型 3 为线性回归模型，其括号中为 t 值，模型 1、模型 2 均为 Logistic 回归模型，括号中为 Wald 值；*** 、** 、* 分别表示在 1%、5%、10% 的水平下显著。

由表 7 - 14a 可知：第一，自变量（控制权配置）对中介变量（利益侵占）具有显著负向影响（$\beta = -0.312$，$P < 0.01$），表明公司控制权配置指数的提高对侵占行为具有抑制作用，对比表 7 - 3 中 *MEI* 估计系数的显著性及大小可知，在备选方案为可转债及债券融资的公司中，第二类代理问题较第一类代理问题更为严重；第二，*Expro* 对 *Type*12 具有显著正向影响（$\beta = 0.345$，$P < 0.05$），即侵占行为越严重，终极股东越倾向于选择债券融资而不是可转债；第三，由于自变量、中介变量均通过显著性检验，且通过 *Sobel* 显著性检验（$Z = 2.513$），利益侵占在控制权配置与再融资方式选择中具有部分中介效应。

表 7 - 14b、表 7 - 14c 呈现了 *Type*13、*Type*23 中利益侵占的程度。数据显示：第一，控制权配置对利益侵占具有显著负向影响，表明公司控制权配置指数的提高对侵占行为具有抑制作用，对比表 7 - 3 中 *MEI* 估计系数的显著性及大小可知，在备选融资方案中存在定向增发的公司，其第一类代理问题都较第二类代理问题更为严重；第二，*Expro* 对 *Type*13、*Type*23 都具有负向影响，但 *Expro* 对 *Type*13 的影响并不显著，说明侵占行为越严重，终极股东越倾向于选择债券融资而不是可转债，但对于发行债券和定向增发选择并不敏感；第三，由于 *Type*13 中利益侵占的中介效应未通过 *Sobel* 显著性检验，利益侵占在控制权配置与再融资方式选择中具有部分中介效应。

表 7 - 14b　　　　　　　　　　利益侵占的中介效应检验结果 2

Variables	Type13		Expro
	模型 1	模型 2	模型 3
P	-0.597 *** (22.933)	-0.571 * (13.431)	-0.101 * (-1.845)
Expro	—	-0.145 (7.711)	—
Size	0.379 ** (15.330)	0.306 ** (16.256)	-0.065 (-0.535)
Lev	-4.023 *** (19.918)	-3.486 *** (20.436)	-1.159 ** (-2.107)
Ismnt	-0.363 ** (14.135)	-0.310 ** (15.196)	0.032 (0.374)
Ta	0.642 (8.199)	0.498 (9.635)	-0.808 (-0.973)
Growth	1.013 ** (14.780)	1.765 ** (18.114)	-0.224 ** (-2.199)

续表

Variables	Type13		Expro
	模型 1	模型 2	模型 3
Roi	3. 175 *** (18. 341)	3. 318 *** (21. 670)	− 2. 103 * (− 1. 885)
N	622	622	622
Nagelkerke R^2/R^2	0. 223	0. 256	0. 207
Z	—	2. 174	1. 386
Sobel-Z	—	1. 090	—

注：同表 7 – 14a 注释。

表 7 – 14c　　　　　　　利益侵占的中介效应检验结果 3

Variables	Type23		Expro
	模型 1	模型 2	模型 3
P	0. 758 *** (25. 647)	0. 725 * (13. 790)	− 0. 203 ** (− 2. 216)
Expro	—	− 0. 163 ** (15. 089)	—
Size	0. 618 ** (15. 454)	0. 374 ** (14. 879)	0. 056 (0. 093)
Lev	− 5. 956 *** (21. 033)	− 5. 114 *** (23. 014)	− 2. 008 ** (− 2. 056)
Ismnt	− 0. 550 ** (15. 880)	− 0. 480 ** (15. 193)	0. 071 (0. 655)
Ta	0. 261 (6. 334)	0. 272 (7. 635)	− 0. 907 (− 0. 993)
Growth	0. 694 ** (15. 073)	0. 720 ** (18. 114)	− 0. 321 ** (− 2. 074)
Roi	2. 310 ** (15. 852)	2. 105 ** (15. 525)	− 1. 727 * (− 1. 885)
N	430	430	430
Nagelkerke R^2/R^2	0. 225	0. 237	0. 194
Z	—	6. 845	3. 208
Sobel-Z	—	2. 880 ***	—

注：同表 7 – 14a 注释。

　　通过上述表格对利益侵占在控制权配置与不同融资方式组合之间的关系中介效应检验结果可以看出，利益侵占存在差异化的部分中介效应。虽然负债在股权分散公司中具有治理作用，但是在股权集中公司，尤其是金字塔股权结构下，终极股东的两权分离使得其对负债的破产威胁效应和利益转移限制效应不敏感，从而偏向于通过高负债融资等手段达到获取超控制权收益的目的，负债已然失去治理作用，成为大股东侵占中小股东及债权人的手段，这一结论与朱乃平等（2013）及冉茂盛和李文洲（2015）的结论一致。按照表 7 - 14a 显示，在 Type12 样本中，公司股权高度集中，终极股东监督力度较大，公司第一类代理问题不凸显，但利益侵占行为较为严重，第二类代理问题居于主导地位，此时公司再融资决策主要体现为终极股东控制权私利最大化，并且可以得知，此种情况下债券融资对管理防御的抑制作用要远远小于债券对大股东利益侵占行为的激励效应，这也是管理防御在 Type12 模型中未发挥中介效应的深层原因，并值得后续深入研究。而依据表 7 - 14b，在 Type13 样本中，股权分散，经理人掌握公司实际控制权，终极股东的利益侵占能力较弱，加之经理层受外部监督力有限，使得第一类代理问题居于主导地位，这也造成了利益侵占动机对债券融资和定向增发的选择并不敏感。但我们从表 7 - 14c 中 Type23 样本的回归结果可以看到，利益侵占和管理防御均发挥了部分中介效应，说明在股权相对集中公司，应同时警惕两类代理问题对再融资决策的干扰，尤其需要注意的是管理者迎合终极股东选择有利于控制权私利最大化的融资方式。上述研究结论表明，利益侵占行为在受到控制权影响的情况下对企业再融资决策行为具有差异化影响，这一观点也从侧面佐证了本书围绕经理管理防御中介效应所得出的结论。

7.6.2　政治关联和财务风险的影响

　　为了避免研究模型"真空"所带来的研究结论失真与外部效度的不足，还需要进一步检验本书的研究模型嵌套环境要素下的扰动结果。正如前述证实，公司再融资方式选择受公司内部控制权配置和经理管理防御的影响，其实质是从公司治理视角解释我国上市公司的再融资偏好，是建立在不存在外部干扰与限制因素假设前提下，公司治理因素对再融资方式选择影响机理的实证研究。然而，公司再融资方式选择是一系列环境要素综合作用的结果，并非完全理性。特别是对我国上市公司来说，股权再融资及债券再融资资金仍然属于稀缺资源，而由于债权再融资的门槛更高、约束性更强，使得其稀缺程度更大，致使再融资资格审批等受政治关联的影响较大。尤其是 2017 年再融资新规对定向增发的限制可能加重公司的融资约束，导致部分公司融资无门。宏观性的政治因素成为引导甚至规制企业再融资决策乃至企业资本结构的重要环境要素。在此背景下，与地方政府建立良好的关系，取得政策上的支持可能就成为突破融资约束的新法柄，这对民营企业来说更为重要和必要（李维安等，2015），学者将其原因归咎于寻租活动，即由于制度或权力间作用的差异，某种要素可以得到的收入之间的差额。因此，在政府干预下，寻租者倾向于把政府作为获取垄断资源并取得自我保护的一种工具（Khwaja and Mian，2005；毛新述和周小伟，2015），在此作用下，存在政治关联的企业获取融资审批资格的可能性自然要高于不存在政治关联的企业。然而，对上述效应更深层次的解释则是，政治关联减缓了资金供需双方的信息不对称，发挥了信号传递功能（罗党论等，2008），使得公司更容易获批适合自己的融资方式，除此之外，政治关联能够增强民营企业的资源获取能力，有助于提高企业的未来总收益。且于蔚等（2012）学者指出，缓解民营企业融资困境的关键在于其资源效应，信息效应其次。换言之，政治关联作为一种可利用资源，能够减缓企业的融资约束，并使得审批部门更加清楚地了解企业的实际情况，从而使得企业容易获批适合自身的融资方式。基于此，本书认为政治关联对公司再融资方式的选择具有显著影响，表现为政治关联的存在能够强化控制权配置与再融资方式的关系，即控制权配置较好的公司更倾向于选择可转债，而控制权配置较差的公司更倾向于选择定向增发。

相较于宏观环境的外生影响，公司内部环境同样制约着企业决策和运营效果。基于再融资的"准入门槛"监管，上市公司再融资方式的选择不仅会受到外界环境的影响，而且会受到自身财务状况的影响，这在前述分析中也有提及。尤其对于高风险、盈利波动较强的创业板上市公司而言，盈利条件、信用评级及偿还利息的要求使得很多企业对债权融资望而却步。虽然可转换债券的利息压力较小，但是也存在不转换及回售的财务压力，例如，在转换期内公司股价处于恶化性的低位，很可能造成公司因集中兑付债券本金而带来财务压力。显然，融资方式选择不仅取决于公司的控制权配置状况，而且与公司的财务健康状况密切相关。一般来说，财务风险最严重的程度是企业资不抵债，发生破产清算，即企业没有足够的经营净现金流量偿还债务利息及本金，也就是说，企业每年可能的经营净现金流量是制约企业再融资方式选择的重要因素。据此，我们借鉴吕长江和赵岩（2004）对企业财务状况的分类标准，采用经营活动产生的现金流量净额/年均货币性资金指标来衡量企业的财务风险和信用状况。根据吕长江和赵岩（2004）的解释，若企业主要的货币性资金是通过经营活动而不是筹资及投资活动获得，则表明企业的信用度已低至丧失借贷融资资金的资格，甚至已处于资不抵债的边缘。上述观点表达的实质含义是，若企业的信用状况和经营状况良好，那么企业的货币资金来源就包含筹资和投资活动的资金；若企业既没有投资活动又没有筹资活动，只能靠自身生产经营获取货币资金，则说明其已不具备筹资的资格，那么此时企业财务风险较大。基于此，本书认为，财务风险程度对控制权配置与再融资方式的关系会产生影响，财务风险越大，影响越显著，企业越可能选择低风险的定向增发或可转债融资融资。

基于上述论证，本书借鉴环境理论研究中关于影响因素的实证范式，验证政治关联（Pol）及财务风险（Risk）对公司再融资方式选择的扰动影响。首先，本书借鉴法乔（Faccio，2006）、毛新述等（2015）对政治关联的定义，若上市公司的高管曾经或目前在政府部门任职或当选人大代表、政协委员，则认为其具有政治关联，Pol 取 1，否则为 0。其次，吸纳吕长江等（2004）的思想，采用经营活动产生的现金流量净额/年均货币性资金来衡量财务风险程度，该指标越大，财务风险越高。

承续表 7-3，需要在模型 1、模型 4、模型 7 中加入政治关联、财务风险及控制权配置与政治关联、控制权配置与财务风险的交互项以分析政治关联、财务风险的影响，结果见表 7-15。

表 7-15　　　　　　　　调节效应回归结果

Variables	Pol 调节效应			Risk 调节效应		
	Type12	Type13	Type23	Type12	Type13	Type23
P	-0.384* (13.831)	0.612*** (24.356)	0.776*** (22.843)	-0.405** (16.034)	0.289*** (44.312)	0.545*** (23.012)
Pol	-0.103* (12.760)	0.235** (16.673)	0.134* (13.723)	—	—	—
Risk	—	—	—	-0.179* (13.892)	-0.313*** (22.915)	-0.143* (13.892)
P × Pol	0.112* (12.623)	0.198** (15.435)	0.213* (12.809)	—	—	—
P × Risk	—	—	—	0.237* (13.775)	-0.456*** (23.289)	-0.178*** (21.741)
Size	0.021 (8.083)	0.278** (14.524)	0.542** (15.215)	0.023 (7.189)	0.245** (17.310)	0.540** (17.224)
Lev	-1.542* (12.864)	-4.238*** (23.960)	-5.832*** (23.304)	-1.586* (13.720)	-4.342*** (23.168)	-6.236*** (24.504)

续表

Variables	Pol 调节效应			Risk 调节效应		
	Type12	Type13	Type23	Type12	Type13	Type23
Ismnt	− 0. 009	− 0. 323 **	− 0. 543 **	− 0. 008	− 0. 326 **	− 0. 556 **
	(9. 258)	(15. 856)	(15. 958)	(6. 445)	(16. 045)	(16. 234)
Ta	− 1. 312	0. 563	0. 234	− 1. 304	0. 672	0. 259
	(8. 111)	(8. 030)	(8. 634)	(7. 533)	(7. 300)	(7. 543)
Growth	− 0. 578 **	1. 196 **	0. 467 **	− 0. 597 **	1. 019 **	0. 532 *
	(17. 413)	(17. 164)	(17. 434)	(16. 543)	(17. 305)	(13. 327)
Roi	− 3. 452	5. 543 ***	3. 214 **	− 4. 530	5. 948 **	4. 300 *
	(9. 576)	(24. 564)	(17. 578)	(8. 217)	(16. 348)	(12. 748)
Ind/Year	控制	控制	控制	控制	控制	控制
N	260	622	430	260	622	430
Nagelkerke R^2	0. 200	0. 243	0. 277	0. 221	0. 242	0. 276
F-value	12. 489	20. 184	26. 325	14. 145	21. 013	27. 322

注：***、**、* 分别表示在 1%、5%、10% 的水平下显著，括号中为 Wald 值。

表 7 - 15 结果显示，在交互项 $P \times Pol$ 的估计系数均为正数（$\beta = 0. 112$，$P < 0. 1$；$\beta = 0. 198$，$P < 0. 05$；$\beta = 0. 213$，$P < 0. 1$），说明政治关联的存在强化了控制权配置与再融资方式选择的关系；不仅如此，比较 $P \times Pol$ 在 Type12、Type13 及 Type23 中的估计系数可知，Type23（$\beta = 0. 213$，$P < 0. 1$）> Type13（$\beta = 0. 198$，$P < 0. 05$）> Type12（$\beta = 0. 112$，$P < 0. 1$），表明政治关联的存在对控制权与 Type23 的关系影响最大，即控制权配置较好的公司更倾向于选择可转债，而控制权配置较差的公司更倾向于选择定向增发。而交互项 $P \times Risk$ 的估计系数在 Type12、Type13 及 Type23 中却不同，表现为正向调节 P 与 Type12 的关系（$\beta = 0. 237$，$P < 0. 1$），负向调节 P 与 Type13、Type23 的关系（$\beta = - 0. 456$，$P < 0. 01$；$\beta = - 0. 178$，$P < 0. 01$），即财务风险使得公司更倾向于选择保守的、低风险融资方式，而比较三者系数，Type13 最大，说明财务风险越大，企业越倾向于选择定向增发。对上述结论的归纳见表 7 - 16。

上述结果表明，政治关联的存在能够强化控制权配置与再融资方式的关系，即在政治关联的影响下，控制权配置较好的公司更倾向于选择可转债，而控制权配置较差的公司更倾向于选择定向增发，其根本在于政治关联有助于公司再融资，只是靶向程度不同。研究还发现，面对融资约束及资源的稀缺性，内部治理缺陷严重、融资无门的公司对政治关联的影响更加敏感。除此之外，

表 7 – 16　　　　　　　　　　　　研究要素关系与结论

控制权配置评价	矛盾相对趋势	融资方式排序	政治关联的影响	财务风险的影响
好	第一类代理问题↓	可转债	可转债↑	可转债↑
		债权	债权	定向增发↑
	第二类代理问题↓	定向增发	定向增发	债权↓
中等	第一类代理问题↑	债权	债权↑	定向增发↑
	第二类代理问题↓	定向增发	定向增发	债权↓
差	第一类代理问题↑	定向增发	定向增发↑	定向增发↑
	第二类代理问题↑			

财务风险对控制权配置与再融资方式关系的影响，实证发现财务风险使得公司更倾向于选择保守、低风险的融资方式，且财务风险越大，企业越倾向于选择定向增发，这不仅源于财务风险的高危性，而且受制于融资方式可能引致的财务危机。尤其当公司的货币资金全部来自经营活动的现金流而不是投资和筹资活动时，就意味着失去了突破较高门槛的融资资格，例如信用。基于此，对财务风险的关注不应仅停留在账面利润、财务杠杆，而应关注更深层次、更本质的指标。

7.7　本章小结

在前述章节变量间逻辑关系分析的基础上，本章节对所提研究假说进行实证检验。按照无干扰数据实证研究分析要求，首先，对研究所需样本及数据进行处理，对变量进行界定，同时介绍本书的主要方法及完成研究所用模型。其次，对主要变量进行描述性统计，并对研究模型采用逐层回归分析方法以验证研究假说，同时针对上述研究结果进行讨论和分析，得出研究结论，分析表明，终极控制权配置指数越高，越倾向于选择可转债，其次为债券；公司控制权配置指数越低，越倾向于选择定向增发；终极控制权配置对经理管理防御具有负向影响；经理管理防御越高，越倾向于选择定向增发，但对于可转债和债券融资之间的选择影响不敏感；经理管理防御在终极控制权配置与再融资方式选择关系中具有部分中介效应。为确保结论的准确性，本章节采用核心指标替代方法及样本分层法重新对假设进行检验，同时对样本自选择、因果倒置及遗漏变量所产生的内生性问题进行控制，确保了结论的稳健性。最后，针对经理管理防御发挥部分中介效应这一结论和影响公司再融资方式选择的外部因素和内部因素，本章节进一步检验了终极控制股东利益侵占的中介作用和政治关联、财务风险的调节作用，并得出结论：终极股东的利益侵占、政治关联及财务风险都是影响再融资方式选择的重要因素，在公司财务决策中，不仅需要关注经理管理防御，而且需要关注控制股东的利益侵占行为，同时，公司外部环境及内部状况也需要引起注意。

第8章

结论与展望

8.1 研究工作总结

创业板上市公司再融资异化所衍生出的资本市场"乱象"不仅需要从理论层面探究两类代理问题的平衡,而且更需要来自实证层面公司治理与管理者自利对公司再融资行为隐性博弈的解释。基于上市公司层层赋权的经营方式,终极股东位于权力金字塔的顶端并对公司的各项经营活动和财务决策拥有最终决策权,但这种权力却并不仅仅是由其股权所决定的,终极股东依托其所有权地位及其拥有的圈子、关系等衍生出的权威、影响力和社会资源等对其自身控制力具有较强的放大作用,使得终极股东的实际控制权远超过其名义控制权。不仅如此,金字塔等复杂的股权结构又加剧了终极股东的隐蔽性,现金流权和控制权的分离所形成的控制权真空外部化终极股东的侵占成本,终极控制权监督与侵占效应并存。同时,对经理层所赋予的剩余控制权也存在同样的问题,一方面激励经理人努力工作,另一方面又成为经理人管理防御行为的诱因。正是控制权激励的双重性,公司内部两类代理问题循环动态影响公司内部经营活动和财务决策,并成为公司治理的主要诉求。控制权配置作为最主要的公司治理结构,顺理成章地成为影响两类代理问题、决定公司财务决策的先导因素,尤其对于居于现阶段三大财务活动基础地位的融资活动来说,融资行为的异化更需要关注融资决策主体的行为动机。为此,公司控制权配置的解构与度量及其对再融资方式影响过程中经理管理防御的角色定位就成为上述研究诉求得以落地的关键。

回溯现有研究,目前学界关于控制权配置与再融资方式选择的关系研究主要集中于公司三层权力机构的特征变量及不同股权结构下寻租主体的控制权私利对再融资方式选择的影响,一方面,采用股权控制链的分析范式,通过层层追溯的方式挖掘终极股东,在构建其控制权乃至超额权力的获取、强化及转移分析框架的基础上，探究其机会主义行为倾向下的再融资方式选择；另一方面，利用经理人在融资决策中的自由裁量权，讨论其行为动机对再融资方式选择的关键性影响。然而，公司三层权力机构的治理要素是相互影响、不可分割的，单独考虑某一层面容易导致"管中窥豹"、顾此失彼的片面性，不仅如此，公司管理层虽然在融资决策中具有举足轻重的地位，但其"自由"裁量权却受制于公司股东监督程度，换言之，公司治理机制的完善程度决定管理者的融资行为动机。因此，再融资异化成因的揭示不仅需要将管理者的行为动机置于首位，而且管理者活动的"舞台"——公司控制权配置的整体状况更不容忽视。

顺承上述诉求，本书从还原公司控制权配置的复杂情境入手，借鉴社会资本理论对关系价值化的解释构建权力金字塔下的终极控制权配置指数，并以经理管理防御为传导要素构建共融两类代理问题的研究框架，以此实证作为再融资方式异象根源的解释，主要涉及以下几个方面的研究。

（1）在对控制权及终极控制权研究的基础上，剖析终极股东控制权的来源与本质，进而从股东大会、董事会及经理层三个层面揭示终极股东控制权配置体系，以此作为公司控制权配置指标体系构建的理论基础，并运用创业板上市公司数据进一步构建控制权配置多维度测度指数。

（2）在对创业板上市公司融资结构现状分析的基础上，借鉴前人对现状成因的解释，选择公司再融资偏好的内部治理因素作为主要研究视角，并据此建立公司控制权配置与再融资方式选择之间的内在联系。

（3）在现有控制权配置与再融资方式选择研究的基础上，从直接影响与间接影响两方面剖析控制权配置对再融资方式选择的影响机理，并构建控制权配置直接影响再融资方式选择的逻辑框架和其通过经理管理防御对再融资方式选择产生影响的理论分析框架，为控制权配置、经理管理防御与再融资方式选择三者关系提供逻辑基础，同时为实证设计提供理论支撑。

（4）在文献梳理及理论推演的基础上，提出控制权配置、经理管理防御与再融资方式选择间关系的假说，并对变量进行界定，运用统计软件对变量间关系进行验证，进而针对研究结果做进一步分析，旨在为控制权配置、经理管理防御与再融资方式之间的关系提供更为充分的证据。

8.2　主要研究结论

本书的主要研究结论有以下几个方面。

（1）控制权配置对再融资方式选择的直接影响。控制权配置的优劣以控制权指数的大小为评价标准，在此前提下，控制权配置对再融资方式选择的直接影响表现为控制权配置指数越高，越倾向于选择可转债，其次为债券；公司控制权配置指数越低，越倾向于选择定向增发。

（2）控制权配置对经理管理防御的影响。控制权配置作为公司核心治理机制，其根本目的在于降低公司两类代理冲突，提高决策效率。基于经理人在融资决策程序中的主导地位，本书选取经理管理防御作为再融资方式选择中的主要代理问题，控制权配置的效率正是通过抑制经理管理防御行为动机得以体现。研究发现，无论公司备选方案是可转债和债券融资、可转债和定向增发还是债券融资和定向增发，控制权配置对经理管理防御都具有负向影响，有所不同的是，影响程度存在差异，这也正是公司内部代理问题与再融资方式选择间互动关系的体现。

（3）经理管理防御对再融资方式选择的影响。经理管理防御内生于经理人自身，是经理人在自身风险偏好、内部机会与外部监督下产生的行为动机。因此，经理管理防御程度越高，经理人越偏好选择低风险的融资方式。通过研究发现，创业板上市公司经理人在管理防御动机下偏好定向增发，但对于可转债融资及债券融资偏好无明显区别，这与选择两类融资方式的公司的主要内部代理问题有直接关系。

（4）经理管理防御在控制权配置与再融资方式选择关系之间的中介效应。控制权配置作为公司治理结构，其对公司再融资方式选择的影响并不是简单的二元关系，依据再融资决策分析程序，经理人作为再融资方式选择方案的主要提议者，其行为动机对再融资方式的选择具有关键性作用，因此，本书按照"结构—动机—行为"的分析框架，引入经理管理防御动机，从三者关系的作用机理着手深入探析。研究发现，经理管理防御在控制权配置与再融资方式选择的关系中具有部分中介效应，这种部分中介效应的可能原因是终极股东的利益侵占发挥了中介效应。

8.3　政策性建议

由前述可知，创业板上市公司乃至中国上市公司的控制权配置还存在一定的问题，这不仅与公司的股权安排制度背景有关，而且还与控制权市场有关。因此，要想充分发挥内外部治理机制作用，引导公司选择合理的融资方式，优化资本结构，还需要优化内部治理结构，完善相关配套制度与措施。

8.3.1 培育机构投资者，加强股权制衡机制

正如本书所述，我国上市公司金字塔股权结构较为普遍，终极控制人控制、剥夺现象也成为众矢之的。在股权逐渐分散的今天，之所以出现这种情况，是由于显性关系股东和隐性关系股东对其控制权的加成作用，并导致终极控制人可以以较小的现金流权获得较大的控制权，控制权真空加剧了两权分离现象，致使资金占用、关联交易、减持等掏空行为肆意纵生。为减少或避免上述不良动机，在内部治理方面，我们需要采取适当的措施协调终极控制股东控制权、两权分离度及制衡度的匹配性，以减少大股东对公司的利益侵害。机构投资者作为价值投资者，拥有较强的资源和获取信息的能力，是介于大股东与中小股东之间的第三方力量，具有很强的制衡优势，在一定程度上有利于改善公司内部的治理结构，引导财务决策向有利于公司健康发展的方向靠近。

然而，机构投资者是用自有资金或者是从分散的公众手中筹集的资金专门进行有价证券投资活动的法人机构，其在性质上还是有别于一般股东，他们的投资活动对市场影响较大，且比较注重资产的安全性，因此，其参与公司治理的动机、方式等也和中小投资者也有所区别。机构投资者兴起于20世纪80年代，近些年已呈现出爆炸式发展态势，是我国资本市场的主导力量。研究表明，机构投资者能够有效促进公司独立董事制度的发展和完善，降低公司代理成本，扮演着积极股东角色，良好的机构投资者结构有助于其更好发挥治理作用。然而，当前机构投资者发育不良，尚未形成合理的机构投资者结构，对公司的有利影响较为有限。基于此，在以基金公司为代表的机构投资者蓬勃发展的同时，还需要引入社保基金及保险基金，加大年金、社会公益基金进驻市场的力度，以增加上市公司长期投资者的比重，最终形成多元化机构投资者结构。

8.3.2 注重管理层激励，培育经理人市场

降低公司股东与管理层代理冲突的重要途径是对管理层进行恰当的激励，不仅可以吸引更多的优秀人才进驻公司，而且可以减少管理层的机会主义行为，促使管理者与公司的利益协同。那么，如何设计薪酬机制才可以确保管理层与股东、董事会的利益目标一致，如何设计才能确保管理层"船主"和"船长"的地位，是我们需要思考的问题。很显然，单纯的薪酬激励已经远远达不到理想效果，基于股权的薪酬激励已逐渐被大多数公司所使用。一般来说，股权激励有以下几种方式：①业绩股票；②股票期权；③虚拟股票；④股

票增值权；⑤限制性股票；⑥延期支付；⑦员工持股；⑧管理层收购；⑨账面价值增值权。其中，前 8 种都是与证券市场有关的股权激励模式，激励对象受公司股票价格的影响，因此，股权激励是较为有效的长期激励措施，越来越多的经验表明，约束虽然为有效的措施，但作为管理层被动接受的措施远不如主动激励的效果好，让管理者心甘情愿为公司服务，做公司的主人，才能在更大程度上调动管理层的积极性。从这个层面来说，我们还需要注重管理层的精神激励、高管福利、晋升机会、挑战平台等，最终促使其做出正确的财务决策。

　　然而，从我国上市公司管理层薪酬激励现状来看，固定薪酬已经失去了激励作用，而股权激励水平远不足以达到激励管理者利益协同的作用，相反，管理防御水平较高，要制约经理管理防御行为，仅靠提高股权激励显然不可能，还需要依靠外部经理人市场。研究表明，竞争完全的经理人市场是控制权市场发展的前提，是促使经理人主动努力工作、提高自身业务素质的重要手段。一方面，经营不善时，现任经营者可能被替换，但同时也可以通过经理人市场寻找新的工作，因此，它为管理层的机会主义行为提供了一种有效的清偿手段；另一方面，经理人市场为控制权争夺创造了条件，这是因为在适当的条件下，经理人也可以通过经理人市场获取信息，从而进驻其他公司，获取新的工作机会。然而，现今我国职业经理人培育体系很不完善，信用机制的缺失使得市场并不能充分获取经理人的信息，职业经理人短缺也使得经理的更换成本较大。为进一步完善经理人市场，我们还需要营造良好的外部环境，包括信用评价机制、市场运行机制、调节机制及配套法规。

8.3.3　强化负债治理功能

　　我们知道，债务资本和股权资本的最大区别是债务需要按期偿还本息，而股本则是永久的，这也导致上市公司在融资时倾向于选择股权融资。一方面，债务融资对公司的财务状况要求较高，其利息费用及未来偿还本金的要求减少了管理者可操控资源，即自由现金流，也就是说，管理者不能完全按照自己利益最大化的原则进行财务决策，债务资本对管理者具有一定的约束功能，降低了代理成本；另一方面，债务资本在不能如期清偿时可能引发控制权转移风险，这可能导致经理人变更，前面述及，经理管理防御的原因之一是"稳固职位"，变更职位对于管理者来说，机会成本太大，得不偿失。从这个角度来说，管理者会尽可能避免债务融资以减少被辞退的可能。

　　基于债务的治理作用，在股权较为分散的上市公司中，大股东监督治理作用较小，而中小股东搭便车和不作为的行为较为普遍，从而引起公司内部股权约束力度不够，管理者控制问题严重，机会主义行为横生，此时负债的约束治理就显得格外重要。然而，问题的关键在于如何才能让负债真正发挥治理作用。从我国现状来看，负债融资的软约束依然是较为普遍的问题，公司股东及管理者对债务资金的滥用以及不负责也司空见惯，而债权人对上市公司利益侵占行为往往还并不知情，债权没有发挥降低代理成本的作用。然而，如果债权人治理约束作用不强，控制权转移就无从谈起，变更替换经理人也将是一纸空话，这更加纵容了上市公司股东与经理的欺诈与掠夺。因此，我们应进一步采取措施加强债权治理功能，这不仅有助于公司资本结构的优化，而且有助于推动控制权市场的进一步发展，对公司内部治理的完善也是大有裨益的。

从公司内部控制权安排可以看出，债权治理功能之所以被弱化是因为债权不具备股权的地位，大部分债权人都没有直接参与企业的经营管理，更无从知晓企业的财务决策，这不仅与公司的制度背景有关，而且还与债权人机构的市场化运作机制有关。另外，由于我国债权人法律救济机制和偿债保障机制不完善，债权人在无法获取其本息的情况下并没有事后补救措施，也使得其不愿意对公司投资，对公司的治理作用就无从谈起。西方研究表明，银行贷款是一种很有效的债务融资，比其他债务融资更能有效提高公司业绩，主要原因在于银行发挥了主动监管作用，且银行要比一般债权人的市场化运作机制、偿债保障机制等更加健全，但这种效应在我国大打折扣，这也与我国银行借款特殊制度导致的"软约束"有关。另外，由于我国债权市场发展弱势，与股票市场相比规模较小，尚存在很大的提升空间，因此，应改变重股权轻债权的现象，积极培育债权市场，发挥债权的治理功能，以和股权形成有益补充。

8.3.4　完善法制环境，加强对中小投资者保护

法律制度是一种强有效地保护中小投资者权益的工具。我们知道，公司是相关契约主体组成的一个集合体，主体按照契约规定履行相关义务和权利，从而满足各方利益诉求，其控制权转移自然涉及所有利益主体的利益，影响范围较大，因而需要有相关的法律作为保障，在确保公司顺利运行的同时，保护利益主体的利益。

伴随着经济的迅速发展，我国应对公司运转过程中出现的问题也相继发布了一系列政策法规，包括《证券法》《上市公司收购管理办法》《股票发行与交易管理暂行条例》《公开发行股票公司信息披露实施细则》以及《禁止证券

欺诈行为暂行办法》，等等，但这一系列法规基本上都是从信息披露、投融资规范等方面来进行管制，在保护中小投资者利益方面力度不够。例如，公司违背现状一味地选择股权融资进行圈钱，侵害了中小投资者利益。对于大股东违反诚信原则谋取私有利益时，如何确保中小股东追回利益这一问题，救济机制还有待加强。尤其是大股东利用融资的宣告效应，套取公司利益致使公司股价暴跌甚至崩盘的现象不在少数，此时如何挽救中小投资者的信心，资本市场如何才能恢复健康？在经济高质量发展的今天，为上市公司和中小投资者营造良好的投融资环境，不仅有利于资本市场和公司的发展，而且对于整个社会的健康发展都具有深远意义。

8.4　研究创新点

本书研究特色在于理论探索与应用研究并重，规范研究和实证研究相结合，在我国新经济背景下，探寻我国创业板上市公司控制权配置、经理管理防御动机及再融资方式选择之间关系与内在影响机理，研究视角新颖，研究内容独特。其主要创新之处体现为以下几个方面。

（1）在剖析终极股东控制权配置体系的基础上，构建创业板上市公司控制权配置指数。尽管现有文献分别基于股东大会、董事会和经理层选取指标对公司控制权配置展开研究，并以此作为公司治理机制的评价指标。然而，这些方法割裂了公司治理要素，容易造成"盲人摸象"的假象。公司治理作为一个整体，需要有机融合三层权力机构的典型特征变量，以公司内部两类代理问题的来源及解决方案为主线进行综合辨识。本书结合公司层层赋权的经营方式，以终极股东权力的实现路径为出发点，在阐述公司内部权力主体寻租行为及权力制衡机制的基础上，选取其在股东大会、董事会及经理层的控制度、分离度和制衡度以综合反映公司内部治理效率，并融合股权控制链和社会资本控制链选取指标及合适的统计方法，构建创业板上市公司控制权配置指数，在弥补现有研究对控制权配置状况整体评价不足的情况下，为公司治理的深入研究奠定基础。

（2）揭示控制权配置对再融资方式选择的影响机理。控制权配置作为公司再融资行为异化的根源，其与再融资方式选择间不仅是简单的二元关系，更不仅是公司治理单要素就可以解释的。从现有研究来看，目前关于再融资方式选择的研究主要集中于股权结构、董事会监督、经理自主权及控制股东或总经理的寻租行为动机所导致的融资偏好，然而上述研究所忽略的一个重要问题是，控制权配置所产生的激励约束作用是企业三层权力机构（股东层、董事会层、经理层）合力的结果，各层控制权配置对再融资方式选择存在交互影响，且只考虑结构或动机对行为的影响不足以打开公司治理的黑箱。针对这一问题，本书根据公司控制权配置整体评价的特点以及再融资决策程序，选取再融资议案的提议者经理人的行为动机作为中间传导要素，按照"结构—动机—行为"的分析范式和所构建的控制权配置指数，研究控制权配置、经理管理防御及再融资方式之间的影响机理和传导机制，不仅是对再融资偏好研究范式的进一步完善，而且也是控制权配置指数应用的重要体现。

（3）将公司内部两类代理问题融入同一分析框架，辨识不同融资方式选择下公司内部的主要代理冲突。基于再融资决策程序，本书以经理管理防御为中间变量，这不同于以往研究将控制股东的控制权私利作为融资偏好成因的解释，其实质是将股东与管理者的代理冲突置于再融资偏好成因的首位，能够将掩盖在控制股东侵占行为之下的经理人自利行为更加明显地暴露出来。不仅如此，在经理管理防御发挥部分中介效应的论证中，本书根据不同融资方式的特点，进一步检验了控制股东侵占行为动机的中介效应，不仅是对公司内部主要矛盾的揭示，而且将两类代理问题纳入同一研究框架，使得研究更加丰富和完善，更加具有说服力，旨在启发公司重视与加强对经理层的监督和激励，以解决或弱化公司内部代理问题。

（4）从内外两方面寻找公司再融资方式选择的扰动影响因素。诚然，公司控制权配置是再融资方式选择的最基本决定因素，然而，公司再融资方式选择是复杂情境下的决策，受外部因素和内部因素的制约和干扰。尤其是在我国，再融资资金仍属于稀缺资源，受制于公司的财务状况和审批制度，因此，本书检验了政治关联和财务风险对控制权配置和再融资方式选择关系的扰动影响，结果显示，政治关联的存在能够强化控制权配置与再融资方式的关系，且对控制权配置较差公司的影响更大；而财务风险使得公司更倾向于选择保守、低风险的融资方式，且财务风险越大，企业越倾向于选择定向增发。上述研究对寻找再融资方式选择其他影响因素，规范公司融资行为及中小投资者保护具有重要启发意义。

8.5 研究局限性与展望

公司控制权配置是公司治理研究的最基本与最核心的问题，同时也是当前再融资异化成因的症结所在。尤其是在公司股权结构日渐复杂、再融资方式日渐多元的情况下，研究控制权配置、经理管理防御与再融资方式选择的关系不仅有助于丰富和完善相关理论体系，降低公司经理管理防御水平，而且有助于厘清我国创业板上市公司特定治理结构下的再融资倾向，深入分析其异化的内在根源，促进再融资效益的提高，为改进上市公司的治理结构和改善控制权结构提供新的理论依据和实践证据。为此，本书尝试构建权力金字塔下的终极股东控制权配置指数，揭示再融资方式选择成因及经理管理防御的中介效应，但理论分析与实证设计仍存在以下不足。

（1）本书在运用社会资本控制链和股权控制链构建公司控制权配置指数的过程中，所选取的控制度、制衡度和分离度指标体系中的数据主要通过手工搜集整理，隐性关系存在主观成分且并不完全，虽然尽可能准确，但是仍无法避免系统误差的干扰。

（2）基于理论推演的控制权配置指数设计遵循主观建构原则，以终极股东为主体进行建构，各指标之间存在动态关联与适配性，然而限于本书研究的主体是揭示再融资异化的症结所在，要素间适配关系的梳理和论证并非主要研究内容，本书未进行深入开展，但各维度间的最优配置是优化公司控制权配置，降低公司两类代理问题的关键，值得后续继续研究。

（3）现有公司控制权配置模式可以划分为单个控制主体以及多个控制主体，二者内部主要的代理冲突并不一样，控制权配置对再融资方式的影响机理也存在差异，但限于篇幅与能力，书中并未开展研究，而这将成为后续细化控制权配置的关键点。

（4）创业板上市公司主要的融资方式为定向增发、可转债和债券融资，然而可转债样本较少，且仅于近两年发行，干扰因素较多，其优势与劣势仍有待后续继续跟踪检验。不仅如此，再融资方式选择会对公司内部代理成本产生反向影响，即控制权配置与再融资方式选择之间的关系可能呈现螺旋式上升的特点，但基于本书所选取的中间变量经理管理防御，再融资预案更能反映经理人的行为动机，因此，再融资完成后的控制权配置指数变化不是本书的主要研究内容，然而作为公司控制权配置的重要影响因素，再融资显然不可忽略，研究再融资方式选择对控制权配置的影响对优化公司控制权配置、完善研究体系具有关键性作用。

参 考 文 献

[1] 安灵, 刘星, 白艺昕. 股权制衡、终极所有权性质与上市企业非效率投资 [J]. 管理工程学报, 2008, 22 (2): 122-129.

[2] 白重恩, 刘俏, 陆洲, 宋敏, 张俊喜. 中国上市公司治理结构的实证研究 [J]. 经济研究, 2005 (2): 81-91.

[3] 白建军, 李秉祥. 经理管理防御测度及其影响因素: 研究综述与展望 [J]. 科技管理研究, 2012, 32 (23): 138-142.

[4] 陈德萍, 陈永圣. 股权集中度、股权制衡度与公司绩效关系研究——2007~2009 年中小企业板块的实证检验 [J]. 会计研究, 2011 (1): 38-43.

[5] 陈海声, 王莉嘉. 上市公司资本结构影响因素排序研究——以制造业为例 [J]. 财会通讯, 2013 (5): 17-18.

[6] 陈森发, 刘瑞翔. 控制权在创业企业中的分配机制研究 [J]. 东南大学学报 (哲学社会科学版), 2006, 8 (5): 12-16.

[7] 陈英, 李秉祥, 李越. 经理人特征、管理层防御与长期资产减值政策选择 [J]. 管理评论, 2015, 27 (6): 140-147.

[8] 程敏英, 魏明海. 关系股东的权力超额配置 [J]. 中国工业经济, 2013 (10): 108-120.

[9] 程天笑, 刘莉亚, 关益众. QfII 与境内机构投资者羊群行为的实证研究 [J]. 管理科学, 2014 (4): 110-122.

[10] 邓路, 刘然. 异质信念与公司融资决策理论研究述评 [J]. 经济学动态, 2012 (1): 138-142.

[11] 邓路, 王化成. 投资者异质信念与定向增发股价长期市场表现 [J]. 会计研究, 2014 (11): 38-45.

[12] 段盛华. 自愿信息披露环境下控制结构披露的市场反应 [J]. 证券市场导报, 2004 (12): 15-19.

[13] 方杰, 温忠麟, 张敏强. 类别变量的中介效应分析 [J]. 心理科学, 2017, 40 (2): 471-477.

[14] 冯根福, 马亚军. 上市公司高管人员自利对资本结构影响的实证分析 [J]. 财贸经济, 2004 (6): 16 – 21.

[15] 付雷鸣, 万迪昉, 张雅慧. 创业企业控制权配置与创业投资退出问题探讨 [J]. 外国经济与管理, 2009, 31 (2): 8 – 14.

[16] 高闯, 关鑫. 社会资本、网络连带与上市公司终极股东控制权——基于社会资本理论的分析框架 [J]. 中国工业经济, 2008 (9): 88 – 97.

[17] 高闯, 郭斌, 赵晶. 上市公司终极股东双重控制链的生成及其演化机制——基于组织惯例演化视角的分析框架 [J]. 管理世界, 2012 (11): 156 – 169.

[18] 高山行, 肖振鑫, 高宇. 企业制度资本对新产品开发的影响研究——市场化程度与竞争强度的调节作用 [J]. 管理评论, 2018, 30 (9): 110 – 120.

[19] 关鑫. 上市公司终极股东控制与剥夺机理研究——基于社会资本理论的一种解释 [D]. 沈阳: 辽宁大学, 2010.

[20] 关鑫, 高闯. 我国上市公司终极股东的剥夺机理研究: 基于 “股权控制链” 与 “社会资本控制链” 的比较 [J]. 南开管理评论, 2011, 14 (6): 16 – 24.

[21] 韩亮亮, 李凯. 控制权、现金流权与资本结构——一项基于我国民营上市公司面板数据的实证分析 [J]. 会计研究, 2008 (3): 66 – 73.

[22] 韩亮亮, 李凯, 宋力. 高管持股与企业价值——基于利益趋同效应与壕沟防守效应的经验研究 [J]. 南开管理评论, 2006, 9 (4): 35 – 41.

[23] 郝云宏, 朱炎娟, 金杨华. 大股东控制权私利行为模式研究: 伦理决策的视角 [J]. 中国工业经济, 2013 (6): 83 – 95.

[24] 何佳, 夏晖. 有控制权利益的企业融资工具选择——可转换债券融资的理论思考 [J]. 经济研究, 2005 (4): 66 – 76.

[25] 何卫东. 深交所上市公司治理调查分析报告 [R]. 深圳证券交易所研究报告, 2003.

[26] 洪峰. 高管自主权、期望差距与企业风险承担 [J]. 现代财经, 2018 (4): 86 – 98.

[27] 洪锡熙, 沈艺峰. 我国上市公司资本结构影响因素的实证分析 [J]. 厦门大学学报 (哲学社会科学版), 2000 (3): 114 – 120.

[28] 黄格非. 中国上市公司再融资行为与决策机制研究 [D]. 上海: 同济大学, 2006.

[29] 黄国良, 程芳. 基于管理防御视角的中国上市公司股权融资偏好

[J]. 管理现代化, 2007 (4): 59-61.

[30] 黄少安, 钟卫东. 股权融资成本软约束与股权融资偏好——对中国公司股权融资偏好的进一步解释 [J]. 财经问题研究, 2012 (12): 3-10.

[31] 黄兴李, 沈维涛. 掏空或支持——来自我国上市公司关联并购的实证分析 [J]. 经济管理, 2006 (12): 57-64.

[32] 蒋哲昕. 企业控制权结构探讨 [J]. 学术界, 2010 (4): 168-172.

[33] 焦健, 刘银国, 刘想. 股权制衡、董事会异质性与大股东掏空 [J]. 经济学动态, 2017 (8): 62-73.

[34] 角雪岭. 金字塔持股、终极控制权配置与公司绩效——基于中国上市公司的实证研究 [D]. 广州: 暨南大学, 2007.

[35] 李秉祥, 王超. 基于经理管理防御假说的经理人薪酬结构问题研究 [J]. 西安理工大学学报, 2011 (4): 486-490.

[36] 李秉祥, 张海龙. 基于管理防御的经理权力与非权力特征对企业再融资方式研究 [J]. 西安理工大学学报, 2010 (3): 361-367.

[37] 李秉祥, 王妍斐. 经理管理防御对公司债权人与股东利益的影响 [J]. 系统工程, 2008 (4): 117-120.

[38] 李秉祥, 张明, 武晓春. 经理管理防御对现金股利支付影响的实证研究 [J]. 中南财经政法大学学报, 2007 (6): 134-144.

[39] 李秉祥, 李越, 姚冰湜. 机构投资者互惠行为与企业非效率投资关系研究 [J]. 预测, 2015, 34 (3): 40-45.

[40] 李秉祥, 曹红, 薛思珊. 我国经理管理防御水平测度研究 [J]. 西安理工大学学报, 2007 (4): 427-431.

[41] 李秉祥, 姚冰湜, 李越. 中国上市公司经理管理防御指数的设计及应用研究 [J]. 西安理工大学学报, 2013 (2): 238-245.

[42] 李秉祥, 袁烨. 经理管理防御对企业融资行为影响路径研究——基于三元交互分析框架 [J]. 现代财经, 2016 (5): 102-113.

[43] 李秉祥, 刘凤丽, 陈飞. 经理管理防御对上市公司股权再融资方式选择的影响研究 [J]. 管理学家, 2011 (2): 56-67.

[44] 李海霞, 王振山. CEO权力与公司风险承担——基于投资者保护的调节效应研究 [J]. 经济管理, 2015, 37 (8): 76-87.

[45] 李旎, 郑国坚. 市值管理动机下的控股股东股权质押融资与利益侵占 [J]. 会计研究, 2015 (5): 42-49.

[46] 李维安. 现代公司治理研究 [M]. 北京: 中国人民大学出版社, 2002.

[47] 李维安, 王鹏程, 徐业坤. 慈善捐赠、政治关联与债务融资 [J].

南开管理评论，2015，18（1）：4-14.

[48] 李艳丽，孙剑非，伊志宏. 公司异质性、在职消费与机构投资者治理 [J]. 财经研究，2012（6）：27-37.

[49] 李增福，郑友环，连玉君. 股权再融资、盈余管理与上市公司业绩滑坡——基于应计项目操控与真实活动操控方式下的研究 [J]. 中国管理科学，2011，19（2）：49-56.

[50] 李增泉，余谦，王晓坤. 掏空、支持与并购重组——来自我国上市公司的经验证据 [J]. 经济研究，2005（1）：95-105.

[51] 梁震中，韩庆兰. 基于小世界网络的协同人工股市模型 [J]. 复杂系统与复杂性科学，2009，6（2）：70-76.

[52] 林朝南，刘星，郝颖. 行业特征与控制权私利：来自中国上市公司的经验证据 [J]. 经济科学，2006（3）：61-72.

[53] 刘娥平，贺晋，赵伟捷. 控制权收益、公司质量与融资工具选择——基于再融资管制下的三方博弈分析 [J]. 中山大学学报，2014，54（5）：185-196.

[54] 刘汉民. 合约、资本结构与控制权的配置 [J]. 理论学刊，2003（3）：48-49.

[55] 刘红娟. 上市公司所有权和控制权配置模式与治理效率 [J]. 科技进步与对策，2004，21（6）：47-49.

[56] 刘红娟，唐齐鸣. 公司内部控制权的配置状态、寻租主体及治理机制分析 [J]. 南开管理评论，2004（5）：63-69.

[57] 刘红云，骆方，张玉，张丹慧. 因变量为等级变量的中介效应分析 [J]. 心理学报，2013，45（12）：1431-1442.

[58] 刘磊，万迪昉. 企业中的核心控制权与一般控制权 [J]. 中国工业经济，2004（2）：68-76.

[59] 刘瑞翔，姜彩楼. 财富、不对称信息与企业中控制权的分配 [J]. 南开管理评论，2009（6）：127-134.

[60] 刘少波. 控制权收益悖论与超控制权收益——对大股东侵害小股东利益的一个新的理论解释 [J]. 经济研究，2007（2）：85-96.

[61] 刘伟，刘星，张汉荣. 股权集中、股权制衡对大股东侵占行为的影响研究 [J]. 中国会计与财务研究，2010（2）：87-130.

[62] 刘星，魏锋，詹宇. 我国上市公司融资顺序的实证研究 [J]. 会计研究，2004（6）：66-72.

[63] 卢闯，李志华. 投资者情绪对定向增发折价的影响研究 [J]. 中国

软科学, 2011 (7): 155 - 164.

[64] 陆蓉, 徐龙炳. "牛市"和"熊市"对信息的不平衡性反应研究 [J]. 经济研究, 2004 (3): 65 - 72.

[65] 鲁桐. 独立董事制度的发展及其在中国的实践 [J]. 世界经济, 2002 (6): 3 - 12.

[66] 鹿小楠. 中国上市公司控制权市场研究 [D]. 上海: 复旦大学, 2008.

[67] 鲁银梭, 郝云宏. 创业企业控制权初始配置影响企业成长的机理研究 [J]. 华东经济管理, 2013, 10 (1): 113 - 117.

[68] 陆正飞, 高强. 中国上市公司融资行为——基于问卷调查的分析 [J]. 会计研究, 2003 (10): 16 - 24.

[69] 罗党论, 甄丽明. 民营控制、政治关系与企业融资约束——基于中国民营上市公司的经验证据 [J]. 金融研究, 2008 (12): 164 - 178.

[70] 吕长江, 张海平. 股权激励计划对公司投资行为的影响 [J]. 管理世界, 2011 (11): 118 - 126.

[71] 吕长江, 赵岩. 上市公司财务状况分类研究 [J]. 会计研究, 2004 (11): 53 - 61.

[72] 吕怀立, 李婉丽. 控股股东自利行为选择与上市公司股权制衡关系研究——基于股权结构的内外生双重属性 [J]. 管理评论, 2010, 22 (2): 19 - 28.

[73] 马连福, 石晓飞. 董事会会议"形"与"实"的权衡——来自中国上市公司的证据 [J]. 中国工业经济, 2014 (1): 88 - 100.

[74] 毛磊, 王宗军, 王玲玲. 机构投资者与高管薪酬：中国上市公司研究 [J]. 管理科学, 2011, 24 (5): 99 - 110.

[75] 毛世平. 金字塔控制结构与股权制衡效应——基于中国上市公司的实证研究 [J]. 管理世界, 2009 (1): 140 - 152.

[76] 毛新述, 周小伟. 政治关联与公开债务融资 [J]. 会计研究, 2015 (6): 26 - 33.

[77] 梅世强, 位豪强. 高管持股：利益趋同效应还是壕沟防御效应——基于创业板上市公司的实证研究 [J]. 科研管理, 2014, 35 (7): 116 - 123.

[78] 倪中新, 武凯文, 周亚虹, 边思凯. 终极所有权视角下的上市公司股权融资偏好研究——控制权私利与融资需求分离 [J]. 财经研究, 2015, 41 (1): 132 - 144.

[79] 潘清. 中国国有企业控制权的权能配置研究 [D]. 杭州: 浙江工商

大学，2010.

[80] 彭正银，廖天野. 连锁董事治理效应的实证分析——基于内在机理视角的探讨 [J]. 南开管理评论，2008，11 (1)：99 – 105.

[81] 蒲自立，刘芍佳. 论公司控制权及对公司绩效的影响分析 [J]. 财经研究，2004 (10)：5 – 14.

[82] 齐寅峰，王曼舒，黄福广，李莉，李翔，李胜楠，何青，古志辉，向冠春. 中国企业投融资行为研究——基于问卷调查结果的分析 [J]. 管理世界，2005 (3)：94 – 114.

[83] 权小锋，吴世农. CEO 权力强度、信息披露质量与公司业绩的波动——基于深交所上市公司的实证研究 [J]. 南开管理评论，2010，13 (4)：142 – 153.

[84] 冉茂盛，李文洲. 终极控制人的两权分离、债务融资与资金侵占——基于家族上市公司的样本分析 [J]. 管理评论，2015，27 (6)：197 – 208.

[85] 阮素梅，丁忠明，刘银国，杨善林. 股权制衡与公司价值创造能力"倒 U 型"假说检验——基于面板数据模型的实证 [J]. 中国管理科学，2014，22 (2)：119 – 128.

[86] 沈艺峰. 资本结构理论史 [M]. 北京：北京经济科学出版社，1999.

[87] 沈艺峰，杨晶，李培功. 网络舆论的公司治理影响机制研究——基于定向增发的经验证据 [J]. 南开管理评论，2013，16 (3)：80 – 88.

[88] 施东晖. 上市公司控制权价值的实证研究 [J]. 经济科学，2003 (6)：83 – 89.

[89] 施东晖，孙培源. 基于 Capm 的中国股市羊群行为研究——兼与宋军、吴冲锋先生商榷 [J]. 经济研究，2002 (9)：119 – 128.

[90] 寿伟光. 融资模式与税收制度研究 [D]. 上海：复旦大学，2002.

[91] 宋鑫，阮永平，郑凯. 大股东参与、盈余管理与定向增发价格偏离 [J]. 财贸研究，2017 (10)：86 – 97.

[92] 宋增基，郑海健，张宗益. 监督机制、激励机制及组合与公司价值 [J]. 当代经济科学，2009 (11)：9 – 16.

[93] 孙永祥，黄祖辉. 上市公司的股权结构与绩效 [J]. 经济研究，1999 (12)：23 – 30，39.

[94] 隋静，蒋翠侠，许启发. 股权制衡与公司价值非线性异质关系研究——来自中国 A 股上市公司的证据 [J]. 南开管理评论，2016，19 (1)：70 – 83.

[95] 汪昌云，孙艳梅，郑志刚，罗凯. 股权分置改革是否改善了上市公

司治理机制的有效性 [J]. 金融研究, 2010 (12): 131 –145.

[96] 王斌, 刘有贵, 曾楚红. 信任对企业控制权配置的影响 [J]. 经济学家, 2011 (1): 49 –56.

[97] 王季. 控制权配置与公司治理效率——基于我国民营上市公司的实证分析 [J]. 经济管理, 2009 (8): 45 –51.

[98] 王菁华, 茅宁. 企业风险承担研究述评及展望 [J]. 外国经济与管理, 2015, 37 (12): 44 –56.

[99] 王美今, 孙建军. 中国股市收益、收益波动与投资者情绪 [J]. 经济研究, 2004 (10): 75 –83.

[100] 王鹏, 周黎安. 控股股东的控制权、所有权与公司绩效——基于中国上市公司的证据 [J]. 金融研究, 2006 (2): 88 –98.

[101] 王乔, 章卫东. 股权结构、股权再融资行为与绩效 [J]. 会计研究, 2005 (9): 51 –56.

[102] 王维钢. 公司控制权配置及各股东利益均衡机制的研究 [D]. 天津: 南开大学, 2010.

[103] 王新, 毛慧贞, 李彦霖. 经理人权力、薪酬结构与企业业绩 [J]. 南开管理评论, 2015, 18 (1): 130 –140.

[104] 王雪莉, 马琳, 王艳丽. 高管团队职能背景对企业绩效的影响: 以中国信息技术行业上市公司为例 [J]. 南开管理评论, 2013, 16 (4): 80 –93.

[105] 魏明海, 程敏英, 郑国坚. 从股权结构到股东关系 [J]. 会计研究, 2011 (1): 60 –67.

[106] 魏哲, 张海燕. 大股东参与定增新解: 市值管理亦或股价操纵 [J]. 投资研究, 2016, 35 (8): 130 –149.

[107] 温忠麟, 叶宝娟. 中介效应分析: 方法和模型发展 [J]. 心理科学进展, 2014, 22 (5): 731 –745.

[108] 吴斌, 黄明峰. 企业绩效、高管人力资本特征与控制权配置——基于我国中小企业板风险企业的经验数据 [J]. 中国软科学, 2011 (4): 161 –174.

[109] 吴士健, 王垒, 刘新民. 经理权力、战略行为与企业经济效应关系研究 [J]. 经济问题, 2017 (8): 56 –62.

[110] 吴淑琨. 股权结构与公司绩效的 U 型关系研究 [J]. 中国工业经济, 2002 (1): 81 –87.

[111] 肖绍平. 我国上市公司控制权转移研究 [D]. 长沙: 中南大学, 2011.

［112］肖作平. 终极所有权结构对资本结构选择的影响——来自中国上市公司的经验证据［J］. 中国管理科学，2012（4）：168 - 176.

［113］肖作平. 公司治理结构对资本结构类型的影响——一个 Logit 模型［J］. 管理世界，2005（9）：137 - 147.

［114］谢佩洪，汪春霞. 管理层权力、企业生命周期与投资效率——基于中国制造业上市公司的经验研究［J］. 南开管理评论，2017，20（1）：57 - 66.

［115］徐枫，刘志新. 融资工具选择与融资规模研究：异质信念视角［J］. 科研管理，2011，32（2）：122 - 127.

［116］徐枫，王洪川. 异质信念、投资者情绪与定向增发折价［J］. 金融监管研究，2012（11）：101 - 114.

［117］徐莉萍，辛宇，陈工孟. 股权集中度和股权均衡及其对公司经营绩效的影响［J］. 经济研究，2006（1）：90 - 100.

［118］徐细雄，刘星. 金融契约、控制权配置与企业过度投资［J］. 管理评论，2012，24（6）：20 - 26.

［119］徐细雄，刘星. 创始人权威、控制权配置与家族企业治理转型——基于国美电器"控制权之争"的案例研究［J］. 中国工业经济，2012（2）：139 - 148.

［120］徐细雄，吕金晶. 金融契约、控制权配置与管理者投资决策［J］. 经济与管理研究，2011（8）：19 - 26.

［121］徐向艺，张虹霓，房林林，张磊. 股权结构对资本结构动态调整的影响研究——以我国 A 股电力行业上市公司为例［J］. 山东大学学报，2018（1）：120 - 129.

［122］徐子尧. 上市公司融资方式选择——一个基于控制权收益的分析框架［J］. 经济与管理研究，2010（2）：38 - 43.

［123］颜光华，沈磊，蒋士成. 基于资产专有性的企业控制权配置［J］. 财经论丛（浙江财经学院报），2005（2）：17 - 21.

［124］闫华红，王安亮. 终极控制人特征对资本结构的影响——基于中国上市公司的经验证据［J］. 经济与管理研究，2013（2）：12 - 17.

［125］闫增辉，杨丽丽. 双向资金占用下终极控制人与资本结构［J］. 经济与管理研究，2015（4）：128 - 135.

［126］杨艳. 上市公司融资行为取向及其治理效应研究［D］. 长沙：湖南大学，2007.

［127］殷召良. 公司控制权法律问题研究［M］. 北京：法律出版社，2011.

[128] 俞红海，徐龙炳，陈百助. 终极所有权、制度环境与上市公司债务融资——基于控股股东决策视角的研究 [J]. 中国金融评论，2009 (9)：372 – 389.

[129] 于蔚，汪淼军，金祥荣. 政治关联和融资约束：信息效应与资源效应 [J]. 经济研究，2012 (9)：125 – 139.

[130] 袁春生. 公司治理中经理自主权的壁垒效应解析 [J]. 管理评论，2009 (12)：48 – 56.

[131] 袁春生，杨淑娥. 经理管理防御与企业非效率投资 [J]. 经济问题，2006 (6)：40 – 42.

[132] 袁国良，郑江淮，胡志乾. 我国上市公司融资偏好和融资能力的实证研究 [J]. 管理世界，1999 (3)：150 – 157.

[133] 袁建辉，邓蕊，曹广喜. 模仿式羊群行为的计算实验 [J]. 系统工程理论与实践，2011 (5)：855 – 862.

[134] 袁天荣. 我国上市公司股权融资行为的思考 [J]. 财务与会计（综合版），2003 (1)：25 – 27.

[135] 瞿宝忠. 公司控制权配置：模型、特征与效率性选择研究 [J]. 南开管理评论，2003，6 (3)：26 – 31.

[136] 詹家昌，许月瑜. 经理固守职位对融资决策之影响 [J]. 亚太管理评论，1999 (3)：289 – 303.

[137] 张海龙，李秉祥. 经理管理防御假设下的企业融资决策研究 [J]. 科技管理研究，2010 (23)：229 – 231.

[138] 张海龙，李秉祥. 经理管理防御对企业过度投资行为影响的实证分析——来自我国制造业上市公司的经验证据 [J]. 管理评论，2010，22 (7)：82 – 89.

[139] 张金贵，方小珍. 公司治理对资本结构的影响——基于信息技术业上市公司的实证 [J]. 财会通讯，2016 (5)：29 – 32.

[140] 张岚，张帏，姜彦福. 创业投资家与创业企业家关系研究综述 [J]. 外国经济与管理，2003 (11)：2 – 6.

[141] 张三保，张志学. 区域制度差异、CEO 管理自主权与企业风险承担——中国 30 省高技术产业的证据 [J]. 管理世界，2012 (4)：101 – 114.

[142] 张祥建，徐晋. 股权再融资与大股东控制的"隧道效应"——对上市公司股权再融资偏好的再解释 [J]. 管理世界，2005 (11)：127 – 151.

[143] 张铁铸. 管理层风险特质、会计选择与盈余质量研究 [J]. 山西财经大学学报，2010，32 (9)：108 – 116.

[144] 章卫东. 定向增发新股与盈余管理——来自中国证券市场的经验证据 [J]. 管理世界, 2010 (1): 54-63.

[145] 章卫东, 王乔. 论我国上市公司大股东控制下的股权再融资问题 [J]. 会计研究, 2003 (11): 44-46.

[146] 章卫东, 张洪辉, 邹斌. 政府干预、大股东资产注入: 支持抑或掏空 [J]. 会计研究, 2012 (8): 34-40.

[147] 赵纯祥, 张敦力. 市场竞争视角下的管理者权力和企业投资关系研究 [J]. 会计研究, 2013 (10): 67-74.

[148] 赵健梅, 任雪薇. 我国国有上市公司高管薪酬结构和粘性研究 [J]. 经济问题, 2014 (10): 57-61.

[149] 赵晶, 关鑫, 高闯. 社会资本控制链替代了股权控制链吗?——上市公司终极股东双重隐形控制链的构建与动用 [J]. 管理世界, 2010 (3): 127-139, 167.

[150] 赵景文, 于增彪. 股权制衡与公司经营业绩 [J]. 会计研究, 2005 (12): 59-64.

[151] 赵息, 张西栓. 内部控制、高管权力与并购绩效——来自中国证券市场的经验证据 [J]. 南开管理评论, 2013, 16 (2): 75-81.

[152] 支晓强, 邓路. 投资者异质信念影响定向增发折扣率吗? [J]. 财贸经济, 2014 (2): 56-65.

[153] 周建, 罗肖依, 张双鹏. 独立董事个体有效监督的形成机理——面向董事会监督有效性的理论构建 [J]. 中国工业经济, 2016 (5): 109-126.

[154] 周其仁. 市场里的企业: 一个人力资本与非人力资本的特别合约 [J]. 经济研究, 1996 (6): 71-79.

[155] 朱国泓, 杜兴强. 控制权的来源与本质: 拓展、融合及深化 [J]. 会计研究, 2010 (5): 54-61.

[156] 祝继高, 叶康涛, 陆正飞. 谁是更积极的监督者: 非控股股东董事还是独立董事 [J]. 经济研究, 2015 (9): 170-184.

[157] 朱乃平, 田立新, 陈娜. 民营企业终极控制性股东特征与公司融资决策行为 [J]. 预测, 2013, 32 (6): 22-28.

[158] 邹平, 付莹. 我国上市公司控制权与现金流权分离——理论研究与实证检验财经研究 [J]. 财经研究, 2007 (9): 135-143.

[159] Abebe M A. Top Team Composition and Corporate Turnaround Under Environmental Stability and Turbulence [J]. Leadership&Organization Development Journal, 2010, 31 (3): 196-212.

［160］Aghion P, Bolton P. An Incomplete Contracts Approach to Financial Contracting ［J］. Review of Economic Studies, 1992, 59 (3): 473 – 494.

［161］Aghion P, Patrick R, Mathias D. Transferable Control ［J］. Journal of theEuropean Economic Association, 2004, 2 (1): 115 – 138.

［162］Aghion P, Tirole J. Formal and Real Authority in Organizations ［J］. Journal of Political Economy, 1997, 105 (1): 1 – 29.

［163］Akerlof G. The Market for Lemons: Qualitative Uncertainty and the Market Mechanism ［J］. Quarterly Journal of Economics, 1970, 84 (2): 488 – 500.

［164］Allen, Franklin, Gary Gorton. Churning Bubbles ［J］. Review of Economic Studies, 1993, 60 (4): 813 – 836.

［165］Altman E I. A Further Empirical Investigation of the Bankruptcy Cost Question ［J］. Journal of Finance, 1984, 39 (4): 1067 – 1089.

［166］Amason A C, Shrader R C, Tompson G H. Newness and Novelty: Relating Top Management Team Composition to New Venture Performance ［J］. Journal of Business Venturing, 2006, 21 (1): 125 – 148.

［167］Arrow K J. The Economic Implications of Learning by Doing ［J］. Review of Economic Studies, 1962, 29 (3): 155 – 173.

［168］Astami E W, Tower G. Accounting-Policy Choice and Firm Characteristics inthe Asia Pacific Region: An International Empirical Test of Costly Contracting Theory ［J］. The International Journal of Accounting, 2006, 41 (1): 1 – 21.

［169］Baek J S, Kang J K, Lee I. Business Groups and Tunneling: Evidence from Pri-vate Securities Offerings by Korean Chaebols ［J］. Journal of Finance, 2006, 61 (5): 2415 – 2449.

［170］Baggs J, De Bettignies J E. Product Market Competition and Agency Costs ［J］. Journal of Industrial Economics, 2007, 55 (2): 289 – 323.

［171］Baxter N. Leverage, Risk of Ruin and the Cost of Capital ［J］. Journal of Finance, 1967, 22 (3): 395 – 403.

［172］Bayar O, Chcmmanur T J, Liu M H. A Theory of Security Issuance and Price Impact Under Heterogencous Beliefs ［R］. Working Paper, 2011.

［173］Bennedsen M, Wolfenzon D. The Balance of Power in Closely Held Corporations ［J］. Journal of Financial Economics, 2000, 58 (1 – 2): 113 – 139.

［174］Berger P G, Ofek E, Yermack D L. Managerial Entrenchment and Capital Structure Decisions ［J］. Journal of Finance, 1997, 52 (4): 1411 – 1438.

［175］Berle A, Means G C. The Modern Corporation and Private Property

[M]. New York: NY Macmillan Co, 1932.

[176] Bertrand M, Mehta P, Mullainathan S. Ferreting Out Tunneling: An Application to Indian Business Groups [J]. Quarterly Journal of Economics, 2002, 117 (1): 121 – 148.

[177] Bikhchandani S, Hirshleifer D, Welch I. A Theory of Fads, Fashion, Custom, and Cultural Change as Informational Cascades [J]. Journal of Political Economy, 1992, 100 (5): 992 – 1026.

[178] Boyd B K. Board Control and CEO Compensation [J]. Strategic Management Journal, 1994, 15 (5): 335 – 344.

[179] Brennan M, Kraus A. Efficient Financing under Asymmetric Information [J]. Journal of Finance, 1987, 42 (5): 1225 – 1243.

[180] Burgstahler D, Dichev I. Earnings Management to Avoid Earnings Decreases and Losses [J]. Journal of Accounting and Economics, 1997, 24 (1): 99 – 126.

[181] Burns N, Kedia S. The Impact of Performance-Based Compensation on Misreporting [J]. Journal of Financial Economics, 2006, 79 (1): 35 – 67.

[182] Chan C C, Liu V W, Wu C S. Managerial Entrenchment and Financing Decision [J]. Journal of Management and Systems, 1998 (1): 41 – 62.

[183] Chang K Y, Noorbakhsh A. Does National Culture Affect International Corporate Cash Holdings? [J]. Journal of Multinational Financial Management, 2009, 19 (5): 323 – 342.

[184] Chemmanur T J, et al. Capital Structure and Security Issuance Under Heterogencous Beliefs [C]. Social Science Electronic Publishing, 2010.

[185] Cheng S. Managerial Entrenchment and Loss-shielding in Executive Compensation [R]. Working Paper, Michigan University, United States, 2008.

[186] Cho M H. Ownership Structure, Investment and The Corporate Value: An Empirical Analysis [J]. Journal of Financial Economics, 1998, 47 (1): 103 – 121.

[187] Claessens S, Djankov D, Lang L H P. The Separation of Ownership and Control in East Asian Corporations [J]. Financial Economics, 2000, 58 (1 – 2): 81 – 112.

[188] Coase R H. The Nature of the Firm [J]. Economica, 1937, 4 (16): 383 – 405.

[189] Coffee J C. The Rise of Rise of Dispersed Ownership: The Roles of

Law and the State in the Separation of Ownership and Control [J]. Yale Law Journal, 2001, 111 (1): 1 – 82.

[190] Cohen D A, Zarowin P. Accrual-based and Real Earnings Management Activities Around Seasoned Equity Offerings [J]. Journal of Accounting and Economics, 2010, 50 (1): 2 – 19.

[191] Coles J W, Mc Williams V B, Sen N. An Examination of The Relationship of Governance Mechanisms to Performance [J]. Journal of Management, 2001, 27 (1): 23 – 50.

[192] Collins D, Huang H. Managerial Entrenchment and The Cost of Equity Capital Cost [J]. Journal of Business Research, 2011, 64 (4): 356 – 362.

[193] Core J, Holthausen R, Larcker D. Corporate Governance, Chief Executive Officer Compensation and Firm Performance [J]. Journal of Financial Economics, 1999, 51 (3): 371 – 406.

[194] Cronqvist H, Nilsson M. Agency Costs of Controlling Minority Shareholders [J]. Journal of Financial and Quantitative Analysis, 2003, 38 (4): 695 – 719.

[195] Cubbin J, Leech D. The Effect of Shareholding Dispersion on the Degree of Control in British Companies: Theory and Measurement [J]. Economic Journal, 1983, 93 (370): 351 – 369.

[196] Cui H N, Mak T Y. The Relationship between Managerial Ownership and Firm Performance in High R&D Firms [J]. Journal of Financial Economics, 2002, 64 (4): 317 – 340.

[197] De Angelo, Masulis R W. Optimal Capital Structure under Corporate and Personal Taxation [J]. Journal of Financial Economics, 1980, 8 (1): 3 – 29.

[198] De Jong A, Veld C. An Empirical Analysis of Incremental Capital Structure Decisions under Managerial Entrenchment [J]. Journal of Banking & Finance, 2001, 25 (10): 1857 – 1895.

[199] Denis D J. Performance Changes Following Top Management Dismissals [J]. Journal of Finance, 1995, 50 (4): 1029 – 1058.

[200] Dewatripont M, Tirole J. A Theory of Debt and Equity: Diversity of Securities and Manager-Shareholder Congruence [J]. The Quarterly Journal of Economics, 1994, 109 (4): 1027 – 1054.

[201] Diamond D. Reputation Acquisition in Debt Markets [J]. Journal of Political Economy, 1989, 97 (4): 828 – 862.

[202] Dittmar A, Thakor A. Why do Firms Issue Equity [J]. Journal of Fi-

nance, 2007, 62 (1): 1 –54.

[203] Dyck A, Zingales L. Private Benefits of Control: An International Comparison [J]. Journal of Finance, 2004, 59 (2): 537 –600.

[204] Dyck A, Zingales L. Control Premiums and the Effectiveness of Corporate Governance Systems [J]. Journal of Applied Corporate Finance, 2004, 16 (2 –3): 51 –72.

[205] Edmans A, Gustavo M. Governance Through Trading and Intervention: A Theory of Multiple Blockholders [J]. Review of Financial Studies, 2011, 24 (7): 2395 –2428.

[206] Ellili, Nejla Ould Daoud. Managerial Entrenchment: Modification and Impact on the Shareholders Wealth [R]. Working Paper, NBER, United States, 2006.

[207] Faccio M. Politically Connected Firms [J]. American Economic Review, 2006, 96 (1): 369 –386.

[208] Faccio M, Lang L H. The Ultimate Ownership of Western European Corporations [J]. Journal of Financial Economics, 2002, 65 (3): 365 –395.

[209] Faleye O. Classified Boards Firm Value and Managerial Entrenchment [J]. Journal of Financial Economics, 2007, 83 (2): 501 –529.

[210] Fama E F, French K R. Financing Decisions: Who Issue Stock [J]. Journal of Financial Economics, 2005, 76 (3): 549 –582.

[211] Fama E F, Jensen M C. Agency Problems and Residual Claims [J]. Journal of Law and Economics, 1983, 26 (2): 327 –349.

[212] Fama S, Eugene F. Agency Problems and The Theory of The Firm [J]. Journal of Political Economy, 1980, 88 (2): 288 –307.

[213] Farinha J. Dividend Policy, Corporate Governance and The Managerial Entrenchment Hypothesis: An Empirical Analysis [R]. Working Paper, NBER, United States, 2003.

[214] Farrar D, Selwyn L. Taxes, Corporate Financial Policy and Return to Investors [J]. National Tax Journal, 1967, 20 (4): 444 –454.

[215] Finkelstein S. Power in Top Management Teams: Dimensions, Measurement, and Validation [J]. Academy of Management Journal, 1992, 35 (3): 505 –538.

[216] Frank M, Goyal V. Testing the Pecking Order Theory of Capital Structure [J]. Journal of Financial Economics, 2003, 67 (2): 217 –248.

[217] Friedman E, Johnson S, Milton T. Propping and Tunneling [J]. Journal of Comparative Economics, 2003, 31 (4): 732 – 750.

[218] Friend I, Lang L H. An Empirical Test of the Impact of Managerial Self-Interest on Corporate Capital Structure [J]. Journal of Finance, 1988, 43 (2): 271 – 281.

[219] Gebhardt G, Schmidt K M. Conditional Allocation of Control Rights in Venture Capital Firms [J/OL]. https://EconPapers.repec.org/RePEc: trf: wpaper: 102, 2006.

[220] Gilson S C. Management Turnover and Financial Distress [J]. Journal of Financial Economics, 1989, 25 (2): 241 – 262.

[221] Gilson S, Vetsuypens M. CEO Compensation in Financial Distressed Firms: An Empirical Analysis [J]. Journal of Finance, 1993, 48 (2): 425 – 458.

[222] Goldstein R S, Ju N, Leland H E. An EBIT-based Model of Dynamic Capital Structure [J]. Journal of Business, 2001, 74 (4): 483 – 512.

[223] Goyal V K, Park C W. Board Leadership Structure and CEO Turnover [J]. Journal of Corporate Finance, 2002, 8 (1): 49 – 66.

[224] Grossman S, Hart O D. Take Over Bids the Free-rider Problem and The Theory of the Corporation [J]. Journal of Economics, 1980, 11 (1): 42 – 64.

[225] Grossman S, Hart O D. The Costs and Benefits of Ownership: A Theory of Vertical and Lateral Integration [J]. Journal of Political Economy, 1986, 94 (4): 691 – 719.

[226] Guadalupe M, Pérez-González F. The Impact of Product Market Competition on Private Benefits of Control [R]. Working Paper, Columbia University, United States, 2006.

[227] Hambrick D C, Mason P A. Upper Echelons: The Organization as A Reflecti-on of Its Top Managers [J]. Academy of Management Review, 1984, 9 (2): 193 – 206.

[228] Harris M, Raviv A. Corporate Control Contest and Capital Structure [J]. Journal of Financial Economics, 1988, 20 (1 – 2): 55 – 86.

[229] Hart O D, Moore J. Debt and Seniority: An Analysis of the Role of Hard Claims in Constraining Management [J]. The American Economic Review, 1995, 85 (3): 567 – 585.

[230] Hart O D, Moore J. Property Rights and the Nature of the Firm [J]. Journal of Political Economy, 1990, 98 (6): 1119 – 1158.

[231] Hellmann T. The Allocation of Control Rights in Venture Capital Contracts [J]. Rand Journal of Economics, 1998, 29 (1): 57-76.

[232] Henry M. Mergers and the Market for Corporate Control [J]. Journal of Political Economy, 1965, 73 (2): 110-126.

[233] Hermalin B E, Weisbach M S. The Determinants of Board Compensation [J]. Rand Journal of Economics, 1998, 19 (4): 589-606.

[234] Hillman A J, Dalziel T. Boards of Directors and Firm Performance: Integrating Agency and Resource Dependence Perspectives [J]. Academy of Management Review, 2003, 28 (3): 383-396.

[235] Holderness C G. A Survey of Blockholders and Corporate Control [J]. Social Science Electronic Publishing, 2003, 9 (1): 51-64.

[236] Hua A, Kumara P. Managerial Entrenchment and Payout Policy [J]. Journal of Financial Quantitative Analysis, 2004, 39 (4): 759-790.

[237] Israel R. Capital Structure and The Market for Corporate Control: The Defensive Role of Debt Financing [J]. Journal of Finance, 1991, 46 (4): 1391-1409.

[238] Jagannathan R, Srinivasan B. Does Product Market Competition Reduce Agency Costs? [R]. Working Paper, National Bureau of Economic Research, Cambridge, 2000.

[239] Jensen M C. Agency Costs of Free Cash Flow, Corporate Finance and Takeover [J]. American Economic Review, 1986, 76 (2): 323-329.

[240] Jensen M C. The Control Systems Modern Industrial Revolution, Exit, and the Failure of Internal [J]. Journal of Finance, 1993, 48 (3): 831-880.

[241] Jensen M C, Meckling W H. Theory of the Firm: Managerial Behavior, Agency Costs, and Ownership Structure [J]. Journal of Financial Economics, 1976, 3 (4): 305-360.

[242] Jensen M C, Murphy K J. Performance Pay and Top Manager Incentives [J]. Journal of Political Economy, 1990, 98 (2): 225-264.

[243] Jensen M C, Ruback R S. The Market for Corporate Control: the Scientific Evidence [J]. Journal of Financial Economics, 1983, 11 (1-4): 5-50.

[244] Jiang G H, Lee C M C, Yue H. Tunneling Through Inter-operate Loans: The China Experience [J]. Journal of Financial Economics, 2010, 98 (1): 1-20.

[245] Johnson S, La Porta R, Lopez-de-Silanes F, Shleifer F. Tunneling [J]. The American Economic Review, 2000, 90 (2): 22-27.

[246] Jung H W, Subramanian A. Capital Structure Under Heterogeneous Beliefs [J]. Review of Finance, 2015, 18 (5): 1617 – 1681.

[247] Jung, Kim, Stulz R. Managerial Entrenchment and Payout Policy [J]. Journal of Financial Quantitative Analysis, 1996, 39 (4): 759 – 790.

[248] Kalyta P. An Analysis of Supplemental Executive Retirement Plans: Governance, Incentive and Risk Preference Implications [R]. Doctorial Thesis. Concordia University, 2007.

[249] Kaplan S N, Strömberg P. Financial Contracting Theory Meets the Real World: An Empirical Analysis of Venture Capital Contracts [J]. Review of Economic Studies, 2003, 70 (2): 281 – 315.

[250] Kaplan S N, Strömberg P. Venture Capitalists As Principals: Contracting, Screening, and Monitoring [J]. American Economic Review Papers, 2001 (11): 183 – 218.

[251] Kayhan A. Managerial Entrenchment and the Debt-equity Choice [J]. Australian Personal Computer, 1998 (6): 46 – 59.

[252] Khurana I, Raman K. Litigation Risk and the Financial Reporting Credibility of Big 4 Versus Non-Big 4 Audits: Evidence from Anglo-American Countries [J]. Accounting Review, 2004, 79 (2): 473 – 495.

[253] Khwaja A I, Mian A. Do Lenders Favor Politically Connected Firms? Rent Provision in an Emerging Financial Market [J]. Quarterly Journal of Economics, 2005, 120 (4): 1371 – 1411.

[254] Kim E H, Lu Y. Is Chief Executive Officer Power Bad? [J]. Asia-Pacific Journal of Financial Studies, 2011, 40 (4): 495 – 516.

[255] Klein B. Transaction Cost Determinants of Unfair Contractual Arrangements [J]. American Economic Review, 1980, 70 (2): 203 – 217.

[256] Krista B L, Maureen I Muller-Kahle. CEO Power and Risk Taking: Evidence from the Subprime Lending Industry [J]. Corporate Governance: An International Review, 2012, 20 (3): 289 – 307.

[257] La Porta R F, Lopez-de-Silanes, Shleifer A, Vishny R W. Agency Problems and Dividend Policies Around the World [J]. Journal of Finance, 2000, 55 (1): 1 – 33.

[258] La Porta R F. Lopez-de-Silanes, Shleifer A, Vishny R W. Corporate Owner-ship Around the World [J]. Journal of Finance, 1999, 54 (2): 471 – 517.

[259] La Porta R F, Lopez-de-Silanes, Shleifer A, Vishny R W. Investor

Protection and Corporate Valuation [J]. Journal of Finance, 2002, 57 (3): 1141 – 1170.

[260] Leland H F, Pyle D H. Information Asymmetries, Financial Structure, and Financial Intermediation [J]. Journal of Finance, 1997, 32 (2): 371 – 387.

[261] Lipton M, Lorsch J W. A Modest Proposal for Improved Corporate Governance [J]. Business Lawyer, 1992, 48 (1): 59 – 77.

[262] Liu Q, Tian G. Controlling Shareholder, Expropriations and Firm's Leverage Decision: Evidence From Chinese Non-tradable Share Reform [J]. Journal of Corporate Finance, 2012, 18 (4): 782 – 803.

[263] Lux T. Herd Behaviour, Bubbles and Crashes [J]. Journal of Economic, 1995, 105 (431): 881 – 896.

[264] Maury B, Pajuste A. Multiple Controlling Shareholders and Firm Value [J]. Journal of Banking and Finance, 2005, 29 (7): 1813 – 1834.

[265] Mc Connell, Servaes J H. Additional Evidence on Equity Ownership and Corporate Value [J]. Journal of Financial Economics, 1990, 27 (2): 595 – 612.

[266] Morck R, Shleifer A, Vishny R W. Management Ownership and Valuation: An Empirical Analysis [J]. Journal of Financial Economics, 1988, 20 (1 – 2): 293 – 315.

[267] Miguel A, Pindado J, Torre C. Ownership Structure and Firm Value: New Evidence from the Spanish Corporate Governance System [R]. Working Paper, NBER, United States, 2001.

[268] Miller M H. Debt and Taxes [J]. Journal of Finance, 1977, 32 (2): 261 – 275.

[269] Mishra D R. Multiple Large Shareholders and Corporate Risk Taking: Evidence from East Asia [J]. Corporate Governance: An International Review, 2011, 19 (16): 507 – 528.

[270] Mizik N, Jacobson R. Myopic Marketing Management: Evidence of the Phenomenon and Its Long-Term Performance Consequences in the SEO Context [J]. Journal Marketing Science, 2007, 26 (3): 361 – 379.

[271] Modigliani F, Miller M. Corporate Income Taxes and the Cost of Capital: A Correction [J]. American Economic Review, 1963, 53 (3): 433 – 443.

[272] Modigliani F, Miller M. The Cost of Capital, Corporation Finance and the Theory of Investment [J]. American Economic Review, 1958, 48 (3): 261 – 297.

[273] Moeller S B, Schlingemann F P, Stulz R M. Wealth Destruction on a

Massive Scale? A Study of Acquiring-Firm Returns in the Recent Merger Wave [J]. Journal of Finance, 2005, 60 (2): 757 - 782.

[274] Morse A, Nanda V, Seru A. Are Incentive Contracts Rigged by Powerful CEO? [J]. Journal of Finance, 2011, 66 (5): 1779 - 1821.

[275] Myers S C, Majluf N S. Corporate Financing and Investment Decisions When Firms Have Information that Investors Do Not Have [J]. Journal of Financial Economics, 1984, 13 (2): 187 - 221.

[276] Nagarajan N J, Sivaramakrishnan K, Sridhar S S. Managerial Entrenchment, Reputation and Corporate Investment Myopia [J]. Journal of Accounting Auditing and Finance, 1995, 10 (3): 565 - 585.

[277] Narayanan M P. Managerial Incentives for Short-Term Results [J]. Journal of Finance, 1985, 40 (5): 1469 - 1484.

[278] Nguyen B D. Does The Rolodex Matter? Corporate Elite's Small World and The Effectiveness of Boards Directors [J]. Management Science, 2012, 58 (2): 236 - 252.

[279] Novaes W, Zingales L. Capital Structure Choice When Managers are in Control: Entrenchment Versus Efficiency [C]. NBER Working Paper No. 5384, 1995.

[280] Obata S. Pyramid Groups, Financial Distress and Investor Protection [R]. Working Paper, Harvard University, United States, 2001.

[281] Paquerot. Strategy of Entrenchment, Performance of Firm and Control [J]. Corporate Governance, 1990, 43 (2): 123 - 142.

[282] Pástor L, Veronesi P. Stock Valuation and Learning about Profitability [R]. Working Paper, CRSP, United States, 2002.

[283] Rajan R G, Zingales L. Financial Dependence and Growth [J]. The American Economic Review, 1998, 88 (3): 559 - 586.

[284] Rajan R G, Zingales L. The Firm as a Dedicated Hierarchy: A Theory of the Origins and Growth of Firms [J]. The Quarterly Journal of Economics, 2001, 116 (3): 805 - 851.

[285] Riyanto Y E, Toolsema L A. Tunneling and Propping: A Justification for Pyramidal Ownership [R]. Working Paper, IDEAS, United States, 2003.

[286] Roberta D. Start-up Finance, Monitoring and Collusion [J]. Journal of Economics, 2005, 36 (2): 255 - 274.

[287] Ross S A. The Determination of Financial Structure: The Incentive Signaling Approach [J]. Bell Journal of Economics, 1977, 8 (1): 23 - 40.

[288] Ross S A. The Economic Theory of Agency: The Principal's Problem [J]. American Economic Review, 1973, 63 (2): 134-139.

[289] Roychowdhury S. Earnings Management through Real Activities Manipulation [J]. Journal of Accounting and Economics, 2006, 42 (3): 335-370.

[290] Scherrer F M. Corporate Takeovers: The Efficiency Arguments [J]. The Journal of Economic Perspective, 1988, 1 (2): 69-82.

[291] Schmidt K M. Managerial Incentives and Product Market Competition [J]. Review of Economic Studies, 1997, 64 (2): 191-213.

[292] Scott J H. A Theory of Optimal Capital Structure [J]. Bell Journal of Economics, 1976, 7 (1): 33-54.

[293] Shleifer A, Vishny R W, Lakonishok J. The Impact of Institutional Trading on Stock Price [J]. Journal of Financial Economic, 1992, 32 (1): 23-43.

[294] Shleifer A, Vishny R W. Large Shareholders and Corporate Control [J]. Journal of Political Economy, 1986, 94 (3): 461-488.

[295] Shleifer A, Vishny R. Managerial Entrenchment: The Case of Manager-Specific Investments [J]. Journal of Financial Economics, 1989, 25 (1): 123-139.

[296] Shyam-Sunder L, Myers S. Testing Static Tradeoff against Pecking Order Models of Capital Structure [J]. Journal of Financial Economics, 1999, 51 (2): 219-244.

[297] Simon S M, Lam K C K. The Investment Opportunity Set, Director Ownership and Corporate Policies: Evidence from An Emerging Market [J]. Journal of Corporate Finance, 2004, 10 (3): 383-408.

[298] Smith J R, Watts C W. The Investment Opportunity Set and Corporate Financing, Dividend and Compensation Policies [J]. Journal of Financial Economics, 1992, 32 (3): 263-292.

[299] Spence M. Job Market Signaling [J]. Quarterly Journal of Economics, 1973, 3 (1): 355-374.

[300] Spence M, Zeckhauser R. Insurance, Information and Individual Action [J]. American Economic Review, 1971, 61 (2): 380-387.

[301] Stapleton R C. Taxes, the Cost of Capital, and the Theory of Investment [J]. The Economic Journal, 1972, 82 (328): 1273-1292.

[302] Stein J C. Convertible Bonds as Backdoor Equity Financing [J]. Journal of Financial Economics, 1992, 32 (1): 3-21.

[303] Stiglitz J E. A Re-examination of the Modigliani-Miller Theorem [J]. American Economic Review, 1969, 59 (5): 784 – 793.

[304] Stulz R. Managerial Control of Voting Rights: Financing Policies and The Market for Corporate Control [J]. Journal of Financial Economics, 1988, 20 (1 – 2): 25 – 54.

[305] Stulz R M. Managerial Discretion and Optimal Financing Policies [J]. Journal of Financial Economics, 1990, 26 (1): 3 – 27.

[306] Sundaram R K, Yermack D L. Pay Me Later: Inside Debt and Its Role in Managerial Compensation [J]. Journal of Finance, 2007, 62 (4): 1551 – 1588.

[307] Thomas C, Wang Y X. When Managers Cannot Commit: Capital Structure Under Inalienable Managerial Entrenchment [J]. Economics Letters, 2011, 58 (7): 107 – 109.

[308] Topol R. Bubbles and Volatility of Stock Prices: Effect of Mimetic Contagion [J]. The Economic Journal, 1991, 101 (407): 786 – 800.

[309] Vijay Yerramilli. Moral Hazard, Hold-up, and The Optimal Allocation of Control Rights [J]. Journal of Economics, 2011, 42 (4): 705 – 728.

[310] Warner J B. Bankruptcy Costs: Some Evidence [J]. Journal of Finance, 1977, 32 (2): 337 – 347.

[311] Williamson O. Corporate Finance and Corporate Governance [J]. Journal of Finance, 1988, 43 (7): 567 – 591.

[312] Williamson, O. The Economics of Discretionary Behavior: Managerial Object-ives in a Theory of the Firm [M]. NJ: Prentice Hall Press, 1964.

[313] Wulf J. Internal Capital Markets and Firm-Level Compensation Incentives for Division Managers [J]. Social Science Electronic Publishing, 2004, 20 (2): 219 – 226.

后 记

本书是在本人博士学位论文的基础上，增加部分内容并对论文整体结构进一步调整、修改而来的。博士论文完成并能够得以顺利出版，离不开诸多人的支持与帮助。

学如积薪，最重传承。感谢我的恩师李秉祥教授，对恩师的感谢始于2015年恩师第一次回复我邮件时开始，感谢恩师对我的信任和关照，能够成为恩师的学生是我一生幸事。恩师儒雅和平易近人的态度、严谨的治学精神让我受益匪浅，感谢恩师带我走向科研之路，是恩师在我入学时带我了解公司治理，又是恩师在我学习期间给我分配了国家自然基金研究模块，为我的开题及后来博士论文撰写指明了方向，将我从一个爬滚摸索的孩子扶持到一个能够独立行走的科研者，先生对学生的关怀将是我作为一名老师终生探索与学习的榜样，我将沿着先生的脚步一路前行，希望能够成为和先生一样优秀的教师，恩师和师母的关心与照顾，值得我一生铭记、品味与感谢。

感谢西安理工大学经管学院每一位老师，感谢扈文秀教授、党兴华教授、李随成教授、陈菊红教授、杨水利教授，感谢西北大学的师萍教授，感谢南开大学的齐岳教授，上述学者对本书的修改提出了很多建设性意见，再次表示感谢！

感谢吴建祥、牛晓琴、李越、陶瑞、张涛、惠祥、李明敏、张涛涛、雷怡瑾和彭宇翔等博士，感谢朱涵宇、黄亚茹、党怡昕、刘淑欣、刘俊辰、王忱、王汀、邹雅冰、高小莉、祝姗等师弟师妹，我们共同学习、交流，留下了很多珍贵的回忆。感谢李小芳、叶美丽和魏雯婧，我们永远是最好的姐妹。

感谢甘肃政法大学的林军教授、杜永奎教授等在本书出版过程中给予的帮助和支持，感谢经济科学出版社的工作人员给予的指导，感谢家人的理解与关怀！

简冠群

2021 年 1 月于兰州